PAS DE QUARTIER ?

Du même auteur

Instruction civique : la vie politique, libertés et Constitution, Manuel pour la classe de seconde, Paris, Nathan, 1963.

Un socialisme du possible, en collaboration avec François Mitterrand, Paris, Le Seuil, 1970.

Parti socialiste : son programme, son organisation, Paris, L'Épi, 1973.

Atlas du socialisme, Paris, Tema-Action, 1973.

À propos de la France, Itinéraires 1, Paris, Flammarion, 1998.

L'Édit de Nantes, une histoire pour aujourd'hui. Réflexions pour un pluralisme religieux, 2e édition, Paris, Hachette, 2004.

Pourquoi Mitterrand ? Paris, Philippe Rey, 2006 ; 2e édition, Paris, Le Seuil (Points), 2006.

Cas de conscience, Genève, Labor et Fides, 2010.

Pierre Joxe

Pas de quartier ?

Délinquance juvénile et justice des mineurs

Fayard

Couverture :
Atelier Didier Thimonier
© Radius Images/Corbis, plat/1
© Mélanie Frey/Reservoirphoto, plat/4

ISBN : 978-2-213-66824-6

Le comte Roland rentre sur le champ de bataille ;
Dans son poing est Durendal, et il s'en sert en brave.
Comme le cerf s'enfuit devant les chiens,
Ainsi s'enfuient les païens devant Roland.
« Voilà qui est bien agir, lui dit l'Archevêque :
« Frappez, répond Roland, frappez, et pas de quartier. »

La Chanson de Roland, CXLII

Pas de quartier ?
Dans la guerre médiévale, ce cri est un ordre et une autorisation : l'autorisation d'exterminer l'ennemi sans merci, jusqu'au dernier, y compris le vaincu jetant ses armes et cessant de combattre. Cet ordre a une portée stratégique et philosophique importante. Il déshumanise l'adversaire, en fixant comme but de guerre non de le soumettre, mais de le détruire.

Introduction

1

L'INCARCÉRATION DE BIANCA

25 mars 2011. La jeune Bianca Radu (quatorze ans) est devant le juge de permanence, entre l'interprète et moi, son avocat « commis d'office*[1] ». C'est une petite Roumaine née à Suceava en Moldavie ; une « Rom », comme on dit. Le gendarme nous l'a amenée du « dépôt » qui est au sous-sol du Palais et il s'est d'abord posté debout devant la fenêtre ouverte. Bon réflexe professionnel. Mais le juge a fini par le faire asseoir près de la porte, à côté de la greffière*, et il a l'air mécontent.

Bianca, on ne sait pas si c'est vraiment son nom ni si elle a vraiment quatorze ans, mais on sait qu'elle est enceinte… Or, je viens d'apprendre avec

1. Les mots ou expressions suivis d'un astérisque sont expliqués dans le glossaire à la fin du livre.

stupeur qu'elle va aller directement en prison, depuis ce « Palais de justice », dans moins d'une heure.

On n'est donc pas sûr de son nom : interpellée cinq fois depuis six mois, elle a chaque fois déclaré des noms un peu différents ; elle a donc cinq *alias* dans les fichiers de la police. Mais, grâce à ses empreintes digitales, on sait que c'est bien elle qui est à nouveau ici, au tribunal pour enfants. Elle ? « … se disant Bianca Radu », précise prudemment le PV de police d'hier soir, rappelant ses *alias.*

On n'est pas sûr non plus de son âge : on a retenu sa déclaration – *quatorze ans.* Mais le compte rendu de l'examen médical dont elle a bénéficié la nuit dernière, pendant sa garde à vue, n'a ni confirmé ni infirmé cet âge. Le médecin de permanence s'est intéressé à autre chose : elle est enceinte. En effet, cela commence à se voir.

Elle est petite, avec une voix fluette, je lui donnerais aussi bien douze ans. Mais comme elle est un peu boulotte, avec un air fatigué, elle pourrait en avoir quinze ou seize. Elle ne sait pas encore qu'elle va dormir en prison.

Elle vient d'être « mise en examen* » pour « tentative de vol* » près d'un distributeur de billets. Raté. Elle s'est fait attraper hier. Formellement identifiée par des témoignages concordants et confirmés par les enregistrements vidéo de la banque, elle a reconnu les faits, sur mon conseil. L'interprète a ajouté que c'était un bon conseil. Elle a dit qu'elle avait confiance en moi, parce que je connais son pays. En effet, durant notre entretien, avant d'entrer dans le cabinet du juge, je lui ai dit que je connaissais les belles églises peintes de sa ville natale et des environs, dans les collines de Moldavie.

À la fin de la brève audience, après l'avoir grondée comme il convenait et mise en examen comme prévu, le juge lui a expliqué avec soin qu'elle serait bientôt jugée : dans cinq semaines, par le tribunal pour enfants, le mercredi 4 mai. C'est la procédure rapide, accélérée, même, conforme aux textes actuellement en vigueur depuis la loi du 5 mars 2007 « relative à la prévention de la délinquance ». Mais il ajoute pensivement, à mi-voix, comme pour lui-même : « Le 4 mai, elle sera sortie… »

J'entends cela et l'interroge : « Sortie ? Sortie de quoi ? » Il me regarde : « Ah oui ! C'est vrai, vous ne savez pas. Elle part en détention tout à l'heure… »

Interdit, incrédule, je cherche à comprendre. On vient d'apprendre – par l'interprète ! – que la petite Rom a déjà été condamnée en octobre dernier à un mois de prison pour vol. Condamnée en son absence et donc – comme la loi le permet, hélas, en ce cas – jugée et condamnée, sans avocat, à un mois ferme. Elle n'avait pas comparu : pas répondu à sa convocation devant le juge, un autre que celui de ce soir. Mais, ce soir, puisqu'elle est là, puisqu'on la tient, la *section A2* du parquet*, chargé de l'*exécution des peines*, attend à présent cette enfant délinquante et condamnée sans comparution, sans avocat et sans notification*. On l'attend tout de suite – avec l'interprète – pour lui notifier sa condamnation et mettre celle-ci à exécution en la faisant conduire là où elle devrait être depuis longtemps : à Fleury-Mérogis, au quartier des femmes.

Debout dans ma robe noire à rabat blanc, je me redresse soudain, comme jadis à l'armée quand, jeune sous-lieutenant, je me mettais au garde-à-vous devant un officier supérieur.

Je me surprends moi-même. Qu'est-ce qui raidit ainsi brutalement ma colonne vertébrale ? La majesté de la Justice ou l'inhumanité de la situation ?

Dans mon cerveau, soudain entremêlés, tous les principes du droit se bousculent comme une foule en colère : droits de la défense, protection de la jeunesse, personnalisation des peines, droits de l'enfant… Où suis-je ?

On m'apprend que je n'ai aucun moyen d'agir. Aucun droit d'accompagner cette enfant enceinte à la « section A2 ». Aucune voie de recours* contre cette absurdité. Car Bianca – si c'est son nom – doit accomplir sa peine. Elle doit dormir en prison ce soir, avec son bébé dans le ventre. Ses parents, ses « responsables légaux » ne sont pas là. Qui sont-ils ? Vivent-ils, comme elle le dit, dans une caravane, dans un camp à Saint-Denis, ou, au contraire, près de l'église Saint-Georges, à Suceava ? On ne sait pas. Mais Bianca doit passer un mois à Fleury. Dès ce soir. Ainsi, elle sortira juste à temps pour revenir au Palais et être à nouveau jugée, si elle revient…

Indigné, je bredouille, car il y a des aménagements possibles, des suspensions* de peine, c'est une enfant, c'est une « mineure isolée* » typique. C'est d'abord une victime ! De plus, nous n'ignorons pas qu'elle est enceinte ! La prison ? Ce soir ? À quatorze ans ? Pour une tentative de vol ?

Je cite la Convention internationale des droits de l'enfant de 1989, ratifiée par la France, confirmant les termes de la Déclaration universelle des droits de l'homme de 1948 : l'enfance – et la maternité ! – ont droit à « une protection », ils ont droit à « une aide et à une assistance spéciales »...[1]

Le juge me regarde avec sympathie. Sympathie, compassion, c'est le même mot. *Dura lex, sed lex*, c'est au BEX qu'elle doit aller sans délai, c'est la loi. BEX ? Qu'est-ce que c'est ? Le bureau de l'exécution des peines (escalier G – rez-de-chaussée) est un service appartenant à la section A2, dans la troisième division du parquet du tribunal de grande instance de Paris. C'est là que le jugement d'octobre concernant cette enfant – jugement qu'elle ne connaît pas – va lui être signifié. Où est-ce ? Qui est-ce ? Avocat débutant, je ne le sais pas encore, mais qu'importe : j'apprends en effet que je n'ai pas le droit de l'accompagner là-bas. L'audience est levée ; ma mission est terminée pour aujourd'hui.

Le juge qui vient de mettre en examen Bianca n'ira pas non plus : il l'a convoquée pour le 4 mai, dans plus d'un mois. Elle se croit libre. Mais non : un jugement de condamnation l'attend à deux cents mètres de là, au bout des couloirs labyrinthiques de ce Palais. Il l'attend depuis le 10 octobre dernier. Elle va y aller seule, entre un gendarme et un interprète.

« Mineure isolée » : telle est sa définition administrative. C'est vrai, la jeune Bianca est bien seule : en octobre, jugée en son absence, elle n'avait pas d'avocat. Mais à l'heure qu'il est, elle n'en a plus – puisque

1. 1989 – Article 20. 1. *Tout enfant temporairement ou définitivement privé de son milieu familial... a droit à une protection et une aide spéciales de l'État.*

1948 – Article 25. 2. *La maternité et l'enfance ont droit à une aide et à une assistance spéciales.*

l'affaire est renvoyée au 4 mai. Et pour ce rendez-vous du joli mois de mai, elle n'en a pas encore. Je veux m'en occuper sur-le-champ, mais il est trop tard.

Dès le lendemain matin pourtant, l'antenne des mineurs de l'Ordre des avocats me désigne à nouveau au titre de l'assistance judiciaire. Je demande à aller la voir à Fleury. Refusé : je n'étais pas son avocat dans l'affaire pour laquelle elle a été condamnée en octobre… Et pour cause ! J'argumente : je suis à présent désigné pour l'audience de mai, et j'ai donc le droit, j'ai même le devoir (comme avocat membre de l'antenne des mineurs) d'aller la voir en détention, de la rencontrer avant comparution.

Le parquet me le concède et me délivre, le lendemain, un « permis de communiquer ». Je demande à consulter le jugement du 10 octobre au greffe. Mais il ne s'y trouve plus. On m'envoie au bureau des archives pénales. J'y vais et demande à nouveau le jugement du 10 octobre. Refusé : motif connu, voir plus haut. J'argumente : j'ai été à nouveau commis d'office. À présent, je suis donc *à nouveau* son avocat et son conseil. Son délai d'appel – dix jours – court depuis trois jours. Comment la conseiller si je ne peux pas lire ce jugement ? Sera-t-elle privée aussi du droit d'appel ? Le bon sens l'emporte… à moitié. On m'envoie au fameux « bureau d'exécution des peines » qui me prescrit alors de déposer une demande écrite au parquet. Je m'exécute et, dans l'après-midi, un magistrat me rend en effet ma demande avec une annotation précisant qu'il « ne s'oppose pas » à cette communication. Au vu de cette « non-opposition », le fonctionnaire des archives pénales me promet la copie pour… demain après-midi !

C'est un homme mûr, un grand Antillais aux cheveux grisonnants. Je lui parle doucement : « Monsieur, s'il vous plaît, il s'agit d'une enfant de quatorze ans. Elle a été incarcérée hier soir. En plus, elle est enceinte. Je dois la voir demain matin à Fleury-Mérogis. Je voudrais avoir ce jugement aujourd'hui. »

Il me regarde avec bienveillance et répond sobrement : « Vous avez bien raison, maître », et disparaît dans la salle voisine. Trois minutes plus tard, il revient et me tend le document.

Durant ces longues démarches, j'ai pensé plusieurs fois à Mozart et à Kafka. Kafka pour le chapitre 3 du *Procès*. Mozart pour l'air des *Drei Knaben* de *La Flûte enchantée* : Pamino cherche à délivrer Tamina, dans sa quête initiatique, mais il se heurte à trois portes fermées. Les trois bons petits génies lui chantent de leurs voix ravissantes :

« Zum Ziele führt dich diese Bahn,
Sei standhaft, duldsam, und verschwiegen ! »

Je les entends qui m'encouragent moi aussi :

« Cette voie te conduit vers le but,
Sois ferme, patient et silencieux ! »

Ferme, patient et silencieux : ayant finalement obtenu copie du jugement et même les services d'un interprète, je me rends dès le lendemain matin à la prison avec lui et Myriam, une élève avocate stagiaire.

Après les formalités d'entrée et de contrôle, classiques en milieu carcéral, nous sommes accueillis à l'étage des mineures par de jeunes fonctionnaires de l'administration pénitentiaire. Elles sont rieuses et compatissantes. L'une d'elles nous prévient : « Bianca Radu ? Ah oui… vous allez voir. Elle porte un masque. Elle ne doit pas le quitter. »

On m'explique que sa grossesse interdisant la radiographie obligatoire à l'arrivée, elle doit porter en permanence un masque en attendant le résultat de l'analyse de ses crachats… Avec commisération, une surveillante ajoute : « Elle se plaint. Elle est trop seule. À cause de son masque, elle est privée d'activités éducatives avec les autres jeunes détenues. Elle fait même sa promenade toute seule. »

Quand Bianca arrive, avec son masque blanc, dans le petit parloir vitré où nous l'attendons, il lui est répété qu'elle ne doit pas le retirer. Je m'interroge sur la nécessité prophylactique de cette contrainte. Mais ses yeux sourient et elle commence à parler volubilement à l'interprète qui me traduit comme il peut : Pourquoi est-elle là ? Quand partira-t-elle ? Est-ce qu'elle est malade ? Qu'est-ce qu'elle a ? Quand pourra-t-elle ôter son masque ? Quand pourra-t-elle se promener et rencontrer les autres filles ?

Nous essayons tant bien que mal de l'informer. Elle est très contente de parler roumain avec l'interprète et je ne l'intéresse pas beaucoup. D'ailleurs, je ne peux pas grand-chose pour elle. Je ne lui parle même pas de faire appel : cela retarderait paradoxalement sa libération, maintenant proche, puisqu'elle va bénéficier d'une « réduction de peine automatique* » de sept jours. Je ne lui parle pas non plus de l'affaire de l'audience de mai prochain qui ne pose pas de problèmes, ni de fait ni de droit, et que je connais déjà. Je ne peux guère lui prodiguer de conseils sur ses relations avec le service éducatif : débordé et manquant de personnel, il va seulement pouvoir s'occuper de sa sortie, et d'abord tenter d'accélérer, à ma demande, le diagnostic qui permettra de décider si on lui retire son masque ou… si on l'envoie à Fresnes. Car c'est là qu'elle serait hospitalisée, le cas échéant. J'hésite à évoquer cette hypothèse de transfert, peut-être inutilement traumatisante. Finalement, pour la rassurer, je me hasarde à lui dire qu'elle a l'air en bonne santé…

Myriam lui demande ce dont elle a besoin et dit qu'elle va s'occuper d'elle et revenir la voir mardi prochain. L'interprète traduit ma dernière question :

– Bianca, ou Rebecca, ou Mirabela… (comme je commence à énumérer ses *alias,* elle éclate de rire), puisqu'on doit se revoir le mois prochain, vous pourriez me dire enfin votre vrai prénom ?

Comme elle rit toujours, je lui explique que cela ne sert plus à rien de changer de prénom, puisqu'elle est identifiée par ses empreintes digitales. Et je continue :

– Mirabela, si j'étais votre grand-père, comment est-ce que je vous appellerais ? Je crierais : Hé ! Rebecca ! Viens ici ? Ou bien : Hé ! Bianca !

Elle rit encore plus fort et répond longuement tandis que l'interprète hoche la tête avant de m'expliquer – en me résumant :

– Son prénom de baptême, c'est Bianca. Mais on leur a dit de toujours changer leurs prénoms, à sa sœur et à elle. Elle a compris que cela ne sert plus à rien. Elle dira Bianca, à l'avenir. Mais son grand-père, s'il était là, il l'appellerait seulement par son vrai nom – son surnom, si vous voulez… Mais ce n'est pas un surnom. C'est son vrai nom pour elle, pour sa famille, dans son clan, si vous voulez. Et, justement, c'est son grand-père qui l'a appelée Pugni. Pugni, en roumain, c'est comme *pugnite,* penser, réfléchir. En français, c'est comme si on l'appelait Pensée. Elle dit aussi que vous, vous pouvez l'appeler Pugni.

D'un air sentencieux, il ajoute : « Cela veut dire qu'elle a confiance en vous, comme en un grand-père. »

En m'en retournant vers Paris, je pense à son avenir incertain. A-t-elle un avenir ? Bianca est victime de sa famille qui l'exploite en la mettant sur les trottoirs de Paris pour mendier et voler – pour le moment. Mirabela est victime de son pays qui enfonce les Tsiganes dans la misère depuis des générations et chasse à présent vers l'ouest, vers chez nous, ces intouchables venus de l'Inde.

Rebecca est victime du « libéralisme » qui inspire la prétendue « politique européenne », qui ouvre les frontières aux pauvres allant chercher fortune ailleurs, mais aussi aux riches allant cacher, eux, leur fortune ailleurs. Politique qui maltraite les immigrés sans papiers, juridiquement illégaux mais économiquement profitables, en particulier aux émigrés fiscaux réfugiés à Bruxelles, Genève, Londres ou plus loin encore.

Son appellation de « mineure isolée » est une hypocrisie légale : elle n'est pas isolée, elle est maltraitée. Elle est exploitée, exposée à tous les risques, abandonnée à la répression d'une nouvelle forme de « vagabondage ». Elle a des parents – au moins des tantes, une parentèle – dans une caravane en Seine-Saint-Denis. Dans les collines de Moldavie, elle a un grand-père qui l'apprécie et qui l'appelle Pensée. Ici ou là sans doute, elle a aussi des parents, des gens qui voyagent, qui l'aiment peut-être et ne considèrent pas que sa vie est pire que la leur, au contraire, qu'en sait-on ? Elle est mieux qu'à Suceava, en France, même en prison, peut-être. De la prison elle sortira et peut-être même qu'on l'y aura soignée. Son bébé, s'il naît vivant et en France, peut-être même en prison, sera un petit Français. Il deviendra peut-être un grand pianiste comme Dinu Lipatti au siècle dernier, ou docteur en Sorbonne comme le physicien Constantin Miculescu, ou même académicien comme Eugène Ionesco…

Peut-être.

En attendant, il y a une enfant maltraitée en France par un droit maltraité. Un droit assez tordu pour qu'elle puisse être expédiée en prison pour un petit larcin, sans procès équitable, alors que l'ancien président de la République française échappe à toute poursuite pendant des lustres pour des détournements de millions connus et reconnus de tous ! C'est d'ailleurs durant le dernier mandat de ce président, alors qu'il multipliait sans vergogne les manœuvres pour échapper à la justice, qu'a été lancée par un de ses obligés la grande offensive politique contre un prestigieux héritage de la Résistance : l'ordonnance du 2 février 1945 « relative à l'enfance délinquante ».

Comment les lois « Perben 1 » en 2002, puis « Perben 2 » en 2004, ont-elles commencé à mettre à mal, en France, le système juridique établi en 1945, qui inspire pourtant aujourd'hui tous les États démocratiques ? Comment notre pays parcourt-il ainsi à l'envers le chemin des progrès accomplis en trois siècles – depuis le temps des Lumières – en matière de droit pénal ?

Que peut-on observer à cet égard dans nos tribunaux, en arpentant la France et une partie de l'Europe, comme je viens de le faire pendant des mois ? Que doit-on vouloir, que peut-on espérer pour rendre à notre pays, qui l'a perdu, le titre de « patrie des droits de l'homme » ?

Voilà ce que j'essaie de décrire ici, après avoir relu les phrases mises par Victor Hugo en exergue des *Misérables* :

> *« Tant qu'il existera, par le fait des lois et des mœurs, une damnation sociale créant artificiellement, en pleine civilisation, des enfers […] ; tant que, dans de certaines régions, l'asphyxie sociale sera possible ; […] tant qu'il y aura sur la terre ignorance et misère, des livres de la nature de celui-ci pourront ne pas être inutiles. »*

2

« LORSQUE L'ENFANT PARAÎT… »

J'ai choisi de raconter pour commencer l'histoire de Bianca parce qu'elle est emblématique. Mais elle n'est pas représentative de l'ensemble de la délinquance juvénile, ni de sa relative variété.

Bianca et son incarcération sont caractéristiques d'une situation assez nouvelle et de son expansion : celle des « mineurs étrangers isolés » dans nos grandes villes, à Paris en particulier. Mais Bianca est une fille, et elle vient d'Europe centrale. Elle n'est donc pas représentative de la majorité des cas de délinquance des jeunes que Francis Bailleau, sociologue[1], définit ainsi :

1. Francis Bailleau, « Les enjeux de la disparition programmée de l'ordonnance du 2 février 1945. Ouvrir la boîte de Pandore ? », in *Droit et Société*, n° 79, 2011, p. 15.

« *Garçons de 14 à 18-21 ans, déscolarisés et sans emploi ni formation professionnelle, de nationalité française mais dont les ascendants ont une autre nationalité et dont les parents sont souvent séparés ; vivant généralement sans père dans un quartier enclavé et pauvre.* »

Dans son laconisme, Bailleau omet ici pudiquement de dire ce que l'on voit – ce que je vois tous les jours lorsque je vais, comme depuis maintenant dix-huit mois, dans les prétoires et les couloirs de nos palais de justice. Il s'agit essentiellement de garçons d'origine africaine : d'Afrique du Nord ou d'Afrique au sud du Sahara. Ils appartiennent aux minorités dites « visibles » et aux couches sociales les plus pauvres.

Malgré cette dominante incontestable, si difficile à articuler que beaucoup préfèrent l'éluder, j'ai constaté qu'on rencontre une très grande variété de cas à travers la France, avec des singularités locales ou subrégionales. J'en ai ainsi observé en Corse, à Bastia ; ou dans le milieu rural le plus traditionnel du fond de la Normandie, près de Coutances ; ou encore dans les cités du Nord, telle la tristement célèbre commune d'Outreau, proche de Boulogne-sur-Mer, dont j'ai fréquenté le palais de justice.

Mais, qu'il s'agisse de jeunes Normands ou de petits Nordistes, d'enfants européens ou africains, il y a certaines constantes dans la délinquance juvénile d'aujourd'hui, d'hier ou même d'avant-hier : la misère sociale, la faim et les besoins vitaux, l'absence de soutien familial – séparément ou simultanément…

Le déracinement des Savoyards ou des Auvergnats, migrants de l'intérieur au XIXe siècle, n'avait rien à envier à celui des immigrés de nos jours. *Classes laborieuses et classes dangereuses,* la thèse de Louis Chevalier, récemment rééditée[1], avait été un succès de librairie, au milieu du siècle dernier, en mêlant inextricablement histoire sociale et histoire littéraire, Louis Blanc et Villermé[2] avec Eugène Sue et Victor Hugo. Il utilisa aussi beaucoup les ouvrages de Frégier[3] sur le « paupérisme » et sur le vagabondage des enfants, et ceux de Buret[4] sur les migrations intérieures. Je cite ce dernier : « Le paupérisme équivaut à une véritable interdiction sociale : les misérables… sont des hommes en dehors de la société ; en dehors de la loi, des *outlaws*, et c'est de leur rang que sortent presque tous les criminels. »

On croirait entendre un de nos célèbres contemporains parler des « zones de non-droit » d'aujourd'hui.

Mais le « vagabondage des enfants », toujours férocement réprimé, est encore illustré par les admirables travaux publiés sur *Les Vols d'aliments à Paris au XVIIIe siècle* par Arlette Farge[5]. Elle rappelle que l'ordonnance de 1724 s'obstina à rappeler vainement les textes datant de Louis XIV visant les « oisifs paresseux » que l'on tentait alors d'enfermer.

Dépôts de mendicité de l'époque classique, *warehouses* de l'Angleterre industrielle décrits par Marx et Dickens, « ghettos urbains » analysés par Didier

1. Perrin, 2002.
2. Louis-René Villermé, *Tableau de l'état physique et moral des ouvriers employés dans les manufactures de coton, de laine et de soie*, 1840.
3. Honoré-Antoine Frégier, *in* L. Chevalier, « Des Classes dangereuses de la population des grandes villes et des moyens de les rendre meilleures », 1840, p. 159.
4. Louis Chevalier, *Classes laborieuses et classes dangereuses*, Perrin, 2002, p. 162.
5. Arlette Farge, Plon, 1974.

Lapeyronnie[1] : les diverses formes qu'a pris la relégation imposée aux pauvres ont une même conséquence à travers les siècles : la peur, la peur des pauvres, et surtout la peur des jeunes pauvres.

C'est seulement à la fin du XIXe siècle que l'attitude envers les jeunes délinquants s'humanise. Ce que l'on appelle en termes techniques le « droit spécial » des mineurs est donc aujourd'hui doublement spécial : inscrit et prescrit depuis un siècle dans des lois « spéciales » (1906, 1912), et surtout dans un texte célèbre – l'ordonnance du 2 février 1945 – ce droit est spécial par son objet. C'est un droit pénal qui entend privilégier l'action éducative sur les jeunes avant la répression des délits et des crimes. C'est un droit qui cherche avant tout à corriger l'auteur avant de punir l'acte – avec l'idée, la perspective ou l'espérance que c'est en corrigeant l'auteur que l'on évitera la multiplication des actes, la récidive. C'est en effet un droit qui fonctionne assez bien en France puisque, aujourd'hui, plus de 80 % des jeunes passant devant la justice des mineurs ne réitèrent jamais.

Mais ce droit est aujourd'hui « spécial » à un tout autre titre : les nombreuses lois qui sont en train de le métamorphoser depuis dix ans ciblent apparemment tous les jeunes délinquants, mais elles visent et atteignent effectivement d'abord les jeunes relégués, les jeunes des « quartiers » dits « difficiles », jugés dangereux avant même d'être délinquants.

Pourtant, comme l'établit Laurent Mucchielli dans son dernier ouvrage[2], en lisant les données les plus

---

1. *Ghetto urbain. Ségrégation, violence, pauvreté en France aujourd'hui*. Laffont, 2011.

2. *L'Invention de la violence*, Fayard, p. 49 *et sq.*

officielles on ne constate pas l'augmentation de la délinquance juvénile dans notre pays. Cette délinquance comprend essentiellement les infractions les moins graves. Les statistiques judiciaires ne confirment pas que la violence des plus jeunes s'accroît. En vingt ans, celle des jeunes des seize-dix huit ans s'est légèrement accrue, mais moins que celle des plus de quarante ans. Alors, pourquoi cette frénésie législative en France ?

Parallèle à l'histoire de la misère sociale, l'histoire du droit appliqué aux enfants est un bon guide pour explorer et éclairer l'histoire de nos sociétés. Je me bornerai ici à deux exemples qui illustrent l'exceptionnel intérêt de l'histoire des droits des enfants, et de l'histoire du droit qui leur est appliqué.

D'abord, sous Louis-Philippe, notre droit du travail a pour ainsi dire été inauguré par une loi réglementant le travail des enfants, à la suite des célèbres enquêtes sociales publiées par le Dr Villermé en 1840 : la loi de 1841 « *sur le travail des enfants dans les manufactures* », limitant l'âge d'admission dans les entreprises à huit ans, mais uniquement dans les entreprises de plus de vingt salariés… Elle fut amendée en 1851, puis en 1874, avec la loi sur le travail des enfants et filles mineures dans l'industrie, limitant l'emploi avant douze ans – sans l'interdire complètement.

Ensuite, avec la IIIe République, notre droit de la famille a été révolutionné par les lois Ferry de 1882 sur l'instruction obligatoire – de six à treize ans. En interdisant de mettre les enfants au travail avant treize ans, sous peine de sanctions, cette réforme limitait sérieusement les droits des parents au bénéfice des enfants… et de l'Instruction publique.

Parmi les multiples branches du droit relatives aux enfants, leur droit pénal présente un intérêt particulier dans ses trois dimensions philosophiques que l'on se bornera à évoquer ici : l'appréciation de la responsabilité ; le sens de l'action éducative ; le rôle de la sanction pénale.

Coercition ou éducation ; responsabilité ou « excuse de minorité* » ; prévention ou/et répression : c'est autour de ces trois dilemmes fondamentaux que le droit pénal appliqué aux enfants a progressé durant un siècle – et régresse à présent dans notre pays.

Au cours de mon mandat de neuf années au Conseil constitutionnel, j'ai eu l'occasion de me plonger dans ce droit pénal, seulement effleuré durant mes études juridiques ou mes différentes fonctions judiciaires, législatives ou ministérielles antérieures.

Mais, entre 2002 et 2010, après les lois Perben 1 et Perben 2, une indignation croissante ressentie devant les choix réitérés de la majorité du Conseil constitutionnel, face aux lois répressives successivement adoptées chaque année, m'a conduit à décider de devenir avocat pour me consacrer à ce droit des mineurs.

Dès mars 2010, inscrit sans délai au barreau de Paris (en tant que magistrat honoraire), je me suis d'abord astreint à six mois d'observation studieuse dans une quinzaine de tribunaux pour enfants à travers la région parisienne, toute la France métropolitaine, puis quelques pays d'Europe : Suisse, Autriche, Espagne, Allemagne, ainsi qu'à New York.

J'ai commencé à plaider au tribunal pour enfants de Paris en novembre 2010 en me cantonnant aux « commissions d'office » confiées par le barreau de Paris aux avocats habilités comme moi par l'antenne des mineurs pour la défense d'enfants dont les familles n'ont pas de ressources, sans jamais percevoir aucune rémunération ni accepter de clients privés.

Mes convictions se sont d'autant plus renforcées que l'évolution du droit français, en ce domaine, vers le modèle américain vient d'être confirmée et même accélérée durant l'année 2011.

Avant d'en tirer plusieurs conclusions, je commencerai par livrer quelques récits, tous issus de l'observation fidèle et minutieuse d'affaires auxquelles j'ai assisté ou participé – toutes bien sûr « anonymisées » et généralement… « délocalisées ». Dans plusieurs cas, je ne donnerai pas même non plus d'indications précises sur les décisions, sur les peines ou sur leur quantum, car elles permettraient éventuellement de compromettre l'anonymat des auteurs d'infractions ou celui des victimes.

PREMIÈRE PARTIE

Affaires de familles
ou
Affaire d'État ?

CHAPITRE PREMIER

Des petites filles modèles

Quand les gendarmes leur racontèrent les exploits de leurs fils, en octobre 2008, les parents des deux jeunes voleurs eurent du mal à en croire leurs oreilles… Comme moi-même, l'hiver dernier, au début de l'audience du tribunal pour enfants qui les a jugés sous mes yeux, non pas à huis clos, mais presque, selon la législation propre au tribunal pour enfants, où l'on applique la règle de la « publicité restreinte », qui les protège.

Deux adolescents de seize ans vivaient paisiblement dans leurs familles à quelques kilomètres de N., chef-lieu d'un département de l'Ouest.

Nous dirons que le premier s'appelait Pierre J. Comme je dois évidemment changer ou masquer tous les patronymes, tous les toponymes et même les prénoms, pourquoi ne pas l'appeler « Pierre J. », cet adolescent auteur de trente-trois cambriolages (33 !) en moins d'un an ?

Pour accomplir ces exploits, Pierre J., fils de professeur, opérait avec son meilleur ami. Celui-là, le second garçon – fils d'un commerçant local –, pourquoi ne pas l'appeler « Nicolas S. », pour dissimuler son identité tout en le distinguant bien de Pierre J. ?

Car l'un comme l'autre, ç'aurait pu être vous ou moi, vous et moi… Certes, tout le monde n'a pas réussi trente-trois cambriolages, mais qui n'a jamais rien volé dans son enfance – ne serait-ce qu'« un petit ruban couleur de rose et argent[1]… » ?

Vous ou moi ? Disant cela, je ne m'adresse à cet instant qu'aux lecteurs – et non aux dames. En effet, une des caractéristiques les plus frappantes et les plus constantes de la délinquance juvénile, c'est qu'on voit fort peu de filles dans les tribunaux pour enfants. Plus largement, dans la criminalité générale, on rencontre peu de femmes : 5 % environ[2].

Ces deux lycéens, Pierre et Nicolas, grisés par leurs premiers succès et leur impunité durable, furent victimes de leur trente-quatrième casse. Les gendarmes les cueillirent en flagrant délit. Victimes ? Non, bien au contraire, car leur arrestation les sauva, grâce à la procédure spécifique de la justice des mineurs qui les remit en deux ans dans ce que l'on pourrait appeler le « droit chemin », si l'on était tout à fait sûr de l'avenir. Cette véritable rédemption n'aurait pas été obtenue sans l'aide considérable – financière et morale – de leurs familles… qui en avaient les moyens, maté-

1. Jean-Jacques Rousseau, *Confessions*, Livre II, Paris, 1782.

2. Annuaire statistique de la justice, 2009-2010. Source : ministère de la Justice et des Libertés, La Documentation française.

riels en particulier. Mais elle s'inscrivit aussi dans une longue procédure judiciaire plus éducative et « réparatrice » que répressive.

Quand les parents de Pierre J. et Nicolas S. avaient vu arriver les gendarmes, c'étaient deux voyous pris sur le fait qu'on ramenait à la maison. Quand je les vis, deux ans plus tard, entrer à l'audience en ayant accompli toutes les réparations exigées par la justice, accompagnés par leurs parents qui avaient tout remboursé, ils me firent penser à Camille et Madeleine, les « petites filles modèles » de la comtesse de Ségur. Ils avaient vraiment l'air sages comme des images.

Mais, en écoutant la longue récapitulation de leurs cambriolages, énumérés par la présidente du tribunal pour enfants, la progression de leur gravité, allant de l'intrusion par jeu, par transgression, vers des effractions de plus en plus audacieuses et crapuleuses, prolongées par leurs complicités croissantes avec des receleurs, avant leur arrestation, je voyais en action la puissance de l'inspiration qui avait conduit le général de Gaulle à signer, dans la France en guerre, encore partiellement occupée par les armées nazies, la célèbre ordonnance du 2 février 1945 proclamant avec emphase : « … le Gouvernement provisoire de la République française entend protéger efficacement les mineurs, et plus particulièrement les mineurs délinquants. »

C'est en vertu de cette « ordonnance » que Pierre J. et Nicolas S. ont tous deux été jugés et soignés – pourrait-on dire. Interrogés par le juge des enfants, mis en cause par le procureur, sans parler – à ce stade – des nombreux autres intervenants de la dramaturgie judiciaire, avec en finale les plaidoiries et les propos laconiques des deux petits voleurs, avant que ne soit prononcée leur condamnation à… Vous n'allez pas y croire !

Il faut donc d'abord planter le décor, régler les éclairages, s'accorder le temps nécessaire. Chacun comprendra que le rideau va finir par se lever.

Dans les palais de justice, petits ou grands, les salles d'audience sont souvent très différentes. Elles ont cependant en France une configuration invariablement conforme à un modèle plus solennel et symbolique qu'en d'autres démocraties contemporaines. Chez nous, la présidence de la juridiction est généralement placée en hauteur, presque en surplomb, assise dans un fauteuil un peu plus grand que celui des assesseurs* siégeant à ses côtés. En face, la barre où les prévenus, puis les témoins sont invités à parler, et parfois à se taire. À sa gauche, le greffier qui prend des notes et dont les écritures feront foi. À sa droite, le ministère public, le procureur ou son « substitut », qui se mettra debout pour parler et requérir, rappeler les faits, mettre en cause les prévenus, caractériser les infractions et demander les sanctions, éventuellement accompagnées de mesures éducatives quand il s'agit de mineurs.

Enfin, un ou plusieurs avocats, assis ou debout, attendent leur tour près des prévenus, ou tournés vers les juges, en fonction de l'évolution des débats. Ils se taisent et écoutent, ou parlent – parfois deux minutes, parfois deux heures. Ce sont des « auxiliaires de la justice », comme on me l'avait appris il y a cinquante ans à la faculté de droit, et comme je le vérifie à présent, étant devenu l'un des leurs. Auxiliaires ?

Auxiliaire, c'est vexant si l'on prend le mot dans son sens militaire. Jadis, on versait au « service auxiliaire », loin du viril « service armé », les garçons ayant un problème : pieds plats, débiles légers, inaptes au combat… Pourtant, « auxiliaire », c'est tout autre chose si l'on se rapporte à l'étymologie : *auxilium*, en latin, c'est le « secours ». Donc, au tribunal, « auxiliaire » est flatteur. On porte secours. On porte aussi une robe noire, comme les pasteurs protestants, comme les docteurs en Sorbonne et les professeurs d'autrefois, comme les juges et leurs autres auxiliaires : greffiers et huissiers.

L'histoire de nos deux garçons est exemplaire parce qu'elle se présente comme une maquette, un modèle de démonstration du bon fonctionnement du système français de justice des enfants.

Au début de l'audience, la présidente annonça qu'elle n'allait pas détailler les faits : « Tout est connu, tout a été reconnu, tout le monde a été indemnisé, toutes les victimes ont reçu des excuses... Par conséquent, si le parquet, les victimes et les avocats sont d'accord, nous n'entrerons pas dans le détail pour le récit des événements. »

Pour ma part, je me sens d'abord frustré, car à ce moment-là je ne connais pas encore les détails de l'affaire. Comment vais-je pouvoir suivre et comprendre ce qui va se dire ? Heureusement pour moi, la présidente du tribunal pour enfants m'a placé avec bienveillance à côté de la jeune substitute, comme un stagiaire, et celle-ci me propose obligeamment de lire le dossier. Je le parcours avec avidité.

Les deux garçons, issus de familles aisées, ont donc accompli le tour de force d'entreprendre et de réussir trente-trois effractions et cambriolages* avant d'être finalement arrêtés par les gendarmes. Leur capture a résulté de la méthode classique suivie par la maréchaussée : lentement mais sûrement : observer comment les malfaiteurs procèdent – ce que l'on appelle le *modus operandi*, souvent répétitif – et se demander :

« Où les larrons vont-ils agir la prochaine fois ?... » Et, en effet, les gendarmes les ont trouvés... la trente-quatrième.

Pierre J. et Nicolas S. agissaient en général le samedi soir, tantôt dans des maisons privées dont les habitants étaient absents, tantôt dans des magasins fermés. Ils avaient commencé par jeu, mais ils continuèrent par intérêt, de sorte qu'ils étaient en train de devenir de vrais petits voyous.

À l'audience, l'un d'eux raconta de quelle manière tout avait commencé : « On faisait des visites, la nuit, en cachette, sur des chantiers, puis au lycée, pour s'amuser. On jouait aux espions, on faisait des "missions", comme dans les jeux vidéo où l'on voit les héros pénétrer par surprise dans des lieux mystérieux. Puis on a réussi à entrer un week-end dans la maison d'amis de nos parents. On savait qu'ils étaient partis. Une fois, puis deux, puis trois. On s'amusait. On connaissait les lieux. On buvait du Coca ou des jus de fruits. On ne prenait rien. »

La chronologie des faits démontre en effet que leurs premières effractions n'étaient pas de vrais cambriolages, mais des « visites ». Par hasard, un jour, ils trouvèrent un peu d'argent sur une table ; ils l'empochèrent. Puis des objets de valeur : stylos, téléphones portables, jumelles de chasse... C'est seulement à partir de la dixième « visite » qu'ils ont commencé à revendre le produit de leurs vols. Ils passaient ainsi de l'effraction au vol, du vol au recel*, et, apprenant par les receleurs à repérer ce qui se vend bien, ils ont commencé à voler ce qu'ils pensaient pouvoir revendre un bon prix, organisant des casses pour aller, toujours sans violence, dans des maisons inconnues, de plus en plus hardis, grisés par le succès. Petit à petit, sans s'en rendre compte, ils se sont fabriqué des besoins d'argent. Ils s'achetaient des vêtements de marque qu'ils cachaient, n'osant les porter en famille de peur d'attirer l'attention. Cela devenait pour eux une maladie.

Pierre J. le décrit ainsi : « Au fur et à mesure, en volant, nous sommes arrivés à un état hypnotique, nous étions pris par une addiction. Cela nous intéressait, cela nous excitait, et puis cela nous rapportait. Nous étions grisés par cette double vie, mais nous nous étions bandé les yeux, bouché les oreilles. »

Très lucide, Nicolas S. reconnaît : « Nous avions perdu notre esprit critique. Nous étions emportés par le succès de nos opérations, le plaisir de disposer d'argent frais quand on voulait. »

Les psychologues auraient pu identifier là ce que l'on appelle un sentiment de toute-puissance.

Lorsqu'ils ont été arrêtés, ils se trouvaient dans la maison d'un vétérinaire qu'ils savaient propriétaire de deux voitures, dont un grand Break à usage professionnel. Ils l'avaient vu partir en week-end avec sa famille. Entrés par le garage, ils ont donc soigneusement vidé le Break contenant le matériel et les médicaments du vétérinaire, pour le charger d'objets qu'ils allaient emporter afin de les revendre. Mais cette opération leur a pris trop de temps et les gendarmes, qui les surveillaient patiemment, n'ont pas eu de mal à les « cueillir » à la sortie de la maison. Alors commence une histoire beaucoup plus morale…

Le dossier, que j'ai consulté au long de l'audience, rend compte du long travail mené par les juges des enfants et les éducateurs, pendant deux ans, auprès de Pierre J. comme de Nicolas S.. Par décision de justice, ils ont été séparés, car ils étaient voisins, et condamnés à ne pas se rencontrer. Leurs parents ont dû déménager ou organiser leur accueil dans des familles éloignées et leur inscription dans des établissements scolaires nouveaux.

Deux ans plus tard, les jeunes gens n'étaient plus les mêmes : ils étaient engagés dans une vie complètement différente. Tous deux avaient passé le bac. À l'audience, on apprit que tous les objets volés avaient été rendus ou remboursés par les familles, intégralement, sans discussion. Les deux adolescents avaient écrit trente-trois lettres d'excuses circonstanciées. Ils avaient tout reconnu. Certes, ils auraient eu du mal à nier, parce que beaucoup d'indices laissés sur leurs théâtres d'opérations établissaient leur culpabilité, mais, dès leur arrestation, ils avaient tout avoué tout de suite, et conduit les gendarmes jusqu'à leur cache – bref, ils s'étaient comportés comme des « coupables idéaux ».

À l'audience, les victimes présentes sont fort peu nombreuses : quatre en tout. Mais ce qui est étrange – et touchant –, c'est de les entendre disculper les cambrioleurs repentis. « Ah, dit une femme qui s'est constituée partie civile*, ces garçons sont bien sympathiques, ils sont bien élevés, ils m'ont écrit… et, d'ailleurs, ils n'ont rien cassé, enfin presque rien : un miroir qui n'avait pas grande valeur ; ils n'ont pas pris grand-chose, ils ont mangé des cornflakes et bu du jus d'orange. » La présidente lui demande : « Mais, madame, puisque vous êtes partie civile, vous demandez combien ? – Oh, répond-elle, je vois bien qu'ils sont désolés, qu'ils ont réfléchi… – Oui, madame, mais je vous demande quelle somme vous demandez ? – Pour moi, le préjudice matériel est quand même limité. – Madame, insiste de nouveau la présidente, vous êtes à l'audience, et donc je vous repose la question : vous demandez combien ? – Oh, l'assurance m'impose une franchise de cent trente-cinq euros, alors je veux bien qu'ils me soient versés. »

On voit se réaliser sous nos yeux tous les schémas théoriques des partisans de la « justice restauratrice » dont les idées prospèrent dans les pays anglo-saxons et scandinaves. Selon eux, la victime d'un préjudice matériel subit souvent un préjudice psychologique supérieur, ou d'un autre ordre, qui n'est pas réparable principalement en argent, mais suppose des processus de rencontres, de dialogues, d'aveux et de pardon.

Une autre victime affirme : « Non, je ne demande rien. Ces garçons méritent qu'on leur donne leur chance. Ils ont commis des erreurs, ils sont bien entourés par une famille qui s'occupe d'eux, je vois bien que c'est une erreur de jeunesse, je ne demande rien. »

À son tour, le représentant du supermarché dit : « Ces jeunes sont rentrés par le toit, mais on voit qu'ils ont fait attention à ne pas trop abîmer. On a tout réparé facilement et ils n'ont presque rien volé. Dans ces conditions, notre société ne réclame rien. On tourne la page. »

Les parents interviennent aussi : ils sont désolés ; ils expliquent ce qu'ils ont fait pour aider leurs fils. Ils s'excusent – encore une fois – auprès des victimes et du tribunal, et remercient les éducateurs. On est au bord des larmes.

Un éducateur dit que Nicolas S. a dû déménager, qu'il a reçu un soutien familial très actif, qu'il a obtenu le bac F, est entré dans un IUT et évolue très bien. Quand la présidente lui demande si ce jeune homme a respecté les interdits, l'éducateur lui confirme que tout va bien. Puis sa mère reconnaît qu'au début la situation a été difficile : « C'était une véritable catastrophe pour nous tous, mais parce que j'ai travaillé comme psychologue, j'ai pensé que notre fils pourrait s'en tirer à condition que nous nous en occupions. » Le père souligne de son côté que son fils a mûri, qu'il s'est reconstitué dans cette épreuve.

L'éducateur qui s'est occupé de Pierre J. formule une remarque semblable : « Il a mal vécu les semaines qui ont suivi son arrestation, mais, très vite, il a repris ses études, et maintenant tout se passe au mieux. » Il résume : « Je me suis très tôt rendu compte qu'ils étaient contents d'avoir été arrêtés par les gendarmes, parce que, sans cela, ils auraient continué toute leur vie. »

À les entendre tous, on a l'impression de lire une *Vie des saints*... On va oublier les trente-trois cambriolages en un an. Tout le monde semble savourer ce roman rose et respire la satisfaction inspirée par une forme de rousseauisme conçu pour réhabiliter les deux garçons.

La présidente du tribunal poursuit et clôt l'interrogatoire de manière bienveillante. Mais, finalement, elle donne la parole au ministère public, à l'accusation, au parquet...

– Madame le procureur, vous avez la parole.

Une grande jeune femme mince et brune au visage fin se lève alors, dans sa robe de justice, comme un héron au plumage noir. Dans un silence respectueux, elle commence à lire théâtralement, d'une jolie voix flûtée, une série de noms. On comprend vite que c'est la liste des victimes. Fermement, comme si elle faisait l'appel, elle les énumère toutes : M. S, Mme T, Mme U, M. X, Mme Y..., M. et Mme Z., la Société M., etc., dans l'ordre chronologique des trente-trois méfaits commis par les prévenus, et en les regardant progressivement courber le dos.

Car, au fur et à mesure, je vois les deux jeunes gens et leurs parents se tasser sur leurs sièges et comprendre que le climat vient de changer. Une fois l'énumération terminée, la substitute commente : « J'ai estimé utile, dans une audience aussi inhabituelle, de citer la liste des victimes. Tant de victimes et pourtant tant d'éloges pour des coupables dont la responsabilité est complètement établie ! Je n'ai encore jamais vu cela dans ma carrière : vingt-huit vols et cinq tentatives de vols en moins d'un an ; autant d'effractions ; progression systématique dans la délinquance commise en réunion ; préparation des cambriolages et des recels de façon de plus en plus méthodique ; création d'une cache ; organisation d'un réseau de receleurs… »

Et la jeune femme se tourne alors vers le tribunal : « Vous allez évidemment les déclarer coupables en considérant… » (Pendant ce temps-là, les coupables continuent à se recroqueviller sur leurs sièges.) « La gravité des faits n'a pas été contestée, ajoute la procureure, mais je dois encore rappeler qu'une femme âgée, Mme G., a trouvé, en rentrant de voyage, son appartement sens dessus dessous, des objets manquants, des traces d'effraction, et qu'elle n'a pas porté plainte parce qu'on lui a dit que cela ne valait pas la peine. Je dois rappeler les troubles de santé de M. T., vivant encore dans l'angoisse d'une intrusion… »

Plus elle parle, dressée au dessus du prétoire, plus nos deux malandrins semblent se rapprocher du bagne. À ma grande surprise, elle reprend mot pour mot ce que je lui ai dit en aparté quelques minutes plus tôt : « On se demande quel scénariste ou quel romancier aurait osé imaginer cette aventure ! » Dans un silence accablant, désignant les jeunes gens, elle les fustige : « Eux, ils ont osé ! »

Tout en reconnaissant que de nombreuses victimes ont témoigné en faveur des prévenus, la parquetière poursuit son réquisitoire : « … Il est important de les sanctionner, et vous entrerez en voie de condamnation parce qu'ils en ont besoin pour leur avenir. Pour leur avenir, ils ont besoin d'une peine afin de ne jamais se comporter comme cela plus tard. »

Mais, quand par effet rhétorique, modulant et passant du majeur au mineur, elle ajoute qu'il ne faut pas que la peine compromette cet avenir, je vois les deux mamans relever le nez. Lorsqu'elle estime que la condamnation ne doit pas être symbolique mais significative, qu'en sortant de l'audience il faut que ces jeunes comprennent que c'est la dernière chance que leur accorde la société, de nouveau les familles se courbent. La diatribe, enfin, s'achève par ses mots : « Vous ne prononcerez pas une peine inférieure à X… mois de prison… avec sursis* ! »

Les deux plaidoiries furent brèves et de pure forme. Les deux prévenus répétèrent leurs regrets profonds et leurs excellentes résolutions.

Finalement, le tribunal prononcera la peine requise.

Aucun des deux coupables n'ira en prison pour le moment. Mais une menace réelle plane au-dessus de leur tête : ces deux garçons, s'ils commettaient encore un délit, pourraient aller en détention.

Par chance pour eux, le système élaboré par l'ordonnance de 1945 leur a permis de se racheter, de bénéficier d'une sorte de rédemption. Les parents ont payé. Le suivi éducatif a été assuré dans de bonnes conditions. Les parents gagnaient assez d'argent pour assurer un mode d'hébergement adapté à leur enfant ; les victimes ont été dédommagées matériellement et psychologiquement. D'une certaine manière, il s'est agi d'une affaire de famille : la justice a joué le rôle de la famille ; la famille a joué le rôle de la justice. La société française s'est occupée de ses enfants et elle a su aider deux familles à redresser leurs enfants.

Mais, en assistant à ce beau procès, je songeais à son contre-exemple, c'est-à-dire à ce qu'aurait donné ce genre de situation transposée à Nanterre ou à Bobigny, là où les délinquants commencent à treize ou quatorze ans, le père étant absent, la mère débordée venant dire au tribunal qu'elle n'est plus capable de s'en occuper, les éducateurs expliquant qu'ils essaient d'aider les jeunes, mais que ceux-ci ne cessent d'échapper à leur contrôle.

Ainsi, comme je l'ai vu, le petit Mohammed Camara, dix-sept ans, rattrapé après quinze déclarations de fugues et vingt-quatre vols sur les bras. Rien à voir avec les petites filles modèles de la comtesse de Ségur. Plutôt Zola ou Steinbeck ?

CHAPITRE 2

A-t-il violé son demi-frère ?

Palais de justice de P. – 17 juin 2010

L'avocate de la jeune Anne m'a prévenu. Cette consœur est une spécialiste expérimentée de la défense des enfants. Comme il y a très peu de filles devant les tribunaux pour enfants, je lui ai demandé de m'alerter, à l'occasion. Aujourd'hui, c'est une jeune fille de seize ans qui comparaît pour « violences aggravées* » et répétées. C'est rare.

Son avocate m'a tout dit sur elle. Je vais donc suivre l'audience en connaissance de cause. Au courant du secret de famille qui est, semble-t-il, à l'origine de tout.

Or, Anne arrive à la barre avec un petit air de défi. C'est une assez jolie fille, habillée normalement : haut, jean, bottes.

Ce qu'on lui reproche est une longue série de violences. Violences à l'école. Violences et dégradations au foyer où elle a été placée après une première condamnation : en colère, elle a jeté des meubles par la fenêtre. Violences aggravées, gifles et menaces envers une éducatrice : « Je vais te tuer. » Violences et menaces envers sa mère et sa sœur : « Je vais vous tuer. » Violences envers elle-même : elle se cogne, elle se blesse, déchire ses vêtements. Là, à la barre, ce matin, elle est calme et polie. La présidente l'interroge sur les incidents qui ont suivi sa dernière interpellation. Une fonctionnaire de police a porté plainte contre elle.

– Vous vous êtes sauvée du commissariat…

– Oui.

– Quand on vous a retrouvée, il a fallu vous maîtriser et vous ramener de force.

– Oui.

– Dans la cellule, vous vous êtes déshabillée en menaçant de vous pendre avec votre pantalon et en injuriant un brigadier de police, Mme N., pour sortir de cellule.

– Oui.

– Lorsqu'elle vous a emmenée dans son bureau pour vous calmer, vous avez voulu renverser sa table et vous l'avez agressée et menacée en ces termes : « Sale pute, je vais te tuer, toi et ton fils. Je vais te violer. Si tu viens dans mon quartier, je vais te niquer. »

– (Silence.)

– Comment saviez-vous qu'elle a un fils ?

– J'ai vu sa photo sur son bureau…

– Vous comprenez qu'elle ait porté plainte ?

– J'étais énervée. Je voulais sortir.

– Vous vous énervez souvent !

Anne pleure. Son avocate demande un Kleenex à la cantonade et l'obtient. Anne s'essuie les yeux et dit :

– C'était avant. Je n'aurais pas dû. Je ne le ferai plus. Je ne me souviens plus. Je ne suis plus comme ça…

L'éducatrice qui parle en sa faveur évoque de façon allusive le secret de la prévenue. On devine que le tribunal est au courant. Il est fait état de son suivi thérapeutique tardif. Des mauvaises relations familiales. Du comportement difficile d'Anne qui cherche et rejette le contact avec ses parents. Elle est jalouse de sa sœur, qui vit en famille, alors qu'elle fait depuis des années la navette entre foyers et familles d'accueil… Elle insiste à plusieurs reprises sur le sentiment d'injustice qu'Anne exprime et qui la submerge souvent.

On apprend aussi qu'aujourd'hui Anne est enceinte.

On entendra ensuite, pour la partie civile, une avocate exprimant en termes modérés la plainte de cette fonctionnaire de police que les menaces de mort* ont visée… ainsi que son fils. On soupçonne que cette avocate connaît elle aussi le non-dit, le secret.

La magistrate du parquet aussi, apparemment. Elle décrit sobrement ce passé tumultueux et les « épreuves subies très jeune… ».

Son avocate, enfin, évoque en effet, sans les décrire, ces « épreuves » pour demander au tribunal de manifester son indulgence et surtout de veiller à permettre à Anne de poursuivre son traitement psychothérapeutique.

Je sais de quoi elle ne parle pas.

Anne a été violée à plusieurs reprises par des garçons de son âge il y a quelques années, dans son quartier – ailleurs en France. Le père, sous-officier tenant à sa réputation, pour éviter le scandale a exfiltré sa fille et s'est fait muter à quatre cents kilomètres de là, sans porter plainte, sans entreprendre aucune démarche, ni juridique ni thérapeutique.

L'avocate conclut : « Ce n'est pas la première fois que vous le constatez. Quand un jeune ne peut pas parler, quand on le laisse seul, abandonné, il s'exprime par la violence… »

* *
*

On rencontre beaucoup de souffrance dans les tribunaux pour enfants. Certes, on en rencontre beaucoup dans tous les prétoires : tribunaux correctionnels et cours d'assises où se prennent plus de 500 000 décisions par an[1] ; juges aux affaires familiales qui traitent chaque année 100 000 divorces et règlent aussi la situation, la garde et les droits de visite de milliers d'enfants ; conseils de prud'hommes où l'on dissèque les plaintes pour abus patronaux et harcèlements liés au mal nommé « PSE[2] », conduisant souvent à la dépression, parfois au suicide ; tribunaux administratifs où des citoyens éberlués reçoivent dans une langue aussi impénétrable que celle de la Pythie de Delphes les réponses tardives à des problèmes généralement urgents.

Mais, devant les juridictions pour enfants qui sont chargées d'instruire et de juger les crimes et délits

---

1. En 2008, 580 872 condamnations pour délits – 3 345 condamnations pour crimes par les cours d'assises.

2. « Plan social d'entreprise » est un euphémisme juridique habillant un licenciement collectif, et les conseils de prud'hommes sont aussi inconnus du grand public que les tribunaux pour enfants. Je leur consacrerai un prochain livre.

imputés à des mineurs[1], puis de suivre l'exécution des mesures éducatives et/ou des peines prononcées, on rencontre les souffrances les plus insupportables.

On y voit souffrir des enfants et des adolescents généralement confrontés à eux-mêmes et à leurs propres actes, à leur famille et à leur propre histoire, et à une société qui délègue à quelques professionnels – policiers, éducateurs, magistrats –, en général spécialisés, la tâche considérable de les juger, si nécessaire, et de les jauger pour les remettre dans le droit chemin : plus de 50 000 affaires par an. Mais l'activité des juges pour enfants comprend aussi et peut-être avant tout des centaines de milliers de décisions d'« assistance éducative* », d'enquête ou de placement : 323 194 dans l'année 2008.

Enfants abandonnés, maltraités, oubliés, manipulés, exploités de diverses façons : on voit leur souffrance s'exprimer, ou, au contraire, s'aggraver de ne pouvoir se dire. On voit, on entend les traces psychiques et morales des coups qu'ils ont reçus. Mais si les ecchymoses des enfants battus disparaissent en quelques jours de leur peau, les bleus de l'âme et du cœur sont souvent intériorisés des années durant avant de ressortir sous forme de violence...

Ces souffrances ne sont pas épargnées aux professionnels cités plus haut – policiers, éducateurs spécialisés, magistrats, auxquels il faut ajouter médecins et psychologues –, tous en reçoivent leur dose, bon gré mal gré : comme des sauveteurs en zone de cata-

1. Juge des enfants ; tribunal pour enfants ; cour d'assises des mineurs. Depuis la loi du 10 août 2011, le droit français prévoit en outre, pour les 16-18 ans, un tribunal correctionnel spécial (cf. *infra* chapitre 12).

strophe, ils sont quotidiennement irradiés par la souffrance issue de la misère sociale, matérielle et morale. Les avocats aussi.

La spécificité de la justice des mineurs consistant essentiellement à faire précéder toute décision, tout « jugement » d'un examen approfondi, donc prolongé, de la situation individuelle et familiale de chaque enfant mis en cause, les professionnels concernés doivent en savoir plus que le juge pénal ordinaire. Ils ne doivent pas juger le délit seulement, mais l'enfant délinquant. Pas seulement juger l'enfant qui est devant eux, mais apprécier son passé pour ménager son avenir.

On a souvent envie de transposer pour eux l'apostrophe historique par laquelle Jean-Jacques Rousseau ouvre son *Contrat social* : « L'homme est né libre, et partout il est dans les fers. Comment ce changement s'est-il fait ?… »

On pourrait écrire :

« L'enfant est né innocent, et souvent il devient coupable. Comment ce changement s'est-il fait ?… »

Innocent… Coupable… On a souvent l'impression fulgurante d'un enfant entièrement innocent et de la culpabilité intégrale de parents indignes et d'une société injuste.

Il a déjà été souligné à quel point et pour quelles raisons les statistiques relatives à la délinquance et à la criminalité doivent être lues et commentées avec précaution. Il y a pourtant une statistique utile : celle des condamnations prononcées. Personne ne saura jamais combien de mineurs ont été victimes de viol* ou d'autres atteintes sexuelles en 2008, par exemple. En revanche, on sait que, cette année-là, les cours et tribunaux ont condamnés 1 684 criminels sexuels pour viol, et 10 193 délinquants sexuels pour « atteinte sexuelle. » Plus de la moitié des 11 877 victimes de ces crimes et délits sexuels étaient des enfants.

Ces chiffres, qui sont assez stables d'année en année, sont publiés par l'« Annuaire statistique de la justice ». Parmi les auteurs de ces crimes et délits, il y a des mineurs : 39 ont été condamnés pour viol cette année-là, et 1 652 pour atteinte sexuelle. Les mineurs condamnés pour viol sont donc une infime minorité, mais les mineurs condamnés pour atteinte sexuelle représentent en revanche une proportion non négligeable du total.

Parmi les victimes d'atteinte sexuelle, la proportion de mineurs victimes d'autres mineurs est relativement importante, car les agresseurs s'attaquent en général de préférence à plus faibles qu'eux. Mais on doit apporter immédiatement une précision indispensable : les agressions sexuelles entre mineurs sont souvent « décriminalisées », c'est-à-dire non pas qualifiées de « viol » – qui conduit à la cour d'assises des mineurs –, mais d'agression sexuelle, qui relève du tribunal des enfants. À entendre les éducateurs, les psychologues et les juges des enfants eux-mêmes, on est en effet souvent hésitant à qualifier juridiquement des comportements classiques d'enfants liés à la découverte de leur corps, aux jeux sexuels de préadolescents et à la sexualité hésitante de jeunes qui en savent souvent plus long sur le sexe et ses variations, par la pornographie des écrans d'Internet, que leurs parents eux-mêmes…

On sait enfin, mais malheureusement sans disposer de statistiques sur ce point, que l'immense majorité, voire la quasi-totalité des auteurs d'agressions sexuelles en ont été eux-mêmes victimes dans leur enfance.

Palais de justice de E. – 13 octobre 2010

Au palais de justice d'E., ce matin d'automne, le jeune Bertrand B., quinze ans, devrait être jugé pour « viols » commis sur la personne de son demi-frère Kevin B., âgé de cinq ans au moment des faits qui remontent à trois ans.

Visages fermés, deux femmes sont assises au dernier rang de la petite salle du tribunal pour enfants d'E. L'une à droite, l'autre à gauche, dos au mur. La plus jeune a trente ans et l'autre quarante, sans doute. Elles ne sont pas sœurs, mais peu s'en faut : au fil de l'audience, on a déjà appris que Marthe, la plus jeune, avait été « placée » chez les parents de l'aînée, Marie. Dans cette « famille d'accueil » où elle a grandi, Marthe a vu naître Bertrand B., le fils de sa presque « sœur ».

Trois ans plus tard, Marthe a piqué à Marie son amant : Marc B. Avec lui, elle a eu à son tour un garçon : Kevin B. Ultérieurement, Marc a quitté Marthe pour revenir vers Marie… Quitter, c'est façon de parler, car tout le monde vivait sous le même toit, souvent dans les mêmes lits.

Le père des deux garçons n'est pas là, mais ce sont les deux mères qui sont dans le fond de la salle. L'une d'elle pleure et l'autre a pleuré. Au premier rang, Bertrand est assis la tête basse. La mère de Kevin l'a accusé d'avoir violé son demi-frère ; Bertrand s'en défend maladroitement.

On ignore généralement à quel point l'inceste est répandu. Rarement dénoncé, rarement poursuivi, il est rarement condamné – sauf au silence.

Avant d'être élu député, je pensais que l'inceste, c'était surtout le thème de mythes comme celui d'Œdipe, de tragédies comme *Phèdre*, ou de contes de fées comme *Peau d'âne*. Après plusieurs centaines d'heures de mes « permanences parlementaires » hebdomadaires au cours des années 1970, devenu un peu travailleur social et conseiller juridique, voire, malgré moi, psychothérapeute bénévole involontaire, j'avais compris et découvert la réalité, et mesuré ses conséquences.

Si l'inceste est un thème littéraire aussi antique et universel, c'est parce qu'il est d'une étonnante banalité. Une banalité si effrayante qu'il est masqué, nié, englouti dans le silence des victimes, des coupables et de leurs familles, ou complices et coauteurs, cohabitant en général plus ou moins paisiblement, avant de reproduire, souvent à l'âge adulte, ce qu'ils ont subi dans leur enfance…

On a appris, grâce à l'enquête, que Marthe et Marie avaient été abusées par leur « père » : père naturel pour l'une, mais pour l'autre père adoptif – dont le passé était obscurci par ce que l'on entendait évoquer… Le grand-père aurait clairement violé jadis la prescription du Lévitique (chapitre 20) : il aurait couché avec ses deux filles. Mais, s'il avait commis l'inceste, avait-il violé, outre sa fille, la petite-fille qu'on lui avait « confiée » ? On ne le saura sans doute jamais avec certitude.

L'abus d'autorité qu'est cet abus sexuel d'un père sur une fillette est souvent réalisé sans violence inutile, sur une enfant sidérée. D'ailleurs, la loi punissant l'inceste pallie difficilement la complexité de la définition des diverses formes d'agressions sexuelles dont sont victimes beaucoup d'enfants, le plus souvent de la part de leurs proches.

Il y a quelque chose d'étrange à considérer le florilège des œuvres qui, depuis l'Antiquité et jusqu'à nos jours, dans la littérature française comme dans celle de tous les pays, utilisent – sinon valorisent – le thème racoleur de l'inceste, cette façon de rester en famille que pratiquèrent en leurs temps Isis et Osiris, Ramsès II et ses sœurs, la famille Borgia et tant d'autres, plus récemment, moins célèbres ou inconnues…

Dans cette petite salle du tribunal pour enfants, quatre ou cinq avocats discutent avec la présidente. Je me joins à eux. J'observe. Il y a un doute : l'affaire est-elle en état d'être jugée ? Des pièces manquent. L'enfant victime n'est pas là. Pendant que toutes ces robes noires s'affairent et discutent, un vacarme infernal nuit à la compréhension de ce qui se passe.

Côté jardin, à l'extérieur, un employé zélé, armé d'un taille-haie au bruit de motocyclette, soigne l'espace vert sous nos yeux. On s'entend à peine, car, côté cour, c'est une perceuse ou peut-être un disque diamanté qui fait vibrer la cloison et toute la pièce.

Le « palais » est entretenu, mais la justice va-t-elle en profiter ? L'audience où l'on n'entendra presque rien sera heureusement brève. Est-ce à cause de ces tintamarres croisés ? Paradoxalement, je le comprends peu à peu, la principale discussion porte sur le point de savoir s'il ne faut pas reporter l'audience et convoquer le petit Kevin pour l'entendre !

Non seulement il est question de l'entendre, mais certains demandent que l'enregistrement vidéo de son premier témoignage, recueilli il y a un an, soit entièrement visionné par le tribunal, en présence de la victime et de l'auteur des faits. Certains avocats demandent en effet l'audition de l'enfant après la projection de son enregistrement. La présidente est très hésitante. La substitute est plutôt hostile car, comme elle le souligne, « à sept ans on est fragile ». Même si l'audition pourrait être utile pour tous, on devrait se contenter du visionnage de l'enregistrement vidéo. Certains avocats insistent. La présidente observe que cette demande n'a pas été exprimée en temps utile. Un avocat de la victime, approuvé de loin, du regard, par la mère, argumente : il faudrait que l'enfant soit entendu. « Kevin sait que l'audience a lieu. Il veut que son demi-frère avoue. C'est une réparation dont il a besoin. »

Bertrand avait avoué les faits en garde à vue, mais s'était rétracté après avoir vu un avocat qui lui avait dit qu'il risquait une grave peine. Dans le fond à gauche, sa mère pleure toujours.

On me montre les « écritures » déposées au nom du petit K.. Je n'en cite que de brefs extraits :

« Attendu qu'… en garde à vue (Cote B xx)… à la question des policiers M. B… a répondu : “Ouais, c'est la vérité. Je me suis branlé, puis il m'a sucé et je lui ai mis un doigt dans le cul…” »

Ces conclusions précisent que ces faits ont eu une grande répercussion sur la personnalité de K., lequel était déjà un enfant « … perturbé par la relation de sa mère avec son beau-père et les faits dont il avait pu être témoin lors de leur relation… ».

Elles relatent aussi que K. « … a des comportements sexualisés étonnants pour son âge, lesquels nécessitent une surveillance constante des adultes qui l'entourent afin d'éviter une reproduction des faits dont il a été la victime… ».

Elles affirment que les dénégations du prévenu « … ne font qu'augmenter le préjudice subi par K., alors que celui-ci attend de son demi-frère un autre comportement ».

Elles demandent enfin que B. soit condamné à verser à K., son demi-frère, une somme supérieure à 10 000 euros de dommages et intérêts.

Au moment de sortir de l'audience, je suis abordé par une assistante sociale aux cheveux gris, assez âgée pour m'avoir reconnu et identifié sous ma robe. Elle me prend à part d'un air indigné : « Monsieur le ministre, vous êtes devenu avocat, c'est bien. Mais vous allez en voir, des choses ! Voyez-vous, ces histoires de “touche-pipi”, autrefois, cela ne se réglait pas au tribunal. À présent, on n'arrête pas ! »

Je lui demande poliment si elle connaît la famille.

« Bien sûr ! Et les deux mères ! Et le père ! C'est une vengeance de femmes ! Où est l'intérêt des enfants, là-dedans ? »

Palais de justice de C. – 28 septembre 2010

À l'âge de dix-neuf ans, B. porte plainte contre son frère G. : il l'accuse de l'avoir violé à plusieurs reprises douze ans plus tôt, quand il avait sept ans. À l'époque des faits allégués, G. avait lui-même douze ans.

On apprend que G., âgé aujourd'hui de vingt-quatre ans, est homosexuel et « pacsé » depuis trois ans. À l'occasion de la fête organisée pour ce pacs, B. est venu assurer l'animation musicale pour son frère, avec lequel il semblait donc s'entendre assez bien. Qu'est-ce qui a pu le conduire à l'accuser ainsi soudain ?

C'est à la suite d'une agression récente, un soir, à la gare, qu'il aurait été traumatisé au point de revivre les agressions sexuelles subies jadis. S'étant confié à Tiphanie, sa petite amie, il lui donna lecture d'un texte secret, composé sur son ordinateur et racontant les actes de masturbation, de fellation, de sodomie sans lubrifiant imposés dans son enfance. Tiphanie, qui avait elle-même subi des agressions sexuelles dans sa propre enfance, lui conseilla de porter plainte. Ce qu'il fit.

Convoqué par la police, son frère G., mis en cause, nia dans un premier temps, précisant seulement qu'il s'était montré dans leur enfance leur sexe, entre frères. Mais, placé en garde à vue, puis confronté à son frère, il reconnut les faits. G. dira ultérieurement avoir été manipulé :

– On m'a dit que, si je reconnaissais les faits, je serais libéré immédiatement par la police : « Dès que tu avoueras, tu sortiras. » Alors j'ai avoué.

Mais, ultérieurement, il a reconnu partiellement les faits reprochés devant un médecin expert.

La présidente relit ses déclarations :

– Vous avez dit : « J'ai fait semblant, je ne l'ai jamais pénétré, car je ne voulais pas lui faire mal. – Il a dû croire que c'était comme sur les photos. »

On apprend à cette occasion qu'il y avait des livres illustrés et des revues pornographiques à la maison.

Lors de sa déposition, B. dira de son côté n'avoir compris ce qui lui était arrivé que lors des cours de sciences de la Vie et de la Terre au collège.

Leur mère confirme devant le tribunal ce qu'elle a déclaré à la police sur procès-verbal : B. lui « en a parlé » il y a trois ans, mais « il ne lui a pas tout dit ». Elle n'a pas porté plainte à l'époque. Depuis lors, elle a déclaré à la police le fait que Lucie, sa fille, aurait aussi été victime de G. La petite aurait déclaré à l'époque : « G. a fait mal à mon zizi. »

Au centre hospitalier régional, on aurait constaté une « irritation vaginale », mais dissuadé la mère de porter plainte, car il y avait doute sur une agression sexuelle. En effet, le dossier médical établissait que ces irritations étaient fréquentes chez l'enfant.

Après lecture de la déposition assez peu claire de Lucie, G. demande la parole :

– Je peux vous raconter. Elle a dit qu'on jouait au papa et à la maman. C'est vrai. Elle s'est mise nue. Oui. Mais c'est tout. Elle a toujours eu des irritations par là, quand elle était petite. Malheureusement pour moi. Mais je n'y suis pour rien…

La mère, quand elle parle, montre beaucoup d'hostilité envers G. : « Ce qu'il a fait d'abord sur sa sœur, ensuite sur B., je ne le lui pardonne pas. »

Un doute s'insinue alors lentement sur la véritable filiation de B., évidemment le fils préféré. Car B. a été adopté – et lui seul – par M. F., le père de Lucie… et de B. aussi, peut-être ?

Ainsi, dans cette famille recomposée, G. est le fils biologique et juridique de son père, mais B. est le fils adoptif de M. F., le père biologique et juridique de Lucie.

Or B. raconte : « Quand M. F. m'a adopté, mon père biologique a cessé de me voir. »

G. raconte qu'il était souvent puni, enfant, enfermé, soumis à des douches froides, des menaces, et même à un coup de couteau, un jour à table. Il montre une cicatrice à sa main droite.

La mère reconnaît les douches froides. Elle reconnaît les punitions et les enfermements.

– C'est vrai, tout le monde était en colère contre lui, à la maison.

Mais le coup de couteau ?

– Alors là non, c'était un accident… à table.

– À table ?

On n'en saura pas plus. On a l'impression de lire une nouvelle de Maupassant en sautant une page sur quatre. On en sait assez pour deviner qu'il y a là plusieurs secrets de famille. En sait-on assez pour envoyer quelqu'un en prison ?

Le procureur requiert plusieurs années de prison dont une « ferme », et l'inscription au « fichier des infractions sexuelles* ».

Mais qui veut-il envoyer en prison ? L'auteur présumé de viol ne reconnaît que des attouchements sexuels. Son avocat a beau jeu de plaider :

– Si les faits reprochés étaient établis, alors G. avait douze ans au moment des faits : il n'aurait relevé ni de la garde à vue ni de la prison. Comment pourriez-vous le condamner aujourd'hui à une peine aussi disproportionnée ?

On pourrait raconter cette histoire de deux façons :

Une mère reniée, un fils abandonné, un frère et une sœur agressés sexuellement : tous victimes ?

Mais, après trois heures d'audience, on peut aussi bien raconter l'histoire de cette autre façon :

Une mère maltraitante, un fils abuseur, un frère et une sœur accusateurs manipulés : tous coupables ?

On aura beau connaître la décision – rendue publique – du tribunal pour enfants. On ne connaîtra jamais la vérité des faits. Ils ne sont enregistrés que dans des mémoires.

Palais de justice de B. – 14 mars 2011

Dans la belle salle d'audience de ce palais de justice à l'ancienne, dans une petite ville fortifiée de France, cinq dames siègent dans la position majestueuse que confère l'architecture classique des salles d'audience.

De chaque côté de la présidente en robe, les deux assesseurs sont des femmes. À sa droite, la substitute du procureur et, à sa gauche, la greffière sont également en robe noire.

Ces cinq dames, qui semblent avoir à peu près le même âge, entre quarante et cinquante ans, vont présider ou suivre le déroulé d'une série de sinistres affaires impliquant des jeunes des environs, plus ou moins abandonnés par leurs familles et par la société.

Karl et François sont tous deux poursuivis pour viols et agressions sexuelles sur mineurs. Eux-mêmes sont mineurs. Mais les premiers signalements ont été effectués en 2005 pour atteintes sexuelles sur des enfants de neuf ou dix ans placés comme eux depuis plusieurs années dans un établissement… chargé de protéger les enfants ! Celles-ci avaient été d'abord signalées aux services sociaux en 2004, puis au parquet, puis au commissariat, sans que l'enquête débute véritablement avant 2007. Malheureusement, pendant cette période, dans l'établissement où ils étaient tous accueillis, auteurs et victimes, les deux garçons mis en cause sont passés progressivement d'attouchements sexuels à ce qui est qualifié de viols. On apprend que l'un des enfants victimes s'est plaint auprès de ses parents dès 2006. Finalement, les deux adolescents ont été mis en examen en 2008 et ont reconnu rapidement les faits, de façon détaillée et aussi crue que d'habitude.

À l'audience, la présidente interroge méthodiquement les deux garçons mis en cause et se livre à une investigation extrêmement précise et détaillée, ou plutôt à une reconstitution de ce qui est déjà décrit dans les procès-verbaux de police ou dans les comptes rendus des interventions des services éducatifs.

Outre la description de toutes sortes d'agressions sexuelles sur enfants, il y a aussi la description des relations familiales chez K., par exemple :

– Où résidez-vous ?

– Chez un ami de mon grand-père.

– Qui est-ce ?

– C'est un ami de mon grand-père.

– Le dossier dit que c'est un alcoolique pervers.

– Peut-être, mais je n'ai pas d'autre endroit où aller, car j'ai été mis dehors.

– Pourquoi votre mère vous a-t-elle mis dehors ?

– Parce que je lui ai manqué de respect.

– Non, on dit aussi que vous avez eu des attouchements sexuels envers votre petite sœur.

– Oui, elle a dix-huit mois.

– Oui, vous avez pris des photos de son sexe pour les mettre sur un site internet.

– C'est vrai.

– Pourquoi faites-vous ça ? Vous vous rendez bien compte que vous ne devez pas faire ça.

– Oui.

– Il vous est aussi, paraît-il, reproché d'être violent avec votre petit frère. Vous lui montrez des films pornographiques avec des scènes de zoophilie. Il a dix ans. Vous vous rendez compte de ce que vous faites ?

– Oui.

Le garçon ne répond que par monosyllabes en baissant la tête. On apprend par ailleurs que les parents n'ont pas beaucoup coopéré à l'investigation accomplie par les services éducatifs. En effet, on découvre la situation tout à fait précaire de cette famille : quatre enfants placés successivement depuis 1994 dans des familles d'accueil, puis dans trois foyers différents. Pour l'heure, les enfants sont dans des foyers, ou chez des voisins.

Après avoir subi des cures de désintoxication, les parents sont des habitués des violences conjugales lorsqu'ils sortent l'un après l'autre de cure en hôpital psychiatrique. Le père est sous curatelle*.

Lorsqu'ils se retrouvent tous sous le même toit, la confusion intergénérationnelle est telle qu'on ne sait plus très bien qui a couché avec qui ni quand… La psychologue évoque une « inconscience totale de l'interdit de l'inceste ».

Dans le deuxième cas, celui de F., on évoque aussi des passages dans un centre médico-pédagogique, des comportements d'agressions ou d'attouchements sexuels envers des petits enfants, associés à une relation quasi incestueuse avec sa mère qui n'a jamais voulu le mettre à l'école.

– Quand F. était petit, vous ne le conduisiez même pas à l'école ?

– Non, il était mieux à la maison.

Un peu plus tard, l'avocat de F., qui paraît fort juvénile, va développer des thèmes classiques : « Si ce garçon s'exprime aussi mal, c'est qu'il a un vocabulaire limité, des idées peu claires, car sa famille ne l'a jamais aidé à distinguer le bien et le mal. » Si le parquet devait poursuivre, plaide mon jeune confrère, il aurait dû poursuivre d'abord les parents, ou peut-être également les services sociaux qui ne se sont pas occupés à temps de ce garçon. Il poursuit : « Ce n'est pas un coupable qui est devant vous, c'est un enfant maltraité qui a besoin de protection. »

Il fait appel à l'indulgence du tribunal, et surtout à sa charité : « J'ai le sentiment, dit-il, de ne pas défendre le bon prévenu. Qui est responsable de quoi ? Je constate que, dès 2003, les enfants de ce couple qui s'alcoolisait et se battait ont fait l'objet de signalements. Dès 2003, alors que les parents et les enfants dormaient dans le même lit, dans des conditions indescriptibles… »

À ce moment-là, je vois F. qui pleure. L'avocat continue :

– Ce garçon a été placé dès l'âge de trois ans…

F. renifle.

– Sa mère était toujours absente lorsqu'elle était en cure, ou, pire, présente et le battait.

F. sanglote.

– Quant au père, il vous a répondu en précisant pourquoi il ne pouvait recueillir ses enfants : « … avec le RSA, je n'ai pas les moyens de prendre tous ces enfants. » Les vrais responsables sont ceux qui n'ont pas été capables d'élever ces enfants, ni même de venir voir leur fils pleurer sur un banc du tribunal.

CHAPITRE 3

Lycéens incendiaires

« Vive les vacances
À bas les pénitences… »
(comptine)

Si l'on cherche à analyser, mais d'abord à décrire les différents types de délits fréquemment imputés aux « jeunes délinquants », on n'a que l'embarras du choix parmi les multiples formes de vol et les diverses manifestations de violence.

Vols « à l'étalage[1] » ou aux DAB (distributeurs automatiques de billets), vols « à l'arraché[2] », « à la portière[3] »,

1. Action de voler dans un magasin, un commerce, durant ses heures d'ouverture.

2. Vol avec violence commis en arrachant de force à la victime un objet convoité.

3. Vol commis en ouvrant la portière d'un véhicule ou en cassant la vitre du côté du passager pour s'emparer des objets à l'intérieur pendant que le conducteur est à l'arrêt.

avec violences plus ou moins caractérisées, cambriolages et même « braquages », tous ces délits – qui peuvent être qualifiés de « crimes » à partir de certaines circonstances aggravantes – sont le pain quotidien des juges pour enfants.

Plus que le vol d'aliments, ce sont, de nos jours, les vols de téléphones portables, de vêtements « de marque » ou de véhicules à deux roues qui forment l'essentiel de cette délinquance attribuée principalement et presque exclusivement à des jeunes.

Quant aux formes de violence les plus variées, elles sont aussi faciles à observer dans les tribunaux que décrites dans la presse : simples bagarres, rackets menaçants et extorsions*, agressions de toutes sortes, avec ou sans armes, envers des victimes de vol ou à l'encontre de personnes détentrices d'une autorité – cas particulier des fréquentes « rébellions* » –, toutes les formes de violence sont représentées, à commencer bien sûr par les violences sexuelles. Le cas particulier du viol, parfois « collectif » et souvent nié comme tel, mérite un examen spécial en raison de la relation particulière des jeunes garçons – y compris les très jeunes – au rapport entre les sexes parmi la jeune génération.

Les jeunes délinquants reconnaissent en général assez facilement et même souvent rapidement leurs infractions. Mais il y a une infraction rarement revendiquée et presque jamais reconnue : c'est l'« incendie volontaire* ».

Or, les voitures incendiées ont été dénombrées par milliers dans les statistiques officielles, longtemps publiées régulièrement par les services de police. De leur côté, parmi les dégradations de bâtiments publics, les incendies de locaux scolaires sont devenus assez fréquents pour frapper l'opinion, choquée de voir précisément des jeunes, souvent exclus de la société par leur manque de formation, s'attaquer aux locaux mêmes dont ils auraient, semble-t-il, un besoin prioritaire.

Ce beau mythe de l'école « émancipatrice » est doublement profané lorsque ce sont des écoliers eux-mêmes qui détruisent l'outil de leur émancipation par un feu qui paraît encore plus sacrilège qu'absurde. Et le mythe est triplement mis à mal lorsque à l'incendie s'ajoutent les agressions contre les pompiers qui viennent l'éteindre.

Beaucoup de sociologues comme Francis Bailleau[1], malheureusement trop peu consultés par les autorités actuelles, ont approfondi ce passage d'une délinquance d'appropriation vers une délinquance de destruction et de violence contre l'autorité. Leurs analyses sont éclairantes.

Pourquoi l'aveu est-il si rare lorsqu'il s'agit d'actions ou même d'intentions incendiaires qui peuvent recevoir une qualification pénale criminelle relevant des assises ? Est-ce à cause de la gravité et de la lourdeur des peines encourues ? Est-ce parce qu'il y a une honte particulière de l'incendiaire à reconnaître un crime assorti de connotations particulièrement traumatisantes ?

À l'automne 2010, en marge des grandes manifestations populaires organisées contre la réforme des

1. Francis Bailleau. « Consommation de masse et prédation de masse ? La délinquance des mineurs en France (1972-2002) », in *Crime et insécurité, un demi-siècle de bouleversements*, sous la direction de René Lévy, Laurent Mucchielli, Renée Zauberman, L'Harmattan, collection « Logiques sociales », pp 63-69, 2007.

retraites, un début d'incendie, vite maîtrisé, a pourtant provoqué des dégâts assez limités à proximité d'un lycée technique de Paris. Cela a entraîné une opération de police au cours de laquelle plusieurs jeunes suspects ont été entendus, dont trois lycéens. Eux ont tout avoué.

Joaquin, le plus jeune – treize ans – raconte à sa façon :

Joaquin – On est venu pour faire le blocage…

La juge – Pourquoi ?

– C'était pour la retraite à 67 ans… On voit la télé… J'ai suivi le mouvement… Et puis, on voulait juste bloquer le lycée pour ne pas aller en cours. On a fait le blocage, et puis on a mis les poubelles. Et puis, on a eu l'idée d'acheter de l'essence. Je l'ai versée sur la poubelle, mais c'est Abderahmane qui l'a allumée avec le briquet de Kenza.

Voici un extrait de l'interrogatoire d'Abderahmane :

La juge – Pourquoi étiez-vous là ?

Abderahmane – Pour faire le blocage… D'abord, on a lancé des œufs sur le lycée. Ensuite, on a mis les poubelles. Joaquin a versé l'essence et m'a demandé d'allumer le feu.

– Pourquoi avoir accepté ?

– J'ai fait cela sans réflexion, sans réfléchir, avec le briquet de Kenza.

– Pourquoi être allé faire le blocage ?

– Pour pas aller en cours…

Et voici un extrait de l'interrogatoire d'Ulysse :

La juge – Vous reconnaissez avoir été porteur d'un engin incendiaire ?

Ulysse – Oui.

– Lequel ?

– Un cocktail Molotov basique.

– C'est-à-dire ?

– Une bouteille de liquide inflammable avec une mèche…

– Fabriquée par vous ? Dans quel but ?

– Pour l'éclater au sol, mais sans viser personne.

– Vous comptiez vous en servir ?

– Oui, mais au cours de la manifestation, pas devant le lycée…

– Et pourquoi ?

– Pas dans un but défini… Pour l'exaltation… Se procurer du plaisir par les flammes…

À la ville comme à la campagne, l'incendiaire est une des plus inquiétantes figures criminelles. Sans parler des souvenirs historiques, des métropoles entières flambant sous les yeux de Néron, de Napoléon ou d'Adolphe Thiers…, ou encore des incendies de forêt dont, chaque été, la télévision offre – en couleurs – les fascinantes images, j'ai des souvenirs personnels et quasi professionnels d'incendies et d'incendiaires.

J'ai contribué à éteindre un incendie comme jeune soldat mobilisé dans la forêt de Compiègne comme toute ma compagnie d'instruction, ressentant, pour la circonstance, l'impression de mener un vrai combat contre un être puissant, et enfin le sentiment enivrant de victoire lorsque, après des heures et de grandes difficultés, les pompiers professionnels, dont nous étions les supplétifs inexpérimentés, annoncèrent que la victoire était acquise sur l'ennemi.

Mais je me souviens surtout des incendies auxquels je ne pouvais rien, mais dont je supportais pourtant l'entière responsabilité, comme ministre de l'Intérieur lorsque, avec régularité, l'été ramenait les incendies de forêt dans le Midi et sur les écrans de télévision. Mes hydravions orange, bombardiers d'eau, évoluaient dans le ciel en escadrilles rassurantes pour limiter les dégâts, tout en participant eux-mêmes au spectacle dans le rôle infatigable de Supermen.

J'ai aussi, en mémoire, le spectacle lugubre des centaines de puits de pétrole enflammés sur ordre de Saddam Hussein au Koweït « libéré » par nos troupes, et où, descendant lentement en avion militaire vers le terrain non balisé de Koweït City, je voyais depuis la cabine du pilote les fumées noirâtres et gluantes, mal balayées par les essuie-glaces, sur le pare-brise de notre appareil qui semblait nous amener en enfer, sans être sûrs de trouver un terrain stable, avant de nous poser dans la poisse, entourés de chandelles fumantes aux lueurs orangées.

L'incendie criminel n'est pas un crime ordinaire : il touche au plus profond des peurs paniques : peur de la mort chez les hommes, peur de la perte du foyer chez les femmes.

L'incendiaire n'est pas un criminel ordinaire. Son acte est destiné à détruire, mais ne vise pas toujours le résultat apparent : la destruction d'un bâtiment, d'un véhicule, de cultures ou de forêts. L'incendiaire est souvent d'abord le dramaturge et le scénographe du spectacle qu'il se donne à lui-même et qu'il offre à un public potentiellement illimité. Gravement malade ou petit déséquilibré, il peut vouloir seulement jouir du spectacle : le départ du feu, le brasier immense, l'affluence des secours, le finale désolé des vestiges calcinés et boueux, noirs et humides, succédant à la chaude lumière des flammes crépitantes. Le sentiment de toute-puissance du névropathe anonyme ou impérial prend des formes perverses dans le cas particulier du pompier pyromane, souvent décrit mais rarement analysé jusqu'au tréfonds de ses motivations, parfois, hélas, aussi intéressées que folles : quand le pompier incendiaire avoue que – par son crime – il a voulu déclencher les actions de secours qui lui permettraient, en participant à la lutte contre le feu qu'il avait provoqué, de percevoir les rémunérations légalement dues aux soldats du feu engagés dans cette action…

Quand j'étais ministre de l'Intérieur et donc « premier flic » de France, mais aussi « premier pompier », je me suis fait communiquer des procès-verbaux édifiants : il faut avoir lu les récits policiers et judiciaires du délire de celui qui a risqué en effet sa vie pour combattre le feu qu'il a lui-même allumé… en partie pour gagner sa vie !

Mais il y a pire, évidemment : l'incendie allumé par vengeance, non pour détruire les biens qui flambent, mais pour détruire un innocent accusé d'incendie volontaire et injustement condamné grâce à l'accumulation de preuves préalablement organisées par une machination féroce. Dans les campagnes de Bresse, l'on raconte encore le drame de Pierre Vaux, instituteur républicain qui mourut au bagne sous le Second Empire, victime des notables de Longepierre (Saône-et-Loire), parce que son activité républicaine menaçait leur domination politique et leurs intérêts financiers.

J'ai déjà évoqué le contentieux abondant des incendies volontaires criminels destinés à escroquer les compagnies d'assurances, et imputés – à tort – à de jeunes voyous alors qu'ils sont souvent dus au calcul… de leurs parents.

Mais j'ai aussi en mémoire le regard vague et vide, ou plutôt plein d'images ineffaçables, de jeunes soldats en Algérie racontant comment ils avaient incendié, sur ordre, des *mechtas* – ce mot arabe, se voulant disqualifiant et raciste, destiné à dissimuler le doux concept de « hameaux » ou « villages ». Des garçons, qui pour rien au monde n'auraient mis le feu à un hameau, ont incendié de nombreuses mechtas, aussi bien pour en faire fuir les habitants que pour éviter qu'ils y reviennent, s'ils en étaient déjà absents, ou éviter de s'exposer eux-mêmes à la grenade piégée qu'elles recelaient peut-être.

« Quand on brûlait une mechta, me dit l'un d'eux, le mieux, c'est quand il y avait une explosion. Car là, on se disait : On l'a échappé belle. » Il ajouta : « Mais le pire, c'est quand on entendait des cris de dedans, quand on croyait que tout le monde était déjà parti… J'ai vu sortir des gens comme ça… D'autres ne sont jamais sortis. On les entendait… »

Celui-là ou ses jeunes camarades ne savaient pas que l'armée dite de pacification récidivait alors, dans l'« Algérie française », les horribles crimes de la conquête coloniale du XIXe siècle où incendies de maisons et de récoltes et « enfumades » de paysans réfugiés dans les grottes des Aurès reproduisaient à l'identique les techniques utilisées par les armées napoléoniennes pendant l'invasion de l'Espagne.

Enfin, l'incendie – et les incendiaires –, c'est l'image que la bourgeoisie épouvantée a donnée de la Commune de Paris, l'une des plus belles expériences de démocratie sociale jamais tentée, et qui fut écrasée dans le sang et flétrie par les incendies allumés par les Versaillais capitulards.

Mais, ce jour-là, au Palais de justice de Paris, les faits reprochés aux trois garçons n'étaient pas tragiques. En outre, ils n'étaient pas niés. L'interrogatoire par le juge devait, selon l'usage, concerner plutôt leurs personnalités respectives et leurs environnements familiaux.

C'est l'une des tâches caractéristiques du juge des enfants. L'un des inspirateurs de l'ordonnance de 1945 avait coutume de dire : « Quand un enfant vole un vélo, il faut s'intéresser davantage à l'enfant qu'au vélo. »

La mère de Joaquin connaissait déjà le tribunal pour enfants, car son fils avait été « condamné » à une « remise à parents » pour un vol de pizza commis l'année précédente.

Tout au bas de l'échelle des « sanctions » que peut prononcer le juge des enfants, d'après l'article 8 de l'ordonnance de 1945, la *remise à parents*, avant *l'admonestation*, est censée confier aux parents eux-mêmes le soin de prononcer la punition adéquate dans le cadre familial. C'est donc une sanction à la fois déléguée au détenteur de l'autorité parentale, laquelle a succédé depuis lors à la *puissance paternelle*, et totalement indéterminée. D'après l'article 8, elle a « ... *vocation à rappeler aux parents qu'ils sont les premiers responsables des agissements de leurs enfants et qu'il leur appartient désormais d'exercer leur surveillance de manière plus adéquate* ».

La remise à parents est généralement accompagnée d'avertissements moins solennels, cependant, que dans le cas de la sanction du deuxième degré : l'admonestation. Mais, en fait de « parents », en la circonstance, Joaquin avait été « remis » à sa seule mère :

– Le papa ? Non, madame, il n'est pas là. Il ne s'en occupe plus... Alors, faites ce qu'il faut faire..., déclara cette mère à la juge qui l'interrogeait.

En transférant symboliquement la *puissance paternelle* disparue à cette magistrate aux lunettes de jeune grand-mère, la mère de Joaquin ajouta une phrase qui semblait inspirée des analyses de Dany-Robert Dufour dans *La Clinique lacanienne*[1] : « Je ne l'élève pas comme cela, madame, mais il est tout le temps devant la télé, alors il voit tout... »

J'avais en effet noté la phrase singulière de cet enfant, en trois propositions : « ... Pour la retraite à 67 ans / on voit la télé / j'ai suivi le mouvement... »

La mère d'Abderahmane, seule elle aussi, chargée de cinq autres enfants dont deux petits jumeaux, avait déjà amené celui-là au tribunal : « Il a beaucoup de problèmes au lycée et à la maison... »

Elle l'explique sobrement : Abderahmane connaît son père, qui est marié ailleurs. Abderahmane aimerait bien le voir, mais son père ne se manifeste pas. « Heureusement, ajoute-t-elle, le papa des jumeaux m'aide, mais pas pour Abderahmane qui n'écoute personne !... » Elle lève les bras au ciel dans son boubou orange et noir.

Abderahmane, au moment de parapher sa déposition, la signe largement, en pleine page. La greffière lui dit alors gentiment :

– Non, vous mettez vos initiales au bord de chaque page en bas.

1. Dany-Robert Dufour, « Le Troisième parent », in *La Clinique lacanienne*, 2007/1 – n° 12.

– Initiales ?

– Vous ne savez pas ce que c'est ?

– Non…

– C'est la première lettre de votre prénom et de votre nom.

La mère commente :

– Vous voyez, il n'a rien appris à l'école.

Les parents d'Ulysse, bien que divorcés quand il avait quatre ans, sont là tous les deux.

Enfant précoce et doué, Ulysse est cultivé et le sait, mais il voit peu son père qui a « refait sa vie ». Il reproche à sa mère de n'avoir pas deviné qu'il avait eu un chagrin d'amour, il y a deux ans, ce qui l'a entraîné dans une forte consommation de cannabis. Comme il est assez loquace, la juge l'interroge plus avant :

– Pourquoi ce cocktail Molotov ? C'est dangereux et interdit !

– Pour faire valoir mes idées, comme tout le monde.

– Vos idées ?

– Oui, je suis très politisé. Pas dans un parti ni dans un syndicat, mais j'ai mes idées.

– La prochaine manifestation, allez-y quand même sans cocktail Molotov.

– Oui, madame, bien sûr.

La mère a l'air affligé, surtout de ne pas l'avoir compris quand il a évoqué, l'an passé, des « désirs de mort ». Mais elle est contente parce qu'il voit à présent un psychologue. Irrégulièrement, hélas.

Quant au père, air dépressif et tête baissée comme un pénitent, quand la juge l'interroge enfin il se borne à répondre pensivement, en regardant le sol :

– Tout a été dit…

– Mais votre relation avec votre fils ?

– Cela pourrait être mieux… Mais on manque de temps…

– Vous manquez de temps ?

– On a le temps, mais plutôt… on n'a plus l'énergie. Autant lui que moi…

La juge, la mère, l'enfant, la greffière, la jeune éducatrice de permanence et moi-même, tout le monde le regarde, mais il ne relève pas la tête. Peut-être sent-il nos regards.

Pendant que les parents sortent, à la demande de la juge qui voudrait voir Ulysse seul, il y a une petite suspension.

La jeune éducatrice connaît la greffière. Il est déjà dix-huit heures et elle lui demande en rigolant :

– Vous êtes encore là ! Vous êtes toujours là ! Vous en avez pour longtemps ?

– Vous voyez…

– Vous avez le temps de faire pipi, au moins ?

– Oui, ce matin – mais pas de problème, parce que je n'ai rien mangé ni rien bu depuis…

Au long du déroulement de l'audience, les faits laconiquement relatés dans les dossiers que j'avais parcourus le matin se sont garnis, l'après-midi, des couleurs de la vie, mais aussi des douleurs de ces vies, de ces adolescences difficiles, découvrant l'étrange parallélisme entre leurs trois destinées, avec leurs trois patronymes typés : l'un du sud de la France, l'autre du Portugal, le troisième du Maghreb.

J'imagine ces trois migrations successives du sud vers le nord : l'arrière-grand-père d'Ulysse, sans doute monté à Paris depuis le Lot-et-Garonne dans les années 1930 ; le grand-père de Joaquin quittant le Portugal de Salazar au temps de notre boom immobilier ; le père d'Abderahmane, enfin, peut-être clandestinement venu d'Oran par l'Espagne et régularisé grâce à ses enfants… Ces trois destinées d'enfants privés de pères mais non de mères, à peine prédélinquants, mais déjà presque criminels d'après le Code pénal, qui bénéficiaient au contraire du régime tutélaire issu de l'ordonnance de 1945.

En effet, après le meurtre et le viol, l'incendie volontaire est théoriquement l'un des trois crimes les plus graves. Tous trois relèvent de la cour d'assises et peuvent être punis des peines les plus lourdes : longtemps la peine de mort, aujourd'hui la réclusion à perpétuité. Tous trois inspirent l'horreur, mais tous trois ont aussi inspiré mythes, légendes et œuvres d'art parmi les plus célèbres. Prométhée, qui donna aux hommes le feu à la fois libérateur et destructeur, fut condamné pour cela à perpétuité. Le feu attire les hommes et les enfants qu'il faut très tôt mettre en garde : « On ne joue pas avec le feu. »

La plupart des incendiaires sont jeunes, souvent mineurs, et leur crime est généralement lié à des troubles psychologiques. Depuis les belles études poético-psychanalytiques de Bachelard[1], les incendiaires ont fait l'objet d'études épidémiologiques, et dans notre pays régulièrement dévasté par des incendies de forêt la police scientifique trouve là un vaste terrain d'expériences.

Si les pompiers ont pour consigne d'éviter – dans la mesure du possible – d'inonder le point précis d'un « départ de feu », c'est qu'à cet endroit-là se découvrent souvent des indices et même des objets ayant servi à l'incendiaire : bidons, briquets, etc.

1. Gaston Bachelard, *Psychanalyse du feu*, Paris, 1923.

Car si « l'incendiaire est le plus dissimulé des criminels », comme l'écrivait Bachelard, c'est aussi l'un des plus étudiés : chaque année, des milliers d'hectares de forêt sont incendiés en France et des dizaines d'incendiaires condamnés.

Ceux-ci sont statistiquement jeunes, de sexe masculin, souvent mineurs à faible niveau scolaire, avec prédominance de travailleurs non qualifiés. Ils souffrent généralement d'isolement social ou familial. Ils sont fréquemment récidivistes et l'on constate que plus l'incendiaire commence jeune, plus il recommence.

Au-delà des vastes interprétations psychanalytiques qui nous renvoient aux plus beaux thèmes des mythologies occidentales, orientales ou nordiques, les enquêteurs recueillent souvent, avec les aveux des criminels, la description du plaisir particulier et du « soulagement » ressenti par l'incendiaire allumant ou contemplant le feu – voire les interventions qu'il déclenche… Ce sont des phénomènes assez fréquents pour être étudiés dans leur diversité clinique.

Les spécialistes décrivent des pyromanes malades relevant d'une thérapie ; des pervers éprouvant une jouissance de caractère sexuel prononcé se rattachant, dit-on, aux désirs de meurtre du père ou d'inceste ; des adolescents en proie aux troubles de la puberté, mais aussi des incendiaires occasionnels cherchant une vengeance ou une reconnaissance, ou encore lançant un appel.

Il y a quelques années, un hebdomadaire relatait en plein mois d'août – naturellement – la condamnation à quatre ans de prison (dont deux ans ferme) de l'auteur de plusieurs incendies, finalement identifié lors de son quatrième feu de forêt dans le Var. L'avocate de ce père divorcé aurait expliqué : « Le feu, c'était un moyen de rejouer sa vie qui n'était qu'une terre brûlée. Il faisait ça après avoir déposé sa fille chez son ex-épouse[1]... »

Mais tout le monde ne dispose pas d'une forêt de résineux à proximité et la quasi-totalité des incendies volontaires, depuis des lustres, sont des incendies de voitures, très fréquents et très rarement élucidés par la police, car un véhicule consumé détruit généralement tous les indices... Cette variété d'incendies volontaires a toujours existé, généralement motivée par la classique escroquerie* à l'assurance. Mais elle s'est développée, d'abord à Strasbourg il y a vingt ans, puis à travers le pays, pour devenir le symbole médiatique de l'insécurité dans les banlieues et de la délinquance juvénile.

À peine 20 % de ces incendies étant officiellement élucidés, il est difficile d'affirmer avec précision la part des jeunes dans cette variété d'infractions. D'après les enquêtes, mais aussi d'après des récits de jeunes eux-mêmes, il semble plausible que ce soit là, en effet, une des manifestations, parmi d'autres, d'une évolution affirmée de la délinquance juvénile. Celle-ci ne se cantonne pas dans la *délinquance d'appropriation* – le vol, par exemple, motivé par l'utilité de son objet même –, mais se développe en *délinquance de protestation* qui s'exprime de plus en plus souvent par la destruction de biens privés ou publics.

Aujourd'hui, les statistiques officielles cherchent à dissimuler le phénomène au motif que la publication du nombre de voitures brûlées durant la nuit de la Saint-Sylvestre entraînerait une véritable compétition entre jeunes incendiaires pour battre un record, comme à la télé.

1. *L'Express*, 18 août 2006.

L'argument n'est pas déraisonnable, mais il est en partie inopérant, car les incendiaires du quartier, eux, comme les élus locaux, savent compter sans attendre les chiffres du ministère de l'Intérieur. Le 1er janvier 2011, c'est un conseiller municipal de l'opposition de droite, à Strasbourg, qui a annoncé – et dénoncé – le bilan de soixante voitures brûlées dans la nuit. Mais, comme le relève le quotidien *Dernières Nouvelles d'Alsace* avec une précision toute alsacienne : « Il faut savoir que les autorités ont deux manières de comptabiliser les véhicules détruits par les flammes : un "véhicule incendié" est une voiture à laquelle un individu a mis le feu ; un "véhicule brûlé" peut avoir été détruit par propagation[1]. »

Ce phénomène difficile à étudier dans sa globalité émaille en permanence la presse locale : « Six voitures incendiées, deux adolescents arrêtés », titre le quotidien *L'Ardennais* au lendemain du 14 juillet 2011 – en précisant : « Des gamins de seize et dix-sept ans, vers quatre heures trente du matin. » De son côté, le quotidien *Le Monde*[2] affirme qu'il « a eu connaissance du nombre de véhicules incendiés pendant les nuits des 13 et 14 juillet 2011 dans les trois départements de la Petite Couronne (91, 92, 93) : 214 véhicules », ce qui signifierait « une hausse sensible » par rapport à l'année passée.

Mais toutes les statistiques parcellaires, hétérogènes, dissimulées ou contestées, malgré leur gravité n'ont pas le même impact sur l'opinion nationale ou locale que l'incendie d'un bâtiment scolaire.

---

1. *Dernières Nouvelles d'Alsace*, 2 janvier 2011.
2. *lemonde.fr*, 18 juillet 2011.

Cet incendie-là inspire une horreur qui rappelle les tragédies antiques. Parfois assimilé au meurtre du père ou à l'expression incestueuse du désir de la mère, manifestation de frustrations et de haines particulièrement spectaculaires, il provoque une réprobation mêlée de crainte correspondant sans doute au respect, voire à la vénération de l'école en général et de l'école publique en particulier dans notre culture républicaine.

Pourtant, les garçons des quartiers pauvres et des cités de relégation de nos banlieues souffrent souvent non seulement d'un sentiment d'isolement, mais d'une véritable angoisse lorsque leur scolarité est compromise par suite d'une série d'échecs, et progressivement livrés à un cercle vicieux que j'observe, depuis l'an passé, parmi beaucoup de mes jeunes « clients ». Quand je m'entretiens avec eux en tête à tête, après avoir étudié les éléments de personnalité figurant dans leur dossier ou recueillis auprès des éducateurs, je constate presque toujours la succession et l'accumulation fatales des facteurs suivants : carences affectives allant jusqu'à l'abandon ; absence de père ou d'image paternelle ; difficultés scolaires ; absentéisme, sanctions et renvois, déscolarisation temporaire, durable ou définitive ; orientation forcée, contraire aux goûts du garçon, décourageant et plongeant dans l'oisiveté ; enfin, désespoir, révolte. La délinquance qui se développe sur ce terrain hélas classique peut prendre toutes les formes déjà évoquées dans ces pages, mais il en est une que j'ai pu analyser de près et dont je ne mesurais ni la fréquence ni la violence profonde : c'est la rage contre l'école.

Notre école publique tente de s'adapter, mais notre service public de l'éducation n'a ni été conçu pour ce genre de situation, ni transformé pour ce genre de structure sociale, ni doté en moyens nécessaires pour récupérer les *décrocheurs*, rassurer les anxieux et préparer à un travail honnête ceux qui ont goûté au juteux « bizness » (cf. *infra*, chapitre 7).

Toutes les difficultés qui peuvent être corrigées dans le milieu social standard d'un quartier banal d'une ville moyenne, tous ces incidents s'accumulent et, comme par une « surinfection » sociale, finissent par éliminer l'incurable fauteur de troubles dans les quartiers « difficiles », en effet – *difficiles* pour les jeunes, mais aussi pour tous les agents des services publics en charge de toutes les fonctions sociales d'intérêt collectif : personnels enseignants et travailleurs sociaux injuriés, médecins et infirmières agressés, policiers et pompiers pris en embuscade, tous ceux qui sont là pour faire du bien à la société ont du mal à assurer et vivre leur mission impossible.

On peut essayer de décrire méthodiquement l'enchaînement d'un triptyque qui paraît parfois comme une fatalité : difficultés – absentéisme – élimination.

Une avocate de Bobigny me rapportait le propos de la mère célibataire d'un écolier de huit ans : « Il ne veut pas aller à l'école. Que voulez-vous que j'y fasse ! » Mais, lorsque les difficultés scolaires d'un enfant apparaissent dans les premières années de la scolarité, la tradition encore vivante des instituteurs, aidés parfois par les Rased (Réseaux d'aide spécialisée aux élèves en difficulté), conduit à tenter de secourir l'écolier défaillant, souvent au sens physiologique par manque de sommeil et sous-alimentation. Parfois même en palliant l'« oubli » du matériel scolaire qui peut refléter un défaut de surveillance, mais aussi la pauvreté extrême du foyer.

Mais c'est dans l'enseignement secondaire, à l'entrée au collège, que les choses s'aggravent, car les

« problèmes de comportement » se transforment en difficultés d'apprentissage. L'absentéisme génère vite un cercle vicieux. Un retard fait manquer un ou plusieurs cours. Une absence aggrave des lacunes bientôt irréparables. L'élève ne suit plus. Il s'ennuie. L'habitude se prend alors de rater les cours, et l'exclusion temporaire ou définitive finira par conférer un statut officiel à l'absence. Il arrive d'ailleurs que le « retard » soit dû... aux parents – émigrés ayant par exemple choisi d'acheter des billets d'avion postérieurs à la rentrée scolaire pour revenir du pays à meilleur compte. Si le collège attribue, dans ce cas, la place vacante du retardataire à un autre, le jeune peut attendre sa « rentrée » entre plusieurs jours, voire plusieurs semaines. En outre, le recours de plus en plus fréquent à la justice – au juge des enfants – par des parents, ou pour tenter d'assurer la discipline intérieure de l'établissement, est un phénomène de judiciarisation juvénile alarmant : on voit des plaintes pour *vols de goûters*, voire de bonbons, sans parler des injures ou des bagarres au sein du collège ou à sa porte, qui naguère relevaient purement et simplement de la discipline interne à l'établissement. Il arrive ainsi qu'un élève soit d'abord sanctionné ou même exclu avant d'être condamné par la justice saisie pour les mêmes faits. Il arrive aussi, malheureusement, qu'un élève soit exclu puis relaxé par le juge... Pour beaucoup de garçons, une telle évolution finit par banaliser simultanément l'absence à l'école et la présence au tribunal.

Lorsqu'une exclusion définitive est prononcée, la rescolarisation – obligatoire jusqu'à seize ans – est souvent difficile, voire impossible à proximité pour les récidivistes, et surtout conduit à des filières non choisies, non acceptées et donc abandonnées à leur tour. Ainsi l'adolescent qui avait peiné dans le primaire, passant de *classe d'accueil* s'il n'était pas francophone, à des *classes de niveau*, ou dans ce que l'on appelle dans le milieu des *classes-poubelle*, intériorisant une médiocrité qui s'aggrave, devient, au mieux, un *décrocheur*, au pire un *perturbateur*. On ne peut s'étonner que des enseignants, chargés de classes aux effectifs trop nombreux, cherchent à agir dans l'intérêt du plus grand nombre d'élèves en obtenant le départ de ceux qui nuisent à la collectivité scolaire, sans avoir les moyens de les traiter comme il conviendrait. On ne peut s'étonner non plus de constater que le recours de plus en plus fréquent aux « cours privés » en soutien scolaire, totalement inaccessibles aux familles les plus pauvres, développe un sentiment d'inégalité flagrante et croissante.

Mais lorsque l'adolescent arrive à l'âge de seize ans, la fin de l'obligation scolaire aboutit souvent à une déscolarisation définitive.

On perçoit ici les origines lointaines de comportements désespérés parmi les plus choquants, les plus traumatisants pour la société : l'incendie d'école. Récusant le système éducatif qui n'a pas pu – qui n'a pas voulu ? – assurer son avenir, le décroché exprime sa colère par toutes les formes de violences, y compris le feu.

Si les incendies de véhicules ne détruisent que des choses, on a l'impression que l'incendie d'école détruit l'esprit, la pensée même, l'âme humaine en quelque sorte. Pourtant, souvenons-nous de la fin de la comptine citée en exergue de ce chapitre :

« Vive les vacances,
À bas les pénitences,
Les cahiers au feu,
Les maîtres au milieu ! »

Est-ce pur hasard ? Quand nous chantions cette chansonnette – sans en penser un traître mot –, nous faisions appel au feu. C'était pour rire…

Dans la grande majorité des incendies d'établissements scolaires on trouve donc parmi leurs auteurs, quand ils sont identifiés, des jeunes exclus de l'école. Sans soutien familial, sans avenir professionnel, sans perspectives, ce sont souvent des garçons qui trouvent dans leur *bande* – avec leurs *potes*, ceux de leur quartier – une structure collective, chaleureuse et solidaire pour le meilleur comme pour le pire.

Joaquin, Abderahmane et Ulysse n'en étaient pas là, peut-être, ou pas loin… Comment savoir ? En les voyant passer l'un après l'autre devant leur juge, j'admirais, en silence, le travail minutieux d'investigation psychologique, sociale et juridique à la fois, accomplie durant ce sombre dimanche après-midi, dans un palais de justice à peu près désert, par Sylvie Vauzelle, juge des enfants, épouse de mon ami Michel Vauzelle qui fut garde des Sceaux quand j'étais moi-même à la Défense…

Professionnelle et expérimentée, en quelques quarts d'heure, alors que la permanence de la veille s'était achevée à vingt heures trente et qu'elle était revenue le matin à neuf heures, avec sa greffière, paraissant toutes deux infatigables, tandis que des gendarmes étaient déjà dans le couloir avec deux autres jeunes déférés* pour violences, la juge avait interrogé les trois enfants, puis les parents présents, la greffière avait enregistré – et la qualification des faits comme les sanctions à venir se façonnaient lentement dans la tête de la juge unique.

Je pensai alors à l'allitération abusive de l'adage : « Juge unique, juge inique », qui stigmatise une institution par un jeu de mots cinglant[1].

On sait que Montesquieu – à partir d'une anecdote célèbre de l'histoire romaine – assimile le juge unique au gouvernement despotique. De nos jours, la mise en cause du rôle du juge des enfants dans sa triple fonction d'instruction, de jugement et d'application des peines semble vouloir se parer de l'esprit de Montesquieu. Mais il faut avoir passé de longues heures auprès de ces juges-là, lisant les dossiers, consultant les éducateurs, écoutant les enfants, les parents et souvent les parties civiles – sans oublier les avocats – pour pouvoir apprécier le rôle unique, en effet, de ce juge unique, situé entre le magistrat et le thérapeute, entre l'assistant social et l'éducateur, s'appuyant sur la connaissance des individus et du milieu familial pour participer au redressement de trajectoires adolescentes le plus souvent abîmées, compromises par la société, la famille, la misère sociale ou humaine.

Mais ce métier peu connu exige, pour aboutir, l'existence, en amont et en aval, de services éducatifs et sociaux fournissant à diverses étapes des diagnostics, des pronostics, des évaluations, et aussi – surtout, peut-être – des structures d'accueil, d'hébergement et d'accompagnement, prolongements nécessaires du travail du juge des enfants.

---

1. Montesquieu, *De l'esprit des lois*, l. 6, chapitre VII.

CHAPITRE 4

Les six braqueurs du 9-3

La mise en accusation

Voici le début du texte de l'*ordonnance de mise en accusation* du juge d'instruction chargé de cette affaire criminelle concernant six garçons et deux filles, dont six mineurs au moment des faits :

> *Attendu que l'information a permis d'établir les faits suivants :*
>
> *Interpellation de Camille* ENGELA
> [Tentative de vol avec arme du 27 avril 2008]
>
> *Le 27 avril 2008, vers 10 h 25, M. D., gérant de la Bijouterie D., appelait les policiers pour leur indiquer que quatre individus armés et cagoulés venaient de tenter de pénétrer dans sa bijouterie à P. Il indiquait qu'une jeune fille de type africain avait tenté de se faire ouvrir le sas d'entrée, mais qu'il avait eu le temps d'apercevoir des individus cagoulés se cachant contre sa devanture.*

M. D. parvenait à retenir la jeune fille tandis que les individus prenaient la fuite.

Camille Engela, âgée de quinze ans et enceinte, était interpellée à l'intérieur de la bijouterie.

Entendue par les enquêteurs du Service départemental de la Police judiciaire, elle confirmait immédiatement avoir servi d'« ouvreuse » afin de permettre à ses complices qui devaient commettre un vol à main armée de pénétrer à l'intérieur de la boutique. Elle déclarait avoir agi par besoin d'argent car elle affirmait se trouver dans une situation d'errance, multipliant les placements et les fugues.

Elle précisait en outre que le nommé « Joseph », l'un de ses complices, l'avait menacée de tuer son enfant si elle ne s'exécutait pas.

Dénonciations et témoignages

On apprend que, dès son premier interrogatoire, la jeune Camille révélait non seulement l'identité ou les « surnoms » de ses complices du jour, mais permettait rapidement d'identifier toute une bande et de progresser dans l'élucidation de six braquages* et de quelques autres méfaits accomplis par cette « association de malfaiteurs* ». On verra qu'en « balançant » ainsi ceux qui étaient juridiquement ses complices, et dont elle était aussi – ou d'abord – victime, Camille s'était mise gravement en danger.

Ses multiples dénonciations et de nombreuses confrontations, quelques traces d'ADN, plusieurs vidéos de surveillance et d'autres éléments de preuves aboutirent à la condamnation des six garçons grâce à l'élucidation de diverses affaires, dont six « vols avec arme » : six braquages de bijouteries ayant rapporté un butin d'une valeur totale déclarée supérieure à 150 000 euros.

Toujours entendue par la police judiciaire :

> « ... *Camille Engela expliquait avoir été contactée téléphoniquement la veille par un certain "Joseph" qui lui avait fixé un rendez vous dans la cité des Froides-Maisons, à Saint-Denis (93). Ils partaient ensuite en voiture jusqu'à la Bijouterie D. en compagnie de trois autres individus, tous de type africain. Ils étaient, selon elle, tous porteurs d'armes que ses complices lui avaient prétendu être factices, mais sans qu'elle puisse s'en assurer.*
>
> *Elle admettait avoir été complice des mêmes individus dans différents vols à main armée antérieurement. Elle impliquait notamment un certain AMADOU Ahmed, rencontré courant 2007, qui lui avait présenté ses futurs complices : ALAMBA Joseph, DATA Mick, ainsi qu'un certain "Bébé"... qui... avait commis également des vols à main armée à Arrevilliers et à Gravillons-les-Prés.* »

C'est en effet une impressionnante série de braquages que ses aveux allaient contribuer à élucider. En voici la liste dressée par le juge d'instruction :

– Vol avec arme, le 30 décembre 2007, à Arrevilliers

– Vol avec arme, le 21 janvier 2008, à Prangy

– Vol avec arme, le 8 février, à Villemonde

– Vol avec arme, le 20 février, à Monterre

– Vol avec arme, le 26 mars, à Gravillons-les-Prés

– Vol avec arme, le 24 avril, à Noisan

– Tentative de vol avec arme, le 27 avril, à Paname

– Menaces de mort sur J. Ferwa, le 2 juin, à Bobigny

Mise en examen le même jour de ces chefs, elle confirmait au juge d'instruction sa pleine participation aux faits en sa qualité d'« ouvreuse ». Elle confirmait qu'une autre jeune fille, Judy FERWA, recrutée par ALAMBA, avait eu le même rôle d'ouvreuse lors d'autres attaques.

L'introduction citée plus haut évoquait le dernier des six braquages réalisés par la bande, celui du 24 avril. Mais l'ordonnance de mise en accusation (l'OMA) procède à l'analyse minutieuse de toutes les actions décrites par les victimes et les témoins dans chacune des bijouteries, chaque fois selon le même scénario, le même *modus operandi*, afin de donner une vision d'ensemble de l'affaire.

L'OMA rapporte les déclarations et les dénonciations, tout comme les dénégations et les confrontations. Elle relate la violence des agresseurs : bijoutiers frappés et conduits sous la menace d'armes vers l'arrière-boutique et les coffres ; employés ou clients matraqués et sommés de se coucher au sol ; décharges électriques infligées par Taser ; vitrines brisées et vidées ; menaces permanentes et fréquent usage d'une grosse *gazeuse* lacrymogène pour intimider ou neutraliser les témoins.

Elle décrit les agressions, les vols et les fuites – systématiquement protégées par une aspersion générale de gaz lacrymogène par le dernier qui sort, comme dans une série de petits romans noirs où l'on retrouverait les mêmes acteurs en des lieux différents mais des circonstances semblables : chaque fois le pillage d'une modeste bijouterie de banlieue.

Les récits judiciaires tiennent à la fois de la gazette et de la chanson de geste, avec des héros et des victimes, des hauts faits qui sont des méfaits, et, finalement, une étrange alchimie qui sera encore plus sensible lorsque les protagonistes se retrouveront devant la cour d'assises des mineurs (cf. chapitre suivant).

Coupables et victimes

On pénètre comme par effraction dans un monde de misère matérielle et morale passant de l'effroyable au pitoyable, d'Eugène Sue à Victor Hugo – ou plutôt à Dickens, on va voir pourquoi.

Comme le petit Oliver Twist (onze ans) chargé d'ouvrir une porte pour ses complices cambrioleurs, Camille (quinze ans) a été menacée de mort pour « faire l'ouvreuse ». Si elle a fait l'ouvreuse, elle, ce n'est pas grâce à sa petite taille, comme Oliver, le gringalet affamé de Londres infiltré par un soupirail. C'est grâce à son joli minois. Elle a bien, en effet, une tête de cliente, quand elle se présente à la porte de la bijouterie, ce 27 mai. Comme à Arrevilliers le 30 décembre, à Monterre le 20 février, à Gravillons-les-Prés le 26 mars… Cela aurait pu continuer longtemps.

Il est vrai que Camille n'a pas été exactement menacée de mort. Oliver Twist, lui, avait été menacé d'une balle de plomb dans la tête s'il rechignait. Sikes, le brigand, avait même montré la balle et la poudre au petit garçon, chargé le pistolet sous ses yeux et posé le canon sur sa tempe[1].

On a seulement menacée Camille de tuer son bébé.

Beau cas d'école en fait d'« enfance en danger » : deux enfants en danger l'un dans l'autre, l'un dans le ventre de l'autre… Mais, juridiquement, elle est complice. Elle sera bientôt encore victime – de menaces mais aussi de coups, on le verra.

Car la justice des mineurs n'est pas une justice mineure. En matière criminelle, elle fonctionne de façon aussi méthodique et minutieuse que celle des majeurs : les jurés doivent tout savoir, ils doivent tout entendre pour juger à la fin en leur âme et conscience. Durant les débats, pendant plusieurs jours, presque deux semaines, ils vont voir et entendre ces adolescents, dans le box des accusés ou debout à la barre. Mais, dès l'ouverture, pour les mettre au courant, on leur lit tout haut l'intégralité de la fameuse « ordonnance de mise en accusation ».

Je n'en citerai ici que quelques extraits, car dans cette affaire elle compte trente-cinq pages.

1. Charles Dickens, *Oliver Twist,* Londres, 1837, chapitre XX.

Pour le braquage d'Arrevilliers, le premier, celui de décembre, ils étaient presque tous là : cinq garçons sur six, déjà avec Camille Engela. Un témoin a vu six garçons, un autre n'en a vu que quatre. Mais Alamba, le plus grand, a été reconnu par tous au cours de l'enquête. Il paraissait être le leader. C'est lui qui a donné deux cents euros en récompense à Camille. Il lui en avait promis quatre cents…

Tous les garçons ont d'abord nié en bloc, mais Alamba, dont des traces d'ADN avaient été relevées sur un marteau abandonné sur place, a fini par avouer.

Dans l'affaire de janvier, à Prangy, apparaît la deuxième « ouvreuse », Judy Ferwa.

En effet, lors de sa première garde à vue, en avril :

> *… Camille Engela précisait que Judy Ferwa, habitant Prangy, lui avait dit avoir participé au braquage, en compagnie de Alamba, Amadou, Data et le nommé Bébé. Elle déclarait que Judy lui avait expliqué sa façon de jouer à l'ouvreuse, et qu'elle restait toujours jusqu'à l'arrivée de la police pour « faire plus vrai et passer pour une victime ».*

Judy, mise en garde à vue le 1er juin, avoua en effet sa participation, déclara avoir reçu cinq cents euros, et mit en cause à son tour Alamba et trois complices. Mais les choses se compliquèrent rapidement, car, lors d'une confrontation avec Alamba :

> *… Mlle Ferwa déclarait ne plus se souvenir précisément de la présence de M. Alamba.*

Les deux « ouvreuses » dénonciatrices avaient de bonnes raisons d'avoir peur.

Preuves et aveux

À nouveau, tous les garçons ont tout nié dans un premier temps. Cependant, identifié par l'ADN prélevé sur les traces de son sang recueilli sur la vitrine qu'il avait brisée en se blessant, Amadou finit à son tour par avouer sa participation au casse et même à la vente du butin.

Le 8 février, le braquage de Villemonde avait sans doute été l'un des plus violents, mais aucun des mis en cause ne reconnut les faits durant l'enquête, à la notable exception de l'ouvreuse, à nouveau Judy Ferwa, qui reconnut en outre avoir reçu en récompense « quatre cent cinquante euros, en deux fois ». Malgré les images vidéo d'une caméra de surveillance et les déclarations de Judy, Alamba, Data et Karra ont nié toute implication.

Pour le braquage du 20 février à Monterre, c'est à nouveau Camille Engela qui fit l'ouvreuse. Au cours de l'enquête

> *… Judy Ferwa précisait que Camille y était allée à sa place, car elle ne se sentait pas bien.*

Data, l'un des trois garçons mis en cause avec Alamba ce jour-là, fut arrêté dans sa fuite par la police qui était intervenue rapidement. Ultérieurement, Karra fut à son tour identifié par des traces d'ADN sur un foulard abandonné dans sa fuite. Mais Alamba et Kalibou nièrent toute implication.

Dans la bijouterie de Gravillons-les-Prés, le 26 mars, les propriétaires, s'étant débattus, furent brutalisés mais parvinrent à arracher et à conserver le casque d'un agresseur avant sa fuite. Pendant l'enquête, Camille Engela avoua sa participation et mit en cause un nouveau personnage : Dali Loame, identifié et confondu par les traces d'ADN relevées sur le casque arraché par le bijoutier. Les deux autres garçons mis en cause nièrent ; il s'agissait de Kalibou et, une fois encore, d'Alamba. L'ordonnance de mise en accusation précise que la confrontation avec ce dernier dut être interrompue :

> *… en raison du comportement très menaçant de M. Alamba à l'encontre de Mlle Engela.*

L'avant-dernier braquage de Noisan échoua grâce au chien doberman du bijoutier. L'OMA décrit le processus bien rodé – et son échec :

> *Le 24 avril, vers 10 h 20, une jeune fille d'origine africaine se faisait ouvrir la porte de la bijouterie P. Trois individus gantés et les visages masqués surgissaient dans l'établissement et menaçaient les personnes présentes avec une arme de poing.*
>
> *À la vue du chien du propriétaire, les trois malfaiteurs ressortaient en laissant derrière eux une bombe lacrymogène professionnelle de 500 ml…*

Durant l'enquête, une fois encore, Alamba contesta sa mise en cause par Camille Engela, laquelle déclara en outre n'avoir pas été payée à cause du chien et de l'échec…

Au terme de l'enquête, les deux filles et la plupart des garçons avaient donc reconnu tout ou partie des faits. Les garçons âgés de plus de seize ans, se trouvant tous en *état de récidive légale* pour avoir été condamnés auparavant, furent renvoyés devant la cour d'assises des mineurs. Les deux filles, ayant moins de seize ans au moment des faits, étaient renvoyées devant le tribunal pour enfants.

La brève aventure des six jeunes « braqueurs » était terminée.

* *
*

Essayons d'imaginer ce qui a pu se passer dans leurs têtes durant ces premiers mois de l'année 2008 alors qu'ils étaient presque tous encore mineurs : l'activité criminelle et la fièvre qu'elle engendre chaque fois ; les repérages successifs des six bijouteries dans le voisinage ; l'organisation, la préparation et la réalisation des braquages ; les succès et les partages du butin – avant d'être tous arrêtés ! Durant six mois, le sentiment grisant d'impunité, de réussite, de toute-puissance, jusqu'au gouffre final : police, justice, prison.

Mais, après avoir examiné ici les circonstances et, plus loin, les conséquences de cette affaire pour l'avenir de ces jeunes adultes, il faut bien s'interroger sur ce qui s'était passé avant.

Approfondissant le dossier, j'ai constaté qu'adolescents ces garçons avaient tous été déjà condamnés – et, très récemment encore, par le tribunal pour enfants du même lieu. Plusieurs d'entre eux, le même jour du mois d'octobre précédent !

Ils étaient donc déjà tous repérés, identifiés comme adolescents en danger, relevant spécifiquement de l'action éducative du service public dont on voit depuis plusieurs années, hélas, diminuer le personnel et rétrécir les moyens financiers.

Quelles actions de prévention ? Quelles mesures éducatives ? Combien d'interventions des services de la protection judiciaire de la jeunesse avaient été menées à leur profit – comme au bénéfice de la sécurité et de la tranquillité publiques ?

Cette triste affaire illustre, hélas, de façon exemplaire la nécessité absolue d'orienter la politique de prévention de la délinquance en priorité vers les mineurs, les adolescents, les enfants. On se rappelle la phrase qui ouvre cette *ordonnance relative à l'enfance délinquante* de février 1945, signée « Charles de Gaulle » :

> « Il est peu de problèmes aussi graves que ceux qui concernent la protection de l'enfance, et, parmi eux, ceux qui ont trait au sort de l'enfance traduite en justice. »

Temps du crime et temps de la justice

Curiosité numérique ? En six mois, aux environs de la « cité » où ils demeuraient tous, les « six braqueurs » ont attaqué six bijouteries, dans six communes voisines et dans un rayon de quelques kilomètres autour du palais de justice de Bobigny où ils furent jugés.

Mais il a fallu deux ans pour que la lente et minutieuse procédure de mise en accusation aboutisse : interpellations, instruction, *réquisitions** du Parquet, *mise en accusation* par le juge d'instruction et, finalement, *renvoi* devant la cour d'assises des mineurs. La session de ces assises occupa neuf longues journées, presque deux semaines, en mai 2010. Les peines infligées aux six coupables allèrent jusqu'à six ans de prison.

Six mois d'aventures. Deux ans de procédure. Neuf journées aux assises. Des années de prison…

Qu'il s'agisse de petite délinquance ou de criminalité organisée, que l'on s'intéresse aux auteurs de l'infraction ou à ceux qui les poursuivent, dans l'enquête policière ou dans les procédures judiciaires le temps n'est pas homogène. Le temps du délit peut être très court, celui de l'enquête interminable, le temps du jugement rapide comme la lumière, le temps de la peine une éternité – tous ces temps successifs sont de nature si différente qu'on ne devrait pas employer le même mot pour en parler.

Depuis Parménide et les présocratiques, ni les philosophes ni les physiciens ne sont jamais parvenus à définir le temps. Objectivement indéfinissable et subjectivement hétérogène, le temps est avant tout un objet littéraire, des *Regrets* de du Bellay à *La Recherche du temps perdu* de Proust, pour s'en tenir à notre langue maternelle. Le temps de la science n'est qu'une spéculation s'évanouissant dans l'espace ; le temps de l'histoire est un objet d'étude à lui seul, du *temps long* de Braudel à l'*accélération de l'histoire* de Daniel

Halévy ; mais le temps de la justice semble n'intéresser personne. Je le découvre tardivement.

Le temps du délit ou du crime passe comme l'éclair, dopé d'adrénaline et tendu par le guet, l'action, la fuite. Même le temps de la préparation et des repérages est un temps pressé ; il est déjà dans l'action qu'il prémédite.

Car l'action criminelle espère l'impunité, à la notable exception des attentats-suicides qui sont avant tout des suicides. Certes, tout comme le terroriste suicidaire, le braqueur violent ou le pickpocket agile est pressé d'en finir. Mais le premier est pressé d'en finir avec la vie et de laisser son corps en bouillie dans les décombres et dans le sang. Le voleur, au contraire, veut repartir à toute vitesse vers la vie, vers une vie meilleure, grâce à un petit larcin ou à un gros butin : un téléphone portable attrapé au vol, ou bien dix poignées de bijoux hâtivement récoltés dans la vitrine défoncée du bijoutier qui espère, qui attend, lui, la police.

Quand elle arrive, la police peut généralement prendre son temps, car elle n'est pas dans le temps du crime, mais dans celui de l'investigation. Sauf, bien sûr, en cas de crime ou délit flagrant. *Flagrans,* en latin, signifie « chaud » et même « brûlant ». La flagrance précipite l'enquête au train du délit et la justice enchaîne au même rythme : celui de l'action. L'exemple cité plus loin du petit Rom malchanceux qui avait volé un policier attablé en surveillance à la terrasse d'un café en est une illustration.

Mais, en général, le temps de l'enquête est lent : c'est une affaire de mois, voire d'années. Alors que le temps du jugement, lui, peut être presque aussi rapide que celui du crime. Il se compte en heures, parfois en minutes – surtout en comparution immédiate et « flagrant » délit –, parfois en quelques jours.

C'est ce qui s'est passé dans l'affaire des *six braqueurs du 9.3.*

Régulièrement égrenés dans le temps, presque mensuels comme la pleine lune, leurs six « braquages » furent chacun exécutés en quelques minutes. Mais, lorsque les aveux de la jeune Camille commencèrent à mettre la police judiciaire en état d'identifier et démanteler la jeune « association de malfaiteurs » qui l'avait utilisée comme « ouvreuse », la patiente procédure de mise en accusation s'est étendue sur près de deux années.

Pour la police et la justice, il s'agit là de ce qu'on appelle une « belle affaire » : tous les suspects sont identifiés. Aveux, témoignages, preuves « scientifiques », tous les éléments concordent pour les confondre. Une bande organisée a été neutralisée. Du beau travail ; exemplaire, même.

Quand ils comparurent devant les assises après avoir été incarcérés en divers lieux de détention, les six jeunes braqueurs avaient eu le temps, jour après jour, durant des mois et des mois, de méditer sur leur sort, leur avenir, leur passé.

Entre-temps – et ailleurs en France –, Camille était devenue mère d'une petite fille.

Mais, entre-temps, les garçons aussi avaient changé. À différents titres : plusieurs avaient fini de grandir en prison, prenant dix centimètres et quinze kilos. Certains avaient mûri, progressé, déprimé, appris, espéré… On va les entendre au chapitre suivant : ceux qui vont être jugés – les « accusés » visés par l'ordonnance finale, prostrés dans le box entre les gendarmes – ne sont plus tout à fait les mêmes. Ils ont changé, ils sont changés. Comme les petits garçons modèles d'un chapitre précédent ? Pas exactement. Les juges des enfants connaissent bien cela : la prison améliore rarement les adolescents.

On va le voir, le rapport au temps se dilate, tous les temps se confondent aux assises, devant les neuf jurés qui arrivent un lundi matin en ignorant tout, mais qui vont devoir « juger » dès la semaine suivante. Juger les faits, juger les garçons menottés et démenottés plusieurs fois par jour sous leurs yeux. Garçons qui vont entendre encore et encore la description et la qualification de leurs méfaits, se souvenir des jours heureux où ils étaient libres, libres de voler, entendre enfin les peines requises, puis les peines prononcées, avant de retourner en prison. Pour combien de temps avant d'être enfin à nouveau libres ? Et libres pour combien de temps ?...

CHAPITRE 5

Les six braqueurs du 9-3 (suite)

Cour d'assises et condamnations

Pour me rendre aux Assises des mineurs, au palais de justice de Bobigny, je quitte celui de Paris, chef-d'œuvre blanchâtre du baron Haussmann, plusieurs fois reconstruit depuis des siècles au même endroit, entre le Pont-Neuf et Notre-Dame, dans l'île de la Cité.

Traversant vers l'est le boulevard du Palais, je vois à ma droite, au sud, la colline du Quartier latin que les universités ont déserté pour la plupart depuis plusieurs lustres, d'abord en métro, puis en RER, vers les quatre points cardinaux : Saint-Denis, Versailles, Sceaux, Vincennes. À ma gauche, plein nord, le quartier des Halles que les halles ont également quitté à peu près à la même époque, elles aussi vers une banlieue accueillante. Devant moi, le respectable Hôtel-Dieu au grand prestige médical. Au XVIIe siècle, c'était le plus grand *hôpital d'enfermement* – car on soignait ainsi les pauvres : on les enfermait. Mon lointain prédécesseur, le président de la Chambre des comptes, était l'un de ses « gouverneurs », avec le lieutenant général de police. Mais je n'étais pas encore né. Ni Haussmann, qui l'a rasé au XIXe avec tout le quartier environnant, et reconstruit tel qu'on peut encore le voir. L'Hôtel-Dieu va déménager lui aussi, et même le Palais de justice, paraît-il… Ne restera-t-il sur cette île que sa cathédrale et sa préfecture de police ?

Me dirigeant vers le célèbre ascenseur automatique de la profonde station du métro Cité, je suis agressé par une grosse dame criant très fort. Je n'y comprends rien. Sur le papier qu'elle me colle sous le nez en vociférant, je parviens à lire une adresse : 6, rue Drouot, Paris 9e, *Antenne de la Préfecture de Police*. Elle veut y aller, pour ses papiers. C'est une maman africaine en boubou orange et noir qui tient solidement par la main un petit garçon facétieux. Elle est accompagnée d'une gracieuse jouvencelle aux cheveux crépus en fines tresses qui me demande timidement :

– Comment on peut aller à Paris 9e ? Ma mère ne lit pas.

– Et toi, tu sais lire ?

– Bien sûr, j'ai douze ans !

Sa mère, qui en a sans doute quarante, gronde le petit garçon dans sa langue. Grâce au plan illuminé de la station, je montre à sa fille comment changer à Strasbourg-Saint-Denis pour aller vers Richelieu-Drouot où elle trouvera la rue Drouot, dans « Paris 9e ». Et nous partons vers l'ascenseur, vers le même train, mais elles vont descendre avant moi ; je changerai plus loin à Gare-de-l'Est. À bord, par précaution, quand nous arrivons à Strasbourg-Saint-Denis, j'avise un jeune black sportif aux baskets scintillantes et lui demande – ou plutôt lui prescris – d'aider la mère qui descend avec ses enfants en même temps que lui à prendre la bonne correspondance… et dans la bonne direction.

– Pas de souci, patron, j'y vais d'jà…

Pourquoi *patron* ? Pourquoi *déjà* ?

– Troisième station ! me répète, en descendant, l'adolescente avec un gentil sourire.

Sa mère m'inonde de paroles certainement reconnaissantes. Le sportif hoche la tête en riant, lève son pouce et confirme : « Pas de souci ! » Les portières claquent.

Après deux stations, je change à Gare-de-l'Est pour cette singulière ligne du métro, la 7-5, qu'on devrait appeler la 9-3. Fourchue, elle bifurque à Louis-Blanc où l'on doit choisir entre Jaurès et… Staline !

La branche « Jean-Jaurès », au sud, dessert la Cité de la musique, puis Bobigny et son célèbre tribunal. La branche « Stalingrad », au nord, dessert la Cité des sciences et la Fête de l'Humanité à La Courneuve. Tout un programme – ou plutôt deux…

Planté au bord d'une autoroute urbaine, entre la préfecture et la vaste zone pavillonnaire, le palais de justice de Bobigny occupe une place particulière dans l'histoire de la justice française. C'est là, au début des années 1970, que le premier jugement refusant de criminaliser un avortement a été rendu par le juge Rosenczveig – aujourd'hui président du tribunal pour enfants de Bobigny. Le bâtiment, qui a été moderne, paraît comme déjà usé, mais il forme un vaste vaisseau clair et accueillant, moins hiératique que les temples grecs longtemps obligatoires pour héberger nos prétoires. La salle des assises est propre et lumineuse. Pour les jeunes braqueurs, presque tous mineurs au moment des crimes dont on les accuse, elle restera presque vide de public, seuls des parents sont admis. Leurs deux coaccusés déjà majeurs à l'époque seront jugés avec eux en vertu de l'article 9 de l'ordonnance du 2 février 1945[1].

Il serait riche d'enseignement – mais bien trop long – de décrire dans sa complexité l'ensemble du scénario judiciaire d'une telle session de la cour d'assises des mineurs. Après le tirage au sort matinal des jurés, l'appel des témoins, la longue lecture de l'ordonnance de mise en accusation, les déclarations des six accusés, la première journée est déjà passée. S'ensuivent des séquences bien ordonnées, au fil des heures, consacrées successivement à chacun des six accusés, puis à chacun des six braquages, enfin à quelques délits connexes, avant d'en arriver au réquisitoire, puis aux plaidoiries et à la lecture du verdict, le septième jour.

Pour chacun des six accusés, les jurés entendent d'abord son *curriculum vitae*, puis l'expert chargé d'une *enquête de personnalité*, ses parents *civilement responsables* – s'ils sont là… Cela occupe deux jours.

Les deux jours suivants, les mêmes jurés entendent sur chacun des six braquages – pris dans l'ordre chronologique – les accusés mis en cause pour ce jour-là, puis des victimes, des témoins, enfin plusieurs psychologues et psychiatres.

Ce déroulé parfaitement analytique – les accusés, les faits reprochés, les preuves – est à la fois fastidieux et fascinant. Fastidieux, car les garçons comme leurs braquages sont assez comparables. À la longue on s'y

1. Art. 9, 4e ord. de 1945 : *« Si le mineur a des coauteurs ou complices majeurs […], le juge d'instruction pourra soit renvoyer tous les accusés âgés de seize ans au moins devant la cour d'assises des mineurs, soit disjoindre les poursuites concernant les majeurs et renvoyer ceux-ci devant la cour d'assises de droit commun. »*

perd si l'on ne prend pas des notes minutieuses. Fascinant parce que, comme dans les *Variations Goldberg* écrites par Jean-Sébastien Bach pour le comte Kayserling, plus on avance dans l'audition, plus les personnalités des accusés, d'abord exposées une à une, finissent par former une image de groupe les associant diversement les uns aux autres et se compliquant encore lorsqu'on les retrouve, les uns ou les autres, combinés dans leurs divers méfaits : on s'y perd comme dans une fugue à six voix...

Au cours des sept journées de cette session d'assises (initialement prévue pour huit) devant les jurés silencieux, les six accusés sont donc appelés à la barre à de multiples reprises.

Chacun à son tour s'exprime à nouveau à l'occasion de l'examen de chaque affaire, parfois encore une fois pour des délits annexes (vol d'une voiture ayant servi à tel casse) ou pour l'incrimination globale d'« association de malfaiteurs », voire encore occasionnellement à propos d'un incident ou d'une contradiction.

On voudrait – mais impossible ! – rendre compte par écrit des heures et des jours d'une telle session. Pas de public, pas de presse. Matin, midi et soir, chaque moment est différent, avec la lumière du jour et l'éclairage qui change, la fatigue et l'inattention, les bruits extérieurs. Il y faudrait un film, un montage comme ceux qui restituent un concert symphonique où de multiples caméras cadrent parfois un flûtiste, puis le chef, le timbalier, ou soudain tous les violons – puis l'orchestre entier.

Aux assises, il se passe beaucoup de choses à la fois ; deux yeux et deux oreilles peinent à tout suivre. L'écriture ne peut décrire, elle ne peut qu'évoquer ceux qui parlent et ceux qui se taisent, mais bougent ou regardent ailleurs, l'écoute ou l'indifférence, l'incompréhension ou la compassion qui se lit dans les yeux. Pas de public, et pourtant plus de vingt-cinq paires d'yeux, combien de regards qui s'entrecroisent entre les neuf jurés, les trois magistrats, l'avocat général, les nombreux gendarmes et avocats pour les six braqueurs accusés – et quelques-unes de leur victimes. Mais aussi des mamans africaines pieusement impassibles, mains sur les genoux. L'enjeu, c'est la prison pour leurs fils. Chacun fait son travail. Elles aussi font leur travail de mère ici : elles attendent un enfant.

Le cœur se serre souvent en écoutant une fois, deux fois, six fois ces récits de vies mal engagées, mal tournées, avec parfois, soudain, la lumière joyeuse d'une espérance juvénile : « Quand je sortirai, j'espère avoir une copine, un appartement et des enfants... », qui fait sourire avec bienveillance la mère du jeune criminel se voyant déjà grand-mère, sans doute... Ou, au contraire, le désespoir dépressif et mutique au front baissé, ne s'exprimant que par de sourdes onomatopées incompréhensibles, mais répétées comme si elles valaient réponse à des questions aussi dépourvues de sens que la vie même.

On comprend et l'on regrette à la fois cette règle de la « publicité restreinte[1] » qui isole le mineur tout en

---

1. Article 20, al. 8 de l'ord. de 1945 : *« Les dispositions des alinéas 1er, 2, 4 et 5 de l'article 14 s'appliqueront à la cour d'assises des mineurs. »*

Article 14, al. 2 de l'ord. de 1945 : *« Seuls seront admis à assister aux débats la victime, qu'elle soit ou non constituée partie civile, les témoins de l'affaire, les proches parents, le tuteur ou le représentant légal du mineur, les membres du barreau, les représentants des sociétés de patronage et des services ou institutions s'occupant des enfants, les délégués à la liberté surveillée. »*

le protégeant deux fois : en garantissant son anonymat pour le présent et l'avenir ; en le préservant du fantasme de devenir passagèrement un héros.

Rien d'héroïque ici ; les journées passent, matin, midi, après-midi, chaque heure routinière avec la fatigue croissante et la compassion inévitable pour les jeunes accusés, mal-traités. Ceux qui parlent et ce qu'ils disent, ceux qui écoutent et réagissent. Ceux qui se taisent, mais bougent, ou regardent, ou dorment affalés, ou rigolent soudain d'une blague qu'on n'a pas entendue – ou d'une réponse qui les déride : jurés comme accusés, avocats comme juges, gendarmes comme témoins. Comme personne ne parle très fort, on entend les bruits venus de l'extérieur : portes qui claquent, cris, sirènes de police et parfois, vers midi, on sent une odeur de soupe.

On pourrait tenter de décrire cette triste aventure de façon épique en se focalisant sur le chef, Alamba, ses succès initiaux en décembre, puis la dissolution progressive de sa bande, les défections successives – en six mois – de ses trois complices « historiques », Kalibou, Amadou et Karra, l'arrestation d'un quatrième, Data, qui ne dénoncera personne, puis le recrutement tardif d'un remplaçant – Loame – avec lequel Alamba attaque encore deux bijouteries, jusqu'au dernier coup raté où Camille, son ouvreuse des premiers braquages, se fait prendre et dénonce tout le monde…

On comprend l'immense tristesse qui se diffuse dans la salle au fur et à mesure de ces longues journées. Ils ne sont pas seulement incarcérés et mis en jugement, ces garçons, ils sont aussi en échec : après les échecs scolaires, les carences familiales, les impasses professionnelles, ils sont là, tous ensemble, en échec de braquage. Le grand Alamba leur avait sans doute promis la lune, lui qui déclarait aux enquêteurs dès sa première garde à vue : « Je lis *Le Parisien* tous les jours. J'ai vu que ça braquait. Y a de l'argent. Voilà… »

Voilà où ils en sont. Ils sont aussi en échec dans leur solidarité, dans leur association de malfaiteurs, puisque trois d'entre eux ont assez rapidement laissé tomber Alamba. Mais ils sont à présent tous là, tous les six bien groupés, bien serrés dans le box, les uns contre les autres, avec autant de gendarmes derrière eux. Les deux filles qui les ont balancés, Camille, puis Judy, l'ex-petite amie d'Amadou, toutes deux les ont chargés à fond : n'ayant pas seize ans au moment des faits, elles ne sont pas là, aux assises. C'est le tribunal pour enfants qui s'en est occupé.

Au-delà du cérémonial qui va condamner les six braqueurs – ils le savent –, c'est sans doute ce sentiment d'échec, une honte ambiguë qui les conduit parfois à s'excuser, voire à compatir auprès de telle ou telle victime. Car si ce sont vraiment des brutes qui ont perpétré ces agressions, ce sont des êtres sensibles et souvent enfantins qui répondent devant ces jurés et ces juges. Ainsi Alamba, le quatrième jour, interrogé par la présidente, finit par reconnaître tout ce qu'il avait nié depuis deux ans. On le félicite, on s'étonne de son aveu tardif. Il l'explique en ces termes :

– C'est parce que ma maman me l'a dit au parloir : « Le jour du jugement, il faudra dire la vérité. »

En entendant l'expertise psychologique le concernant, on saura qu'Alamba, élevé sans père, a été suivi dans un CMPP (centre médico-psycho-pédagogique) après avoir été maltraité par un beau-père violent entre 2003 et 2005. Il avait alors de treize à quinze ans…

Sa propre violence ne s'est pas manifestée seulement durant les braquages qu'il dirigeait avec brutalité, menaçant, frappant et jetant au sol le personnel des bijouteries attaquées. Durant l'enquête sur le premier braquage, il menaça de telle façon son ouvreuse, Camille, devant le juge d'instruction, que celui-ci interrompit la confrontation. La jeune femme déclarait qu'il l'avait menacée « … de la tuer, elle et son enfant », pour la contraindre à « faire l'ouvreuse ».

En confrontation encore, mais cette fois avec Ferwa, la deuxième ouvreuse qui l'avait elle aussi formellement mis en cause pour le deuxième braquage, Alamba interpella le magistrat instructeur en protestant : « Vous voulez la forcer à dire qu'elle se souvient ! » Car, devant lui, elle avait soudain déclaré « ne plus se souvenir très bien de sa présence »…

Ce grand garçon énergique et costaud semblait avoir entamé une belle carrière de chef de bande, révélant comme beaucoup de criminels de vraies capacités d'organisation et de leadership, mais, à vingt ans à peine, on pouvait le voir accablé et fatigué sur le banc où siégeaient à nouveau près de lui Amadou, Karra et Kalibou, déjà condamnés avec lui en août et octobre 2007 dans le même palais de justice de Bobigny par le tribunal pour enfants.

Amadou avait été le premier à lâcher son chef après le deuxième braquage, celui de Prangy. Déjà condamné à plusieurs reprises pour vols et rébellion, il ne présentait, d'après l'enquête de personnalité et l'expertise psychologique de rigueur, « aucun trouble ni anomalie ». On relevait cependant un « absentéisme scolaire massif », et un père d'origine tunisienne « peu présent », mais qui disait juger son fils « vraiment méchant ».

Tous ses frères étaient signalés comme « ayant eu à connaître des services de police et parfois de l'incarcération ». Sa mère se plaignait de ses mauvaises fréquentations et de ses copains qu'elle ne connaissait cependant pas, car, selon elle, « ils se ressemblent tous : des Noirs et ils ont leur casque de moto ». Son fils avait déjà été condamné plusieurs fois en 2007 pour vols. Durant l'instruction sur les deux braquages auxquels il avait participé avec Alamba, il avait aussi menacé – dans les locaux mêmes de la police judiciaire – son ex-petite amie, Judy, l'ouvreuse qui les avait dénoncés : « On va te retrouver, on va te saigner, tu es morte. » Très agressif durant l'instruction, il avait nié toute implication malgré la présence de son sang sur les lieux, rétorquant même au juge : « Je ne suis pas au courant. Ce sang, j'aimerais bien le voir... » Finalement confondu par les analyses d'ADN, il reconnut sa participation, mais en niant toute violence.

Peut-être parce qu'il avait d'autres affaires en cours, Amadou ne participa plus aux braquages dirigés par Alamba. Devant les assises, il parut très repentant, accablé par les récits de brutalités : « Je ne voyais pas les choses comme cela. Moi, j'allais pour l'argent. Pas pour faire peur aux gens. » Comme la présidente le félicite pour son travail en prison – depuis deux ans... –, il assure qu'il veut « en sortir ». Il est content :

– À présent, à l'école, en seconde, il y a tout : histoire, français, maths, une vraie seconde ! On peut aussi passer le brevet. Il y a aussi la bibliothèque : on peut garder les livres cinq jours. J'aime bien les trucs qui font peur, les histoires d'amour, les histoires d'horreur aussi. Je veux en sortir, avoir une copine, des enfants, un appart ; souvent je pense à ça. Je vois aussi un psy. Mais j'ai du mal à dire ce que je pense…

Kalibou avait été le deuxième à laisser tomber Alamba : il n'avait participé ni au deuxième ni au troisième coup. Mais, sans doute appelé en renfort après la défection d'Amadou, il « remonta au braquage », d'abord pour une expédition dans le département voisin, puis à nouveau dans le voisinage. On parla peu de lui et il ne s'exprima guère. Son père, très véhément, eut l'occasion d'étaler ses conceptions : « Si on était en Afrique, je lui arracherais la peau. Mais ici, en France, si je corrige mon fils, je vais en garde à vue. »

Bien que cet aperçu ait paru intéresser le jury, la cour ne poursuivit pas son étude de droit comparé, d'autant moins que les expertises psychologiques étaient favorables à ce garçon, qu'on lui attribuait peu de violences et qu'il avait interrompu sa collaboration avec Alamba en temps opportun.

Le troisième abandon, celui de Karra, avait laissé Alamba d'autant plus isolé qu'il était survenu après l'échec de l'expédition lointaine menée, en mars, dans le Val-d'Oise, au cours de laquelle un autre fidèle d'Alamba avait été interpellé, comme on le verra plus loin.

Karra était présenté par les experts comme psychologiquement immature, mais sans troubles particuliers. Ayant perdu à l'âge de treize ans un père d'origine mauritanienne, il avait interrompu ses études avant un CAP de carrosserie, suite à son exclusion du lycée professionnel. Il vivait chez sa mère, sans activité suivie ni projet. Déjà plusieurs fois condamné antérieurement, il nia d'abord toute implication dans les quatre braquages où il était mis en cause avec Alamba, identifié par les dénonciations des deux filles et les témoignages de victimes, jusqu'à ce qu'une analyse d'ADN le confonde enfin lui aussi. Interrogé sur son premier placement en détention, il répondit placidement n'avoir pas souffert :

– Je me suis dit : c'est la vie. Je n'ai pas eu peur.

On reprochait à Karra de ne pas s'être bien tenu pendant la détention provisoire et de ne pas avoir voulu y suivre les enseignements offerts. Il ne répondit pas. On énumérait ses indisciplines et, dans ce contexte, son refus de se réinsérer semblait s'exprimer par le refus d'aller à l'école. Tout à coup, il dit sombrement : « Mais, moi, m'dame, j'veux pas r'culer. » La présidente lui demande ce qu'il veut dire par là. Il se contente de répéter de sourdes onomatopées signifiant : « J'ai parlé », et refuse d'en dire plus. À la fin de l'interrogatoire, son avocate demanda la parole. « Karra, voulez-vous dire à la Cour pourquoi vous affirmez, à propos de l'école, que vous ne voulez pas *reculer* ? »

Karra répéta encore : « J'veux pas r'culer... » d'un air buté. La présidente le relança plusieurs fois et lui fit observer qu'en classe de troisième il pouvait passer le brevet. Là, le jeune homme répondit :

– Je l'ai d'jà.

– Ah bon ? Vous avez déjà passé le brevet ?

– Oui, je l'ai d'jà passé deux fois, m'dame.

Alors la cour s'ébroua, apprenant que le garçon avait été renvoyé au Mali quand il avait seize ans, qu'il avait là-bas passé le brevet dans un établissement français, mais que, revenu en France, son brevet franco-malien fut peu considéré. Réinscrit au collège, il avait repassé le brevet... Tout le monde comprit alors : « J'veux pas r'culer. »

On rapporta qu'il refusait de fréquenter le psychologue de la prison. Plusieurs fois interrogé à ce sujet, il répondit sobrement, avec obstination : « Je n'ai rien à lui dire… » La présidente le relançant encore et encore, pour son bien, Karra prononça alors paisiblement une phrase étonnamment longue : « Mais, madame, ce n'est pas parce que je ne demande pas à voir un psychologue que je ne suis pas normal, je pense ! »

On ne sut pas ce qui avait conduit Karra à cesser de « monter au braquage » : peut-être la frousse qu'il avait eue en parvenant à échapper à la police, en mars, lors de l'expédition manquée dans le Val-d'Oise, celle où Data était « tombé ».

Car Data, lui, n'avait pas abandonné Alamba : il s'était fait prendre ce jour-là, tentant de s'enfuir avec lui au moment où la police, alertée, arrivait sur les lieux. Son chef de bande avait réussi à filer avec Karra et Kalibou, pendant que l'ouvreuse du jour, Camille Engela, s'était sauvée de son côté.

Durant l'instruction, Data, interpellé en flagrance et identifié par plusieurs témoins, ne put nier sa présence et son rôle, mais il ne donna aucun nom. Lorsque l'enquête sur l'ensemble des méfaits des six braqueurs put être lancée, en mai, grâce aux dénonciations précises de Camille et de Judy, Data tint bon : il nia tout, mais s'indigna souvent contre elles en récusant leurs témoignages.

Sur l'affaire de Prangy : « Vas-y, la vie de ma mère ! Je suis dégoûté de la vie ! C'est une machination ! J'étais tranquillement dans une Chicha à regarder un match de foot. »

Sur l'affaire d'Arrevilliers, Camille – qui l'accable – devait « avoir les glandes pour quelque chose… Si elle croit qu'elle va bénéficier de la protection judiciaire toute sa vie !... Ce n'est pas une menace, hein !... ».

Jusqu'au bout Data niera tout et ne reconnaîtra personne. C'est un dur. Diverses fois condamné à plusieurs peines de prison pour vols avec violence depuis 2006, dès l'âge de quinze ans, déjà incarcéré deux fois, il est aussi le seul vraiment déraciné, le seul de la bande des six à n'être pas né en France, mais à Libreville, au Gabon. L'enquête de personnalité relèvera pour lui aussi « ... des carences et des troubles du comportement aux causes multiples : absence du père, échec scolaire... » C'est le seul à donner l'impression étrange d'être déjà un professionnel, avec un cadre de normes précises et intangibles. Il ne donne personne et explique rationnellement pourquoi : « J'ai déjà assez d'ennemis pour ne pas en ajouter. Eux, ils sont dehors. Moi, je suis dedans. Il vaut mieux être dehors, ça se comprend. Un jour, je serai dehors... »

Comprenant qu'Amadou a été formellement reconnu dans deux braquages où il se trouvait lui aussi impliqué, il tente de le disculper partiellement tout en se présentant en bandit modèle et non violent : « Amadou, non, je ne l'ai jamais vu avec une arme. Sans arme, comme moi : pas d'arme... »

Pourtant, une arme, il sait s'en servir, et même en improviser au besoin. Il jouit visiblement d'un grand prestige personnel auprès de ses coaccusés qui admirent son côté crâne et inflexible. Tous se redressent et l'écoutent quand il répond aux interrogations de la cour. Il est peut-être né loin de Saint-Denis, mais il en est un vrai citoyen, un vaillant défenseur de l'image de la cité où ils habitent tous. En détention l'an passé, il s'est battu pour cette bonne cause après avoir été transféré d'une prison à une autre pour incidents répétés : « Je débarque à Osny, tout seul de la cité des Froides-Maisons. Là-bas, ils n'aimaient pas trop ma cité. J'étais bien obligé de me défendre, surtout seul ! »

La présidente fait observer qu'en cette circonstance il a utilisé une arme et gravement blessé un détenu qu'il a fallu « recoudre ». : « Mais non madame, c'était pas une arme, c'était une boîte de sardines dans une chaussette de sport, pour faire matraque en tournoyant, parce que j'avais pas d'arme, justement ! » Alors là, dans le box, les cinq autres explosent de rire, et les gendarmes aussi. Lui ne rit pas, mais les cinq complices se gondolent littéralement. Ils sont fiers de ce Data qui jamais ne dénonce personne et jamais ne se laisse faire. Dans le jury, plusieurs sourient. Les magistrats pincent les lèvres, parquet compris. On passe à la suite…

La suite, justement, est riche d'incidents divers et parfois émouvants avec ce garçon laconique et précis. Interrogé après le récit d'une de ses victimes, il demande à s'excuser.

Mais, au même moment, on entend naître et grandir un puissant vacarme au rythme syncopé montant du sous-sol. C'est là, sous nos pieds, que se trouve le « dépôt ». Là où les détenus attendent qu'on les amène à l'audience ou qu'on les reconduise ensuite en prison. C'est là que Data et les autres sont amenés tous les matins, enfermés à chaque suspension de midi, et reconduits tous les soirs – en attendant qu'avec plus ou moins de retard le fourgon cellulaire de l'administration pénitentiaire les reconduise pour la nuit à quarante kilomètres de Bobigny, au centre d'Osny d'où on les ramènera le lendemain à l'aube, très en avance, comme à l'armée, pour être à l'heure.

Data s'interrompt, comme respectueux de cette manifestation souterraine. On entend bien. En bas, des détenus tapent et martèlent les portes métalliques de leurs cellules. Fasciné, je crois entendre la rythmique des *Nibelungen*, enchaînés sous terre, eux aussi : 1-2-3 / 1-2-3 / 1-2-3-4-5-6… Tout le monde écoute. On s'interroge : il est midi. Attendent-ils leurs plateaux-repas ? Un incident ? Une bagarre ? Mais la présidente, un instant déroutée, dit à Data de poursuivre.

Devant le témoignage de l'employé d'une bijouterie pillée, Data tient vraiment à s'excuser auprès de lui parce que le vendeur va perdre son emploi. En effet, le patron, écœuré, renonce à ce commerce trop exposé après trois braquages en deux ans… Data : « Ah oui, je ne voulais pas leur faire de mal : on a volé pour gagner de l'argent, mais pas pour faire mal aux gens, et je comprends que ce qu'on a fait est grave pour lui. » La victime répond : « Non, je ne vous excuse pas, mais je ne vous souhaite pas non plus du mal. » Puis, se tournant vers la cour, il ajoute : « Ils sont jeunes ; s'ils ont fait cela, c'est sûrement qu'ils ont été mal élevés, donc je ne demande pas qu'ils soient condamnés. » Data remercie. Mais la présidente précise à l'employé, « partie civile », qu'il n'est pas chargé, lui, de requérir des peines…

C'est contre Data, le dernier jour, que l'avocat général requiert la peine la plus lourde. Pense-t-il finalement que le véritable chef serait Data, majeur, et non Alamba ? Je m'interroge aussi, car la suite des événements, après l'arrestation de Data, montre une lente décomposition de l'équipée.

Fin mars, comme à chaque fin de mois, Alamba va encore réussir de justesse un braquage avec l'aide de l'ouvreuse Camille, et pour la dernière fois avec Kalibou – qui l'abandonnera ensuite définitivement –, mais aussi avec Loame, le nouveau venu.

Présenté par un rapport de psychologue comme doté « d'une faible capacité de raisonnement et de jugement », Loame a déjà fait l'objet de plusieurs condamnations quand Alamba l'enrôle sur le tard. C'est le plus jeune de la bande. On sait peu de chose sur sa famille, mais l'expertise psychiatrique, à son tour, « met en évidence une intelligence dans les limites basses ». Elle précise que « … ses limites intellectuelles en font un sujet facilement manipulable par des pairs plus habiles ».

Ce dernier braquage avait failli mal tourner et aura été fatal à Alamba.

Le bijoutier et son frère ont voulu résister, mais en vain. C'est pourtant leur expérience qui mettra fin à cette saga, car c'est ce même frère, lui-même bijoutier à Paname, à six kilomètres de là par la nationale 93, qu'Alamba, pour son malheur, va tenter de braquer à son tour un mois plus tard.

Entre-temps – toujours à la fin du mois, le 24 avril – intervient l'épisode tragi-comique d'une tentative avortée de braquage, avec l'aide du seul Loame, sur une bijouterie de Noisan, brusquement interrompue par l'arrivée d'un gros chien qui met tout le monde en fuite… Enfin, le 27 avril, le bijoutier de Paname – le frère du bijoutier de Gravillons-les-Prés – réussit à attraper Camille qui dénonce tout le monde, à commencer par sa collègue Judy.

Loame, dont on ne sait pas grand-chose, ne balancera personne, niera tout, puis finira par avouer à l'audience sa participation aux trois derniers braquages, alors qu'il n'était formellement identifié par son ADN que pour un seul… La présidente lui demande pourquoi il reconnaît ainsi tout, aussi tardivement.

– Je viens de passer beaucoup de temps en prison. J'ai pensé prendre ma part de responsabilité.

Il prendra quatre ans. L'avocat général en avait requis six. Tous ont été condamnés de quatre à six ans. Les réquisitions ont été de quatre ans pour Kalibou, cinq ans pour Amadou, six ans pour Loame et Karra, sept ans pour Alamba et huit pour Data. Elles furent faciles, tout comme les plaidoiries qui furent courtes. Tout le monde avait tout avoué, finalement.

DEUXIÈME PARTIE

Paix publique ou guerre sociale ?

CHAPITRE 6

Les trois petits Roms et le conseiller du prince

Ce samedi d'automne, me voici à la permanence de week-end du tribunal pour enfants de Paris, dans un coin un peu triste du Palais de justice. Il fait déjà nuit vers les six heures du soir. On apprend – et j'apprends – qu'un bruit court : un « conseiller technique », quelqu'un d'important, aurait eu affaire à trois petits Roms du côté d'Auteuil. Ils ont cherché à le dépouiller alors qu'il retirait de l'argent d'un distributeur automatique de billets.

On me le dit sous le ton de la confidence parce qu'on l'a appris, mais de qui ?... Ainsi fonctionne le petit monde de la permanence du Palais où sont présents, tout le week-end, quelques éducateurs, des fonctionnaires de la Protection judiciaire de la jeunesse, quinze ou vingt gendarmes, quelques avocats et magistrats. Le bruit court, mais personne ne sait très bien d'où vient l'information. Du préfet de police ? Du parquet ? Du cabinet du garde des Sceaux ? De l'Élysée ?

Une affaire classique de « DAB », comme disent les PV de police, mais – ce qui est moins classique –, avec l'aide de passants, le conseiller est parvenu à les maîtriser, puis à les faire arrêter !

On apprend bientôt que les trois petits Roms seront déférés, et le juge des enfants est prié de les mettre en examen demain avant quinze heures. Ambiance dans le milieu judiciaire qui comprend qu'il reçoit, par cette recommandation, des instructions gouvernementales sur la façon de traiter ces trois enfants-là.

Le lendemain dimanche, je suis à nouveau au tribunal pour enfants, extrêmement chargé depuis deux jours au moins par les déférements ou transferts de jeunes gens arrêtés au cours des multiples manifestations récentes contre la « réforme des retraites ». Parmi eux, les « lycéens incendiaires » décrits au chapitre 2. Il y a encore trois autres affaires urgentes : tous des jeunes sans antécédents.

Ces procédures d'urgence, cette justice expéditive et supposée exemplaire sont évidemment contraires au principe même de la justice des enfants, qui est toujours censée prendre le temps de cerner la personnalité des prévenus avant de les juger. Mais des incendiaires, évidemment… Je me rappelle la Commune de Paris : qui a mis le feu ? On ne sait toujours pas si c'est Thiers ou Rossel…

Pourtant, aujourd'hui, obscurément, silencieusement, la machine judiciaire estime qu'il n'y a pas le feu, et le dimanche s'écoule dans cette routine mélancolique. On prend son temps. Voilà enfin les trois petits Roms annoncés : deux filles et un garçon. Ils n'arrivent que très tard, à dix-huit heures. On doit savoir qui ils sont. Ils ont d'abord été entendus chacun par une « éducatrice de permanence ». Ce titre me fascine. C'est en effet la permanence du service public incarnée. Chacune n'aura sans doute qu'une rencontre éphémère avec un petit Rom qui va se volatiliser bientôt, comme d'habitude. Mais cette éducatrice est là tout au long d'un sombre dimanche, pour lui, pour un moment, le temps qu'il faut ou le temps qu'on pourra. Chaque enfant va ensuite passer devant le juge, à tour de rôle, accompagné aussi d'un avocat, toujours le même commis d'office au long de ce week-end : un Black chaleureux que je connais déjà. Chacun est précédé de l'éducatrice qui l'a d'abord rencontré.

Nous savons qu'ils sont mineurs. Enfin, pour être plus précis, ils en ont bien l'air, mais, une fois encore, nous ne connaissons ni leur nom ni leur âge exact. L'une aurait quinze ans et serait déjà mère d'un bébé, paraît-il. Mais le garçon, nous ne savons pas s'il a dix ans, ce qui changerait la donne. Quand on les voit de près, il serait après tout imaginable qu'il ait même moins, lui, ou bien, au contraire, que cette jeune mère ne soit pas mineure. On ne sait. On ne saura sans doute jamais.

Pas de papiers, pas de parents ; leurs frimousses effarouchées, mais sans plus, ils regardent tout autour d'eux.

L'interprète arrive sur leurs talons. Il a tout à fait l'allure d'un Roumain classique – pas du tout Rom. Il traduit leurs paroles et je découvre sans déplaisir qu'il m'est donné de comprendre de plus en plus de mots roumains ; cette langue est proche du latin que j'ai longtemps étudié jadis. Vive le latin ! Je me rappelle alors la Première Églogue des *Bucoliques* de

Virgile : « … *nos patriam fugimus, tu Tityre, lentus in umbra…* », mais les Roms n'ont pas de patrie…

Le petit garçon, Daniel, vient en premier : c'est un beau petit garçon tsigane, l'air assez décidé et gentil. On entend d'abord le rapport de l'éducatrice. Ses parents sont mariés ; il est arrivé en France il y a peu de temps ; il vit dans une caravane à Bondy (93140). Il parle :

– J'étais avec Alexandra, ma cousine, et on a trouvé une autre fille sur un marché : Daniella. On voulait manger, mais on a vu quelqu'un retirer de l'argent près du distributeur de billets. Daniella, elle a appuyé sur le clavier ; lui, le monsieur, il a cru que sa carte était volée, il a essayé d'attraper Daniella…

On lui rétorque que, d'après la victime, il a lui-même appuyé sur le clavier pour obtenir des billets.

– Non, répond Daniel, j'ai voulu lui rendre la carte, mais des gens nous ont arrêtés.

– Pourquoi as-tu fait cela ?

À ce moment-là, je me dis que la question de la juge n'est pas très claire : avoir fait *quoi* ? Avoir appuyé sur le clavier ? C'est le *modus operandi* classique de ces petites arnaques. Ou bien avoir « rendu la carte » ? Sans qu'on puisse comprendre qui l'avait en main, cette carte, ni pourquoi ? Mais Daniel, comme la juge dans cette procédure d'urgence, va à l'essentiel :

– Je voulais manger.

– Pourquoi êtes-vous venus à Paris, avec ta famille ?

– Pour mendier.

On apprend qu'il est allé à l'école en Roumanie pendant un an ; il sait un peu lire les lettres, « mais pas en français » ; il apprend un peu avec ses huit frères.

– Toute la famille est en France ?

– Oui, mes parents mendient parfois. Mon père joue de l'accordéon dans le métro.

À l'évocation de son père, le petit garçon se met à pleurer. Il veut revenir à Bondy. On lui demande le numéro de téléphone de ses parents. Il ne le connaît pas ; il veut repartir. On lui explique qu'on doit l'aider à avoir une vie normale d'enfant, à aller l'école, ne pas traîner les rues… Il pleure avec de grosses larmes.

On est là dans la grandiose ambiguïté de la justice des enfants : l'ordonnance de 1945 proclame en effet dans son exposé des motifs : « … la République française entend protéger efficacement les mineurs, et plus particulièrement les mineurs délinquants. » Mais qu'est-ce que la République française va faire avec Daniel ? Pour le sauver de la misère roumaine ? Pour le sauver de ses parents ? Car sont-ce eux qui font de lui un petit Gavroche voleur ? Ses parents – en a-t-il ? À le voir pleurer en évoquant l'accordéoniste, on y croit.

On lui dit qu'il ira dans un foyer, à Saint-Vincent-de-Paul, dans le quartier Denfert-Rochereau. Il demande où c'est, et pleure de nouveau ; il veut rentrer chez lui, à Bondy, avec Alexandra. Comme on sait que cette jeune fille a prétendu habiter Saint-Denis et non Bondy, on lui en fait la remarque. Pourquoi ment-il ? Non, il ne ment pas, ils vivent tous ensemble à Bondy. Il pleure et gémit en cachant son visage où les larmes dissolvent et étalent la crasse de ses mains, comme un lavis.

On lui dit de ne pas pleurer : sa cousine Alexandra ira aussi. Il sourit : il serait rassuré si Alexandra partait avec lui. Et déclare soudain : « Je croyais que j'avais treize ans, mais en réalité j'en ai onze. »

À onze ans, son statut change, et nous supposons par sa remarque qu'il le sait et croit en tirer parti, pour ne pas aller au foyer. La juge lui dit cependant : « Nous allons t'envoyer dans le foyer Saint-Vincent-de-Paul. » Il sort pour attendre dans le couloir avec l'éducatrice.

Entre Daniella. Commence un petit interrogatoire sur sa personnalité :

– Il paraît que vous avez un bébé de dix-huit mois ?

– Oui.

– Mais alors, vous l'avez eu à douze ans et demi ?

À cette question, elle répond d'un mot composé de deux brèves syllabes que je comprends comme une réponse affirmative, un peu comme : « Hé oui... », ou bien : « C'est ça... », mais l'interprète traduit de cette manière :

– Oui, chez nous en Roumanie, chez les Tsiganes, c'est la coutume.

Cette trop longue phrase se présente comme une traduction, mais je comprends que c'est en réalité la remarque d'un Roumain non tsigane qui ne veut pas être assimilé à ceux qu'il considère comme une bande de sauvages par trop prolifiques. Daniella possède beaucoup d'*alias*. Elle en a sept. Elle a aussi des « antécédents », et la juge lui demande combien de fois elle a été déférée ici. Elle a oublié...

L'avocat de permanence, intervient alors en disant qu'il y a de nombreuses contradictions dans les dépositions des uns et des autres. En effet, les trois enfants, d'abord devant les policiers, puis avec les éducatrices, n'ont pas raconté la même histoire. Ainsi nous disposons de six versions assez différentes des mêmes faits.

Je ne comprends pas le sens de l'intervention de l'avocat. Espère-t-il soulever un cas de nullité ?

Discerne-t-il un conflit d'intérêts qui obligerait à désigner un avocat différent pour chaque enfant ? Il a plus d'expérience que moi. À suivre ?

La juge hésite :

– Qui s'occupe de votre bébé quand vous n'êtes pas là ?

– C'est ma tante.

– Elle doit vous chercher, à cette heure-ci ?

– Non, elle pense que je suis dans un autre camp, parce que nous avons plusieurs camps autour de Paris.

Elle s'en va libre, convoquée au mois de décembre. A-t-elle un bébé ? On ne le saura jamais. En décembre, elle ne viendra pas. Elle a peut-être été déférée à Bobigny sous un autre *alias*, ou encore…

Arrive Alexandra, qui a déclaré être née le 22 octobre 1997 – et nous sommes le 24, le 24 octobre 2010 !

– Tu as treize ans ?

– Ah non, j'ai douze ans.

– Mais tu dis être née le 22 octobre 1997 ?

– Ah non… (Elle réfléchit) Je suis née le 22 octobre 1996.

Elle insiste en roumain : *« Nouvente seis. »*

– Mais alors, tu as quatorze ans !

– Non, je sais que j'ai seulement douze ans…

Elle est accusée d'avoir pris la carte bancaire et volé l'argent. Mais on sait que tout a été restitué à la victime, le fameux conseiller.

– C'est bien ce qui s'est passé ? Tu es d'accord ?

– D'accord avec quoi ? dit-elle avant de se mettre à pleurer.

L'éducatrice lui tend deux Kleenex. Elle renifle en réfléchissant.

– Oui, reprend-elle, j'ai volé avec les autres. C'est parce qu'on voulait manger. Daniella a dit : « On va aller mendier de l'argent d'abord. »

– Mendier ou voler ?

Alexandra répond qu'elle ne comprend pas la question.

L'interprète s'excuse poliment auprès de la juge et explique alors à Alexandra – en roumain – que voler est une chose, mendier en est une autre.

– Alors, « mendier » ou « voler » ?

À la volée, j'entends la racine *furt* – c'est le vol en droit romain : *furtum*, comme en roumain. Alexandra ne répond pas et va à l'essentiel :

– Si on me place dans un foyer, chez les nonnes, je ne vais pas y rester. Je me sauverai.

– On verra, mais est-ce que tu reconnais les faits ?

– Bien sûr, mais je veux retourner avec mes parents.

Et Alexandra pleure à nouveau. Elle se dit en France depuis deux semaines, mais ses parents ne sont pas joignables. Elle apprend alors qu'on va la mettre dans un foyer, avec Daniel. On lui explique pourquoi : elle sera bien soignée et on s'occupera d'elle avant qu'elle soit jugée, en décembre.

Pour protéger les deux plus petits, il est décidé de les placer. Les deux éducatrices, l'une toute jeune, l'autre plus expérimentée, prennent les dispositions nécessaires, ce dimanche à sept heures du soir, pour les y emmener, à ce foyer Saint-Vincent-de-Paul.

On n'a plus entendu parler du conseiller. On sait seulement qu'il s'est démené, hier, et qu'il a réussi à faire embarquer les trois enfants en intervenant pour qu'ils soient « jugés rapidement ». C'est presque fait : trois mises en examen, une qui retourne chez sa tante auprès de son bébé, les deux autres placés « chez les nonnes », comme dit Alexandra qui a l'air de connaître Saint-Vincent-de-Paul. « Placés ? » Voire…

La permanence va bientôt s'achever, il fait nuit noire et l'on va traiter une tout autre affaire. Cette fois, il s'agit de deux garçons de seize ans, deux copains, deux ados blonds et roses qui ont pris l'habitude de jouer à des jeux vidéo mettant en scène des prises d'otages. Les prises d'otages, ça les passionne. Les agressions, cela les impressionne et les attire. Se demandant quel effet cela pouvait faire d'agresser quelqu'un, ils ont décidé de tenter l'expérience. Tous deux vivent dans le 12e, près de la Nation. Ils sont allés « sur le 16e » (arrondissement) et ont d'abord agressé un vieil homme qui s'est laissé dépouiller sans résistance de son téléphone portable et de sa montre, puis s'est sauvé en criant. Immédiatement après, presque au même endroit, ces deux amateurs d'émotions fortes ont agressé un autre passant qui, lui, s'est défendu vaillamment. Alors ils lui ont donné des coups et lui ont placé un couteau sur la gorge pour lui prendre… son portable. C'est donc une affaire criminelle : « en réunion », vol, violence, couteau… Il ne manque que du sang.

Pas de chance ? Ils ont été interpellés sur-le-champ, car leur première victime a alerté une voiture de police qui passait par là.

Évidemment, ce sera leur chance, au contraire !

Le père du premier se montre très digne et consterné par l'attitude de son fils. Il ne comprend pas, et la mère non plus. Elle tremble sans cesse, les mains sur les genoux, en fixant le sol.

L'autre père, au contraire, fait preuve d'agressivité et tient des propos stupéfiants : face aux policiers, à l'éducatrice et même à la juge, il proteste que ce sont là des bêtises de jeunes et que « la justice ferait mieux de s'occuper de la racaille des banlieues ». On est obligé de lui expliquer que ces jeunes se sont précisément comportés comme de la « racaille ». La juge l'informe que son fils a même déclaré sur procès-verbal : « Nous nous sommes conduits comme des racailles, et je le regrette. » Elle brandit le PV sous le nez du père. Elle s'exclame que son fils pourrait être traduit devant la cour d'assises des mineurs !

En effet, le procès-verbal de police a utilisé l'expression « extorsion sous la menace d'une arme* ». Mais le parquet a « requalifié » l'accusation pour lui retirer son caractère criminel. D'une manière juridiquement discutable, mais sans doute parce que les jeunes n'ont pas d'antécédents judiciaires, le parquet ne retient pas la qualification du PV de police. Il l'atténue : « Vol avec violence. » « Port d'arme prohibée* ». Cette interprétation bienveillante de la loi par le parquet des mineurs va faire échapper son fils aux assises, mais le père agressif ne le comprend même pas. On le lui explique. Sa femme le calme. Il est tard.

L'audience dure assez longtemps. Les garçons racontent complaisamment comment ils ont décidé de commettre leur forfait :

– Nous en avions discuté auparavant, dit l'un, nous avons parlé de nous rendre là-bas, sur le 16, pour voir ce que cela faisait d'agresser quelqu'un.

« Sur le 16 »... Je pense que, dans son crâne de jeune accro aux jeux vidéos, le 16e arrondissement de Paris est un monde virtuel, très éloigné de la Nation où il habite, un monde où l'on peut cueillir les téléphones portables comme les poires en octobre.

Ils sont renvoyés à un jugement ultérieur. C'est la justice des mineurs « à la papa » : le parquet a décriminalisé. Les parents sont là, effondrés ou agressifs, mais vont repartir avec leurs fistons. L'affaire avancera conformément aux principes de l'ordonnance de 1945 : on peut espérer rééduquer ces garçons – et peut-être même leurs parents. Tout le monde rentre à la maison, vers la Nation. Ce soir, les deux voyous vont dîner un peu en retard. Je me demande s'ils seront privés de dessert.

Mais voici que les deux éducatrices chargées des deux petits Roms reviennent, fatiguées. Elles nous racontent qu'elles ont conduit les deux enfants en voiture ; elles sont arrivées devant le foyer Saint-Vincent-de-Paul, à Denfert-Rochereau ; sitôt la porte ouverte, le petit Daniel a giclé et s'est enfui comme une hirondelle. La jeune Alexandra s'est débattue de façon si violente que l'éducatrice a craint qu'elle ne lui déboîte le bras. Elle l'a lâchée. Juridiquement, d'ailleurs, elle n'avait pas le droit de la contraindre… À vingt heures trente, elles rentrent donc bredouilles au tribunal pour enfants. Bien sûr, la mission de protection de l'enfance aurait exigé que ces deux enfants-là soient vraiment pris en charge ; que des fonctionnaires de police aient d'abord mission de retrouver la trace des parents – en filant les enfants. Mais c'est très difficile, et même risqué, je le sais.

Je me souviens que lorsque j'étais ministre de l'Intérieur j'avais fait créer des équipes de jeunes policiers sportifs et dégourdis qui filaient – en baskets – les petits voleurs de ce genre, à l'époque des « Yougoslaves ». Mais ces enfants qui se font filer, s'ils arrivent avec un flic sur leurs talons, sont souvent roués de coups par leur « famille ». Donc, pour casser la filature, ils sont prêts à tout, y compris même à traverser les avenues en gambadant au milieu des flots de voitures, à se cacher dans les tunnels du métro au péril de leur vie. On avait même envisagé de poser dans leurs vêtements, à leur insu, une puce électronique permettant de les suivre de loin jusque chez eux…

Personne ne sait comment s'y prendre. Où est l'intérêt de l'enfant ? Le laisser courir ? Le filer et l'exposer aux représailles ? Le placer « pour son bien » dans un foyer dont il fuguera sans délai ?

Cette affaire est exemplaire : le conseiller a récupéré sa carte et son argent. Il a souhaité et obtenu un traitement en « temps réel », sinon un jugement expéditif. Faute de moyens, la procédure ne mène à rien. Elle se traduit par… le retour de la plus âgée à son hypothétique bébé, et par la fuite des deux plus jeunes. Rien n'étant entrepris pour identifier les « parents », l'urgence d'agir est contrecarrée par le fait que l'on ne fait rien.

Les magistrats, greffiers, éducateurs et policiers qui interviennent dans le domaine particulier de la justice des mineurs auraient de quoi être démobilisés, blasés, voire désespérés. Mais c'est une des choses les plus étonnantes et les plus émouvantes à constater : ils ne sont pas démotivés, au contraire. Certes, leur métier comporte un côté routinier dû à la répétition des affaires. Pour la plupart, elles donnent lieu à une audience de vingt à quarante minutes. En un seul samedi, puis en un seul dimanche, c'est plus d'une dizaine de cas qui ont été traités, reflets de la diversité des situations – avec ou sans violence, en bande organisée ou isolée, enfants tout jeunes ou moins jeunes –, véritable kaléidoscope de la société. Mais je n'observe pas de démoralisation. Sans doute à cause de l'une des caractéristiques de ce métier : compte tenu de la population à laquelle ils ont affaire, avec les enfants ou les adolescents le taux de réussite obtenu n'est jamais nul. Ils n'abandonnent pas.

Ils savent de science certaine que tout enfant délinquant est un enfant qui a été abandonné au mauvais moment par quelqu'un qui en avait la charge.

Au fil de sa journée, tout professionnel de l'enfance peut penser que, si cela ne marche pas cette fois-là, cela marchera la fois suivante. Donc, chaque intervention mérite une pleine concentration, un plein investissement. C'est vrai pour les juges, pour les greffières – jouant un rôle très important, devant tout noter avec précision et parfois expliquer à l'enfant ignorant le français, ou analphabète, le contenu du procès-verbal qu'il doit signer. De leur côté, les éducateurs qui accompagnent les jeunes pendant ces courtes audiences savent devoir rester très attentifs pour reprendre ou entreprendre – dès la sortie du tribunal – le travail d'accompagnement sans se laisser décourager par cette mission pleine d'incertitudes.

Certaines affaires provoquent un stress plus important que d'autres à cause de l'agressivité des jeunes ou de leurs parents, mais elles s'enchaînent, un peu comme chez un dentiste soignant tantôt un patient qui souffre et se débat, tantôt un malade passif et résigné.

D'une certaine manière, il s'agit là d'une médecine sociale délivrée par de multiples professionnels, des spécialistes veillant à ne pas enfermer l'enfant dans un statut de criminel.

Quant à l'échec lui-même, lorsqu'il faut se résoudre à le constater, ce n'est qu'un échec ponctuel, partiel, peut-être provisoire… Même si le petit Daniel s'est évanoui dans Paris, on ne peut parler seulement d'échec. En effet, grâce à la justice, même à travers les mots traduits par un interprète, ce petit garçon a pu s'entendre dire : « Voler c'est mal », mais aussi : « Ta place n'est pas dans la rue, elle est à l'école et auprès d'une famille qui s'occupe de toi, qui te donne à manger sans que tu aies besoin de voler »... Le seul fait que ce jeune délinquant l'ait entendu représente déjà en soi une victoire. On lui a dit une autre vérité que celle de la misère matérielle et morale. Les gens qui transmettent cette vérité ne se sentent pas inutiles.

CHAPITRE 7

Tiers-monde à domicile : le stupéfiant « bizness »

Dans la littérature et la société françaises, la drogue a été longtemps une affaire d'adultes fortunés. À la préfecture de police, c'était la brigade mondaine qui s'occupait des opiomanes et cocaïnomanes pour les identifier, les surveiller et, si possible, les utiliser : quelques centaines de personnages vulnérables, ils pouvaient devenir d'utiles informateurs. La drogue avait aussi une dimension artistique depuis Baudelaire, et déjà exotique avec Pierre Loti, mais toujours élitiste.

De nos jours, la drogue est devenue un produit de consommation de masse, en particulier le cannabis sous ses différentes formes (herbe, résine, huile…) qui représente plus de 50 % de la consommation de drogue nationale.

L'usage de la drogue en France fut étroitement lié dès ses origines aux entreprises coloniales : les produits comme les habitudes de consommation ont été découverts et rapportés, puis importés généralement d'Orient. Il en va de même à présent : nous importons annuellement des tonnes d'opiacés d'Asie et de cocaïne d'Amérique du Sud, et des dizaines de tonnes de cannabis nous arrivent du Maroc. Notre production locale se développe, elle est même florissante – dans tous les sens du mot, s'agissant essentiellement des efflorescences de plants féminins de l'espèce *cannabis indica* –, mais elle reste marginale.

Le développement de l'usage de produits pharmaceutiques détournés de leur rôle est observé depuis vingt à trente ans, et la chimie de synthèse fait aussi des miracles – en produisant des hallucinogènes et des états seconds –, mais l'essentiel de la drogue consommée en France, comme dans la plupart des autres pays riches, est importée.

Son importation depuis l'Asie, l'Amérique latine ou le Maghreb est assurée par de puissants groupes internationaux et même multinationaux. C'est aussi le cas pour l'alcool, avec Seagram ou Pernod Ricard, et pour le tabac[1] avec Imperial ou American Tobacco, etc. Mais ces psychotropes très populaires, en partie produits légalement sur notre territoire national, sont commercialisés tout aussi légalement à travers des commerces familiers (tabacs, bistrots, supermarchés...). Les drogues illégales, au contraire, sont conditionnées clandestinement et commercialisés à la sauvette par des milliers de jeunes, généralement désœuvrés et relégués dans des « quartiers » aussi diffi-

1. De plus en plus concentrée, l'industrie mondiale du tabac se détourne des pays riches, où la consommation décroît, vers les pays pauvres où elle croît et représente déjà 70 % du marché mondial.

ciles à connaître qu'à pénétrer, précisément parce qu'ils ne sont pas seulement un habitat ségrégationniste aux fins de relégation, mais le terrain de développement d'une économie parallèle, d'une économie informelle, illégale mais tolérée pour des raisons que j'évoquerai plus loin.

La drogue, c'est notre tiers-monde à domicile. Car, de même que les produits sont importés dans leur quasi-totalité, de même leur réseau de distribution utilise et exploite des milliers de jeunes, généralement issus de l'immigration ou immigrés eux-mêmes. Sans emploi, sans formation et sans perspectives, ces jeunes gagnent ainsi leur vie, parfois aussi bien que d'honnêtes *traders*, car le sale marché de la drogue peut rapporter autant à quelques surdoués que les « salles de marché » à des mathématiciens dévoyés. Mais, pour quelques jeunes caïds circulant en BMW pour aller vite, ou en 4x4 pour épater les filles, il y a une armée de jeunes employés clandestins et forts précaires qui planquent, qui recèlent et qui revendent. Jeunes et même souvent très jeunes pour des raisons légales faciles à comprendre : un jeune délinquant ne risque qu'une peine de prison divisée par deux, un très jeune ne risque presque rien, surtout les premières fois.

L'armée du crime a donc ses enfants-soldats : ils ne tuent pas directement, ils vendent de la mort lente, ils en meurent eux-mêmes parfois.

Au contraire, la commercialisation du tabac et de l'alcool est une affaire d'adultes. Les « bureaux de tabac », dont l'appellation évoque les origines administratives, sont soumis à des réglementations de plus en plus restrictives, particulièrement en ce qui concerne la vente aux jeunes. En outre, la consommation de tabac, longtemps rendue aussi obligatoire que le service militaire avec la distribution gratuite de « cigarettes de troupe », est aujourd'hui interdite dans les lieux ouverts au public. La vente aux mineurs est illégale.

De leur côté, les « débits de boisson », toujours soumis à régime d'autorisation administrative (la « licence IV »), et sous surveillance policière, voient aujourd'hui leur activité se restreindre. Depuis longtemps interdits aux abords des écoles, ils ne doivent pas servir d'alcool aux enfants. L'« assommoir » décrit par Zola avait une fonction de régulation sociale bien assumée par la bourgeoisie capitaliste du XIXe siècle, de même que le « quart du soldat » permit longtemps aux pinardiers d'écouler leurs produits invendables tout en participant à l'« éducation » des jeunes recrues.

Aujourd'hui, deux fléaux sont donc en recul en France : alcoolisme et tabagisme. La drogue, au contraire, est en progrès constant, surtout chez les jeunes.

Certes, elle intéresse toutes les classes de la société. On dit que les « présentateurs » de télévision sont, comme certains artistes, consommateurs de cocaïne et d'amphétamines. On sait que pour mener des heures durant, devant leurs écrans, le jeu infernal de la spéculation, les *traders* des « salles de marché » ne se contentent pas de café. On comprend que les uns comme les autres, pour gagner tant d'argent dans des métiers d'une valeur culturelle problématique ou d'une utilité sociale négative, aient besoin de prendre quelques remontants… Balzac abusait du café, Baudelaire de l'opium, Loti du haschich, Michaux de la mescaline. Pourquoi Delarue n'aurait-il pas eu droit à sa drogue ?

Et, d'ailleurs, pourquoi chacun n'aurait-il pas le droit de se défoncer comme il l'entend et de planer ou sombrer, s'il le désire…

Comme les pratiques sexuelles entre adultes consentants, les consommations de psychotropes des adultes relèvent de leur libre arbitre et je ne me hasarderai pas sur le terrain éthique à leur sujet. En ce qui les concerne, seuls les objectifs d'une politique de santé publique sont à la fois nécessaires et suffisants pour justifier une législation contrôlant et réprimant l'usage de certains toxiques. Car leurs consommateurs ne se nuisent pas seulement à eux-mêmes : par les dégâts humains et les accidents qu'ils provoquent, ils coûtent très cher au budget social de la nation. Ces adultes-là méritent certes la compassion, mais pas de pitié : ils doivent payer.

Il en va tout autrement des enfants.

De mon expérience de ministre de l'Intérieur, j'avais conservé le souvenir d'une *summa divisio* entre drogues « dures » et « douces ». En termes policiers, dans les affaires de drogue, les drogues « dures » représentaient statistiquement un tiers du total, mais bien davantage en termes de dégâts humains : accidents, déchéances, décès par overdose. Les fonctionnaires de police qui s'en occupaient étaient en général de jeunes flics, garçons ou filles, passionnés par cette mission de police relevant autant de l'action sociale que de l'ordre public.

Il faut avoir vu les loques humaines que peuvent devenir de jeunes toxicomanes en état de « manque » pour comprendre la motivation et la ténacité des policiers spécialisés. Ils ont vraiment le sentiment de lutter contre la mort, contre la mort lente – le « suicide lent » évoqué par Baudelaire[1] –, mais un suicide assisté, assisté de très loin par de puissants criminels bien organisés et fortement équipés. Contre cette criminalité-là, on n'a jamais de mal à mobiliser des équipes, surtout si on les aide à se battre en les dotant de matériels et de moyens scientifiques et techniques efficaces.

Vingt ans après… Les drogues « dures » et leurs méfaits n'ont certes pas disparu de notre pays. Au contraire, les consommations de cocaïne, d'ecstasy et d'héroïne se développent malheureusement, mais elles ne concernent encore que quelques centaines de milliers de personnes en France, et moins de 1 % des « jeunes » au sens de l'Observatoire français des drogues et des toxicomanies (OFDT), chiffre qui comprend les enfants de plus de quinze ans et les adultes de moins de quarante ans[2].

En revanche, depuis quelques années, on assiste à un phénomène absolument stupéfiant et particulier à la France : le cannabis, cette drogue dite « douce », la drogue des jeunes fumeurs de « joints », le sympathique « pétard » des hippies de jadis, est devenu le problème numéro un dans ce domaine. Non seulement parce que ce toxique est devenu en soi plus dangereux qu'autrefois (sa concentration en toxique est de plus en plus élevée), mais parce que son extension spectaculaire a des effets sociaux dévastateurs, inconnus il y a une génération.

1. Charles Baudelaire, *Les Paradis artificiels*, Paris, 1860.

2. OFDT, juin 2010 (cocaïne = 1 % ; ecstasy = 0,9 % ; héroïne = 0,2 %). Source : Institut national de prévention et d'éducation à la santé, INPES. Consulter : www.ofdt.fr

Autour du commerce de la drogue, particulièrement du cannabis, une économie illégale, clandestine mais pas véritablement souterraine, a envahi des « quartiers » entiers du « Grand Paris » (75, 92, 93, 94) ou de nos grandes villes. C'est plus qu'un commerce, c'est plus qu'un business, c'est le « bizness ».

Dans ce domaine, pour des raisons sur lesquelles nous reviendrons, les statistiques sont souvent difficiles à utiliser, mais on peut retenir que le nombre « estimé » de consommateurs de cannabis est dix fois supérieur à celui des consommateurs de cocaïne, qu'il s'agisse des jeunes « expérimentateurs » (12 millions pour le cannabis) ou des jeunes « usagers » (4 millions).

La combinaison de la croissance des drogues dures avec l'explosion du cannabis confère à cette question un caractère nouveau.

Un universitaire a publié il y a quelques années une étude de terrain consacrée à la place du trafic des stupéfiants dans une cité de la banlieue parisienne. Je crois utile de citer un long passage de son introduction méthodologique[1] :

> « Dans cette cité connue sous l'appellation de "Barre au million", le spectacle d'une activité incessante où s'effectuent les transactions entre revendeurs et clients est impressionnant. Avec un budget et un chiffre d'affaires annuel qui s'élève à plusieurs millions de francs, le commerce des stupéfiants est devenu une véritable

1. Rachid, *Génération Scarface*, la place du trafic dans une cité de la banlieue parisienne, in *Déviance et Société*, 2004, vol. 28, n° 1, pp. 115-132.

source d'emplois. Plus d'une quarantaine de membres (guetteurs, livreurs, *dealers* au détail ou en gros…) que nous avons pu approcher participent activement à l'expansion de ce trafic et à la prospérité de ses chefs. L'analyse du commerce des stupéfiants comme un véritable travail paraît donc fondée. Manipuler la drogue, contrôler les techniques de vente, tenir des comptes précis, le *dealer* doit intégrer toutes ces actions et, de surcroît, éviter de se faire prendre. Dans cet article, nous nous concentrerons sur deux points qui apparaissent comme essentiels pour comprendre la carrière de *dealers* : l'entrée et l'installation. »

L'auteur concluait ainsi son introduction :

« Être *dealer*, c'est comme décrocher un poste de vendeur dans une entreprise de distribution après une période d'apprentissage. »

J'ai vu, je vois souvent quelques jeunes acteurs de ce « bizness » devant les juges ou les tribunaux pour enfants. Ils sont nombreux, mais ce ne sont jamais les premiers rôles, rarement les seconds rôles, généralement des « apprentis » : jeunes en train de passer du statut de client et consommateur à celui de petit dealer pratiquant son petit commerce, lequel consiste à acheter pour revendre en consommant lui-même son bénéfice en nature.

Dans ma tristement riche collection de jeunes mis en cause pour ILS (infraction à la législation sur les stupéfiants), j'ai extrait quatre cas, tous différents : Gabriel était poursuivi pour « détention* » devant le tribunal pour enfants de Paris en même temps qu'Angelo pour qui je fus commis d'office. Angelo n'était pas vraiment receleur, mais il fut d'abord poursuivi comme tel. C'était aussi le cas d'Ahmed que l'amour poussa au délit, mais dont un juge indulgent pardonna l'aveuglement passager. Le cas d'Abouda est le plus triste : apparemment entraîné par sa fratrie, peut-être par sa famille – y compris sa mère… –, n'était-il pas en train de devenir un vrai dealer, un « pro » « … après une période d'apprentissage » ?

Ce n'est certes pas au hasard que j'ai choisi ces quatre exemples, différemment placés dans la hiérarchie des infractions dont la loi de 1970 a savamment dosé les peines encourues. Mais, en narrant chacun de ces petits épisodes judiciaires, je pense à nouveau, comme à l'audience, à ceux qui les ont attirés, abusés, entraînés dans la voie du « bizness » comme consommateurs, et que ni police ni justice ne pourront peut-être jamais localiser ni dans le quartier, ni dans une autre ville, ni plus loin, plus haut, dans les montagnes du Rif, des Andes ou des massifs de l'Himalaya, ou bien plus près de nous…

Les juges des enfants le savent bien : cette petite « barrette » de résine, ces quelques brins d'herbe, ce gramme de « blanche » sont dérisoires et négligeables au regard des dizaines de tonnes de cannabis saisies chaque année (110 tonnes en 2004) ou des tonnes de cocaïne saisies (5 tonnes en 2008). Pourtant, un juge des enfants, seul ou avec ses deux assesseurs, va passer le temps qu'il faudra, parfois des heures, pour approfondir la situation de jeunes qui se sont fait attraper avec quelques grammes.

Gabriel et Angelo étaient amis. Potes, en tout cas. C'est fini.

En mai 2011, dans un beau quartier du nord-ouest de Paris, les policiers d'une BAC[1] repèrent vers vingt heures un adulte à l'allure suspecte, l'air inquiet et pianotant souvent sur son téléphone pour envoyer des textos. Décision : « On le suit. » L'homme rejoint un adolescent – c'est Gabriel – qui l'emmène au pied d'un immeuble voisin.

Bingo ! Car, par une fenêtre du premier étage, un autre adolescent se penche – c'est Angelo – et lance soudain une toute petite mallette en aluminium à Gabriel qui l'attrape et la tend à l'adulte. La BAC n'attend pas : Gabriel et l'adulte sont interpellés. La mallette contient de la résine de cannabis. Elle sera pesée au commissariat : 250 grammes.

Les policiers vont sonner chez Angelo ; sa mère est là. Elle est mise au courant. Elle savait déjà qu'Angelo « fumait » et elle est contre. Il est suivi pour cela par un psy. Elle accepte que la chambre de son fils soit visitée : Angelo remet, *proprio motu*, toute sa provision personnelle : un gramme. Sa mère demande aux flics de l'emmener pour lui faire peur. Il les suit et sera mis en garde à vue, comme Gabriel et l'adulte.

Une belle affaire, vite élucidée. Un cambriolage ayant eu lieu chez Gabriel, celui-ci avait craint une visite de la police et confié son stock à Angelo qui l'avait caché dans sa chambre pour rendre service à son ami… Mais le stock n'était pas payé, et Gabriel a voulu le rendre – vite fait – à son fournisseur adulte. Angelo a dû lancer la mallette par la fenêtre, craignant de

1. « Brigade anticriminalité », composée de quelques policiers en civil patrouillant dans un quartier.

passer devant sa mère qui allait peut-être lui poser des questions : « Où vas-tu ? Qu'est-ce que c'est ?... »

Commis d'office en juin, j'ai rencontré Angelo et conversé avec sa mère et même avec son père, venu à l'audience chez la juge des enfants. Celle-ci l'a « mis en examen ». Elle n'a pas pu le juger ce jour-là comme « juge unique » dans son « audience de cabinet ». En effet, Angelo a plus de seize ans et le parquet a retenu contre lui « usage *et* détention ». Il devra donc revenir à l'automne pour comparaître cette fois devant le tribunal pour enfants, présidé par la juge des enfants, mais assistée de deux assesseurs et en présence du parquet. Il ne risque pas lourd, lui. Il est sans doute aussi déjà guéri. Il ne compte pas revoir Gabriel dont on a compris qu'il était déjà un petit *dealer*. Il me dit que sa mère a raison : il choisira mieux ses amis.

L'aventure d'Ahmed et Rosalie est aussi simple et plus touchante au premier abord. C'est une histoire d'amour qu'on peut livrer à l'état brut (mais rendue anonyme) grâce à l'excellent procès-verbal, document dactylographié établi le 21 octobre à trois heures du matin par un policier expérimenté, le brigadier-chef Youssouf Najazi. À la lecture de ce PV modèle, on pourrait presque penser que l'affaire est réglée après les deux dernières réponses d'Ahmed au fonctionnaire (ici reproduites en respectant la typographie propre aux PV de la PP) :

...

« QUESTION : Vous avez 17 ans, vous êtes bientôt majeur, trouvez-vous normal d'acheter du cannabis pour une mineure de 14 ans ?

RÉPONSE : Non, mais elle me l'a demandé, je l'ai fait pour lui rendre service. Pour moi, c'était normal.

QUESTION : Avez-vous conscience que l'acquisition de stupéfiants est un délit, surtout lorsque cela est fait pour le céder à une autre personne, mineure de surcroît ?

RÉPONSE : Oui, j'en ai conscience, j'aurais pas dû le faire. Je voulais lui rendre service... »

D'un certain point de vue, on peut estimer que l'affaire aurait pu en rester là : le brigadier-chef aurait continué à sévèrement tancer Ahmed avant de le ramener chez ses parents. Mais, ce jour-là, il a complété un dossier de trente pages pour le transmettre au parquet : dossier comprenant toute une procédure en règle, n° 2010/ 013238, avec pas moins de dix-sept PV : PV d'interpellation, PV de test et pesée de cannabis, de notification de mise en garde à vue, d'avis au barreau de Paris, à la famille, de réquisition de l'Hôtel-Dieu pour examen de santé, pour examen toxicologique, constatant l'entretien avec un avocat, PV sur interrogation d'un fichier – où Ahmed apparaît déjà sur identification dactyloscopique – où Ahmed se révèle avoir un *alias* (son propre petit frère !), avis au parquet, etc...

En effet, à part ce petit délit commis par amour, Ahmed était déjà connu des services de police et aussi du tribunal pour un total de six infractions plus ou moins graves.

Ces fâcheux antécédents expliquent le soin méthodique avec lequel le brigadier-chef a dès le début interrogé Ahmed :

« QUESTION : Que faisiez-vous avec Rosalie P. au 211, rue V. à Paris 13e ?

RÉPONSE : C'est l'immeuble de Rosalie, elle est ma petite copine. Nous attendions un pote dont je ne dirai pas le nom.

QUESTION : Reconnaissez-vous les quatre barrettes ainsi que les petits sachets de résine de cannabis que nous vous présentons ?

RÉPONSE : Oui, il s'agit du shit que j'avais sur moi.

QUESTION : Où vous êtes-vous procuré cette matière ?

RÉPONSE : Je l'ai achetée dans la rue V., hier soir à 22 h 00, à un espèce d'Hindou que je ne connais pas trop. Je ne sais pas où il habite. C'est la première fois que je lui en achète. J'ai payé ce shit quatre-vingts euros.

QUESTION : À quel usage était destiné cette résine de cannabis ?

RÉPONSE : J'ai acheté cette résine pour Rosalie, elle m'avait demandé de l'accompagner car elle avait peur d'aller acheter du cannabis toute seule.

QUESTION : Comment vous êtes-vous procuré ces quatre-vingts euros ?

RÉPONSE : Cette somme provient de l'argent de poche que m'a donné ma mère, je ne l'avais pas dépensé.

QUESTION : Rosalie vous a-t-elle donné de l'argent pour acheter ce cannabis ?

RÉPONSE : Non, tout l'argent était à moi.

QUESTION : Vouliez-vous partager ce cannabis avec Rosalie ?

RÉPONSE : Non, tout était pour Rosalie, moi je n'en ai pas besoin, je ne fume pas, ni shit ni cigarettes.

QUESTION : Pourquoi achetez-vous du cannabis pour Rosalie ?

RÉPONSE : Parce que Rosalie fume et que c'est ma copine.

QUESTION : Comment se fait-il que Rosalie dise que c'est avec son argent que vous avez acheté le cannabis ?

RÉPONSE : *Non, en fait j'ai menti, l'argent était à Rosalie. J'ai dit que c'était à moi pour couvrir Rosalie par rapport à sa mère.* »

Le parquet a donc saisi le juge et, un mois plus tard, j'ai été commis pour assister ce garçon chevaleresque.

Le « jugement en chambre du conseil » sera très indulgent, se bornant à enjoindre à Ahmed – *avec son accord* – une mesure de réparation qui, en l'espèce, peut être une sorte de stage d'information :

[... PAR CES MOTIFS,

Statuant en Chambre du Conseil, contradictoirement et en premier ressort.

Déclarons Ahmed M. coupable de DÉTENTION NON AUTORISÉE DE STUPÉFIANTS, infraction prévue et réprimée par les articles 222-37 al. 1, 222-41 du Code pénal, L. 5132-7, L. 5132-8 al. 1, R. 5132-74, R. 5132-77 du Code de la santé publique 1 de l'arrêté ministériel du 22/02/1990. 222-37 al. 1, 222-44, 222-45, 222-47, 222-48, 222-49 al. 1, 222-50, 222-51 du Code pénal.

Ordonnons une mesure de réparation à l'égard de M. Ahmed à effectuer dans le délai d'un an.

Désignons le C... – Service RÉPARATION PÉNALE, 95 avenue de... 75010 PARIS

Disons qu'un compte rendu d'organisation nous sera adressé dès que possible et que le rapport défi-

nitif sur le suivi devra nous être déposé avant le 30 octobre 2011.

Déclarons le père civilement responsable...

Par cette mesure éducative proposée et acceptée par un jeune mal engagé dans la vie et déjà impliqué dans plusieurs affaires de vol, recel, violence et port d'arme prohibé, la juge de ce mineur a fait un pari sur l'avenir, sur le développement de sa conscience, sur l'aide que sa famille et les services sociaux pourraient peut-être lui apporter. J'ai approuvé son choix ce jour-là, et Ahmed aussi. Avait-elle raison ? Aura-t-elle eu tort ? Un autre juge ou – dans un autre pays – un autre droit l'aurait peut-être envoyé en détention, ou, au contraire, absous sans sanction d'aucune nature. L'hésitation est permise, presque requise devant des situations si incertaines.

Ce n'était pas le cas pour Abouda, défendu devant le tribunal pour enfants de N., en banlieue parisienne, par un confrère expérimenté. Il en avait besoin !

La longue liste des affaires pour lesquelles il avait déjà été interpellé, suspecté d'être « guetteur » pour des *dealers* dans sa cité, ou même livreur, semblait témoigner d'un acharnement policier exceptionnel : à seize ans, quinze fois contrôlé, jamais confondu... Mais, un jour, les policiers ont cru que sa chance tournait – ou la leur : Abouda, contrôlé une fois encore, fut trouvé porteur de 150 grammes ! La procédure fut soignée, les faits étaient incontestables, la culpabilité était établie, mais la sanction fut faible. Abouda, judiciairement, était un primo-délinquant. Il avait aussi un très bon défenseur : un homme mûr, avocat connaissant parfaitement cette matière pénale – et aussi les cités environnantes. Il avait fait parler la mère, apparemment bien préparée à apporter ce témoignage, toujours important devant le tribunal. Abouda était pour elle le meilleur de ses six fils. Il s'occupait volontiers des deux plus petits, rendait service à sa maman, qui était seule. Il ne suivait pas ses grands frères – bien trop souvent dehors. Il lui faisait toujours plaisir… Mon confrère, avocat chevronné, parvint à semer le doute sur les vraies activités de son jeune client.

Comme je sortais avec lui du tribunal, en cheminant vers la sortie je l'interrogeai naïvement : « Vous étiez commis d'office pour ce garçon ? »

Il s'arrêta net dans le hall en me regardant comme si j'étais devenu fou :

– Moi ? Commis d'office ? Vous rêvez ! Je suis l'avocat de la famille !

– De la famille ?

– Oui, si l'on peut dire, car il n'y a pas de père… Abouda, il a déjà deux frères en prison. J'espère faire bientôt sortir l'aîné, mais l'autre, le second, qui a pris six ans, c'est le vrai caïd de la drogue, sur N. Les flics l'ont bien accroché. C'est comme le petit, là… C'est une famille… Mais vous avez vu la mère ? C'est quelqu'un, non ? »

Nous nous séparâmes en échangeant nos cartes. Son cabinet était proche de l'Étoile. Je songeai à sa clientèle, certainement très diversifiée…

Au mois de juin 2011, le vieux débat sur la dépénalisation du cannabis a été spectaculairement relancé par une série de prises de position publiques aussi nombreuses que divergentes. Stéphane Gatignon, maire (écologiste) de Sevran (93), après plusieurs incidents très graves survenus dans sa commune, estimant que « l'interdiction engendre la société de la peur[1] », a appelé à « un débat national et européen sur la sortie de la prohibition... », sans prendre clairement position sur la spectaculaire préconisation publiée le même jour par Daniel Vaillant, ancien ministre de l'Intérieur et maire socialiste du 18e arrondissement de Paris : légaliser le cannabis pour les seuls adultes, tout en réprimant les conduites à risques, comme pour l'alcool. Cette position va plus loin que celle des pays européens les plus tolérants (Espagne, Pays-Bas), et elle est vivement combattue par certains spécialistes.

Cette polémique se rattache à une autre, portant sur la fiabilité des statistiques publiées par l'Observatoire français des drogues et de la toxicomanie, dont le directeur a été récemment remplacé dans des conditions controversées. Après avoir été écarté au profit d'une personnalité proche de l'actuel président de la République, le sociologue Jean-Michel Costes a regretté une réforme profonde de cet organisme à vocation scientifique :

« Désormais, le président du Collège scientifique ne sera plus élu par ses pairs, mais désigné par le président de la Mission interministérielle de lutte contre la drogue et les toxicomanies [qui] ne veut plus que l'Observatoire communique directement et de manière autonome sur ses résultats et les tendances. Il souhaite contrôler les chiffres[2]. »

De leur côté, les dix membres de ce Conseil scientifique (dont sept médecins) ont envoyé au Premier

1. *Le Monde*, 16 juin 2011, p. 22,
2. *Rue 89*, 15 avril 2011.

ministre une lettre alarmante qui a reçu peu d'écho, malgré sa gravité, et qui conclut :

« ... L'OFDT, depuis sa création, a rempli sa mission en produisant des données scientifiques, notamment épidémiologiques, reconnues au niveau international, qui n'ont jamais été remises en cause, que ce soit par l'autorité de tutelle ou par nos pairs. L'indépendance de l'Observatoire est désormais clairement remise en cause, y compris au plan scientifique Une situation absurde : quelle crédibilité accorderait-on à des experts dont l'indépendance ne serait pas assurée[1] ? »

Ainsi, entre la polémique sur la véridique mesure de ce fléau et la controverse sur les véritables remèdes, le débat politique n'aide pas beaucoup les professionnels ; policiers, éducateurs, magistrats, tous s'interrogent : Allons-nous vers la dépénalisation ? Va-t-on au contraire aggraver la répression par de nouvelles lois spectaculaires ?

Plutôt guidés par leur conscience, appréciant au cas par cas les dangers de l'indulgence et les risques de la mise en détention, de plus en plus dépourvus de structures éducatives adaptées, souvent empêchés par leur surcharge de consacrer le temps et les délais nécessaires à l'étude et à l'encouragement d'une évolution individuelle prometteuse, les juges des enfants et ceux qui travaillent avec eux, parfois désenchantés, affrontent quotidiennement un cas de conscience obsédant : que peut-on faire pour cet enfant, pour *cet enfant-là* ?

---

1. Publiée sur le site de L. Mucchielli : ttp://www.laurent-mucchielli

Dans le numéro du *Monde* cité plus haut, le Pr Michel Kokoreff, de l'université Nancy-II, concluait une réflexion pessimiste par ces propos désabusés : « Le mythe de la société sans drogues a vécu, la massification des usages le démontre... », et il invitait à s'interroger sur « ... leur fonction sociale et les mutations de société qu'elles révèlent ».

CHAPITRE 8

« Apaches » en capuche : le retour de l'« ennemi intérieur » ?

Avec leurs capuches sur la tête – comme jadis ces « capucins » qu'on ne voit plus nulle part –, les garçons de nos banlieues affichent parfois un air bizarre. Et même, c'est un fait, ils inquiètent.

Est-ce parce qu'ils vont souvent en groupe ? Devrait-on dire « en bande » ? Est-ce parce qu'ils sont presque en uniforme, avec leurs sombres « sweat-capuches » ? Ou bien parce qu'ils ont cela presque en permanence sur la tête, même quand il n'y a ni pluie ni vent ? Est-ce parce qu'ils ont ainsi l'air de vouloir dissimuler leur visage ? Pour perpétrer un mauvais coup ? Pour échapper aux regards et aux caméras de la « vidéo-surveillance » ? Presque cagoulés à l'instar des terroristes…

Tous les jeunes ont eu de tous temps leurs modes vestimentaires. Ceux d'aujourd'hui font vraiment ce qu'il faut pour avoir l'air louche : depuis des années, ils ont adopté le *look* venu des banlieues noires des États-Unis, celles des émeutes urbaines.

Déjà, dans les années 1960, les « blousons noirs » imitaient le Marlon Brando de *L'Équipée sauvage*, ou le James Dean de *La Fureur de vivre*. Avec leurs chaînes de vélos, ils inquiétaient.

Les bandes de jeunes inquiètent, mais d'abord intriguent. En 1963, dans son bulletin *Liaisons*, alors de création récente, le préfet de police s'interrogeait et philosophait sur ces nouvelles banlieues entourant Paris :

« Sans l'extension de ces "grands ensembles", le triste phénomène des "bandes" n'aurait pas l'ampleur que nous déplorons tous. Ayant perdu le contact avec une réalité humaine enracinée dans un concret traditionnel, et par là même rassurant, bien des jeunes ont la nostalgie inconsciente des solidarités que créait cet enracinement, et ils s'efforcent de recréer un système de solidarités, tout se passant comme s'ils ne pouvaient supporter cette solitude et cet isolement moral qui sont peut-être, pour un individu dépourvu d'une intense vie intérieure, les véritables caractéristiques de la foule[1]. »

L'année suivante, dans le même bulletin, le témoignage du commissaire Casanova, du 5e arrondissement de Paris, évoquait à son tour ces bandes et leurs meneurs :

« Les plus durs, les meneurs, les chefs, après le désordre, la rapine, en viennent rapidement au cambriolage et à l'agression. J'en ai connu, de ces jeunes

1. « Des hommes déracinés », *Liaisons*, n° 20, 25 novembre 1963.

qui étaient allés jusqu'au bout. J'en ai accompagné plusieurs, à l'aube, dans cette cour de la prison de la Santé où était dressée la guillotine. Cyniques dans le crime, cyniques à l'interrogatoire, ils sont morts le plus souvent sans remords[1]. »

Le préfet de police, à cette époque, s'appelait Maurice Papon. Celui du « couvre-feu » et du massacre d'Algériens d'octobre 1961. Auparavant, il avait été superpréfet de Constantine[2]...

Je me rappelle aussi Londres, dix ans plus tôt, où les *teddy boys*, trop élégants jeunes gens au col de velours, effrayaient... par leur mise « *edwardian* » trop soignée ! Le vêtement, la coiffure, l'allure ont toujours été, pour les adolescents, des moyens de se singulariser – ensemble, de préférence ! La peur qu'inspirent les jeunes s'est toujours focalisée sur leurs « bandes ».

Si l'on remonte encore une ou deux générations en arrière, on rencontre ceux qui s'appelaient eux-mêmes au tournant du siècle les *apaches*, se référant déjà ainsi, curieusement, à l'Amérique – mais, alors, aux tribus indiennes les plus déterminées à se battre contre la conquête de l'Ouest.

Le Petit Journal du 20 octobre 1907 titrait en ces termes :

1. « Le "Milieu" et son influence », *Liaisons*, n° 42, 4 mai 1964.

2. Ultérieurement, Maurice Papon fut condamné le 2 avril 1998 à une peine de dix ans de réclusion criminelle pour « complicité de crimes contre l'humanité » en raison de sa participation à la déportation de Juifs pendant la guerre.

« L'apache est la plaie de Paris :
Plus de 30 000 rôdeurs contre 8 000 sergents de ville.

« Les crimes de sang ont augmenté dans d'invraisemblables proportions. On évalue aujourd'hui à au moins 30 000 le nombre de rôdeurs – presque tous des jeunes gens de 15 à 20 ans – qui terrorisent la capitale. Et, en face de cette armée encouragée au mal par la faiblesse des lois répressives et l'indulgence inouïe des tribunaux, que voyons-nous ?... 8 000 agents pour Paris, 800 pour la banlieue. Ces effectifs sont absolument insuffisants !

« Les apaches se déplacent en bandes avec des accoutrements spécifiques qui leur permettent de se distinguer. L'élément le plus important de leur habillement réside dans les chaussures, qui doivent briller... »

Le problème a provisoirement disparu après la guerre de 14-18. Sans doute beaucoup de ces jeunes avaient-ils péri avec leur classe d'âge au fond des tranchées de Verdun ou dans les vagues d'assaut lancées par un commandement qui n'avait pas un grand souci de la vie humaine, et provoqua même des mutineries, matées par des centaines de condamnations à mort (dont une quarantaine d'exécutions)...

Ce détour historique est utile, mais les « apaches » de la « Belle Époque », comme les « blousons noirs » des « Trente Glorieuses », ne connaissaient ni le chômage de masse ni la relégation sociale qui empoisonnent de nos jours la vie des jeunes « en difficulté » dans les « quartiers difficiles ». De surcroît, ils avaient la peau très blanche et n'entraient qu'exceptionnellement dans des rapports de forces collectifs et violents avec la police.

Rien de nouveau ?

La plupart des actes de délinquance juvénile que l'on constate aujourd'hui et que l'on dit en augmentation ne sont nullement « nouveaux » dans l'histoire de la société française. Il faut donc résister à l'amnésie collective dans laquelle nous entraînent à la fois le sensationnalisme des médias et l'électoralisme de certains politiciens. L'alarmisme ambiant amène à remettre en question tout l'édifice du traitement judiciaire et social de la délinquance juvénile. Comme l'observe Laurent Mucchielli, « ... le discours sur les jeunes ultra-violents qui font des choses que l'on n'a jamais vues s'accompagne en effet presque toujours du discours sur la prévention qui a échoué et le besoin de passer maintenant à autre chose, c'est-à-dire à la prison[1]. »

Le phénomène des bandes, associé au « péril jeune », longtemps lié aux faubourgs et aux banlieues ouvrières, s'est accentué depuis une génération avec le développement puis l'établissement durable du chômage, provoquant une compétition de plus en plus âpre pour des emplois de plus en plus précaires et de moins en moins payés. La précarité des « petits boulots » étant souvent accentuée par les conséquences d'une déscolarisation précoce, c'est une proportion sans cesse croissante de jeunes fils de prolétaires qui entre dans l'adolescence sans formation, sans compétences, sans espérance.

Ce phénomène a pris une dimension dramatique en France, comme dans plusieurs autres pays euro-

1. Laurent Mucchielli et Véronique Le Goaziou, *La Violence des jeunes en question*, Champ social, 2009.

péens, avec la concentration de ces jeunes pauvres dans des quartiers de relégation où la population d'origine immigrée est souvent majoritaire et, finalement, parfois quasi homogène. Comme l'exprime Marwan Mohammed dans son dernier livre : « Il s'agit là d'un thème brûlant et passionnel situé à l'intersection des problèmes d'immigration, de "banlieues" et d'insécurité, trois ingrédients majeurs du récent "débat" sur l'identité nationale[1]. »

Quand cet auteur intitule son chapitre 5 : « Des bandes de blousons noirs aux Noirs en blousons », on peut juger son rapprochement quelque peu désinvolte, mais attachons-nous plutôt au fond du problème.

Il est en effet surprenant qu'en France les recherches en sciences sociales aient mis si longtemps à s'intéresser à ce sujet.

Le fondateur des premières enquêtes dans les quartiers d'habitat social, l'anthropologue et sociologue Chombart de Lauwe[2] l'observait dès 1963 : « Les ségrégations ethniques n'ont pas encore été étudiées en France. Le problème est cependant d'importance dans certains secteurs… »

Mais il y a plus surprenant encore : cinquante ans plus tard, alors que ces études sont à présent particulièrement nombreuses, développées, éclairantes, les pouvoirs publics en font peu de cas et encore moins d'usage.

1. M. Mohammed, *La Formation des bandes (entre la famille, l'école et la rue)*, Presses Universitaires de France, 2011.

2. P. H. Chombart de Lauwe. Préface du livre de R. Kaes, *Vivre ensemble dans les grands ensembles*, Paris, Éditions ouvrières, 1963.

Dans une étude publiée en 2003 avec le même Marwan Mohammed sur le dispositif « villes-vie-vacances », Laurent Mucchielli observait que « la catégorie jeunes issus de l'immigration [a] le même statut que la catégorie jeunes en voie de marginalisation. Origine ethno-raciale et détresse sociale [ont] ainsi un statut d'équivalence dans la catégorisation administrative[1] ».

J'ajouterai volontiers à ce binôme « développement de la délinquance juvénile », car on constate au fil des années qu'avec les meilleures intentions du monde les politiques de logement social et de rénovation urbaine ont souvent aggravé la spécialisation ethnique de certains quartiers, d'autant plus stigmatisés que la misère y développait tous les facteurs favorables à l'essor de la délinquance[2]...

Une aveuglante vérité

Après avoir lu tant d'ouvrages publiés par tant de chercheurs isolés ou en équipe, parfois explicitement consacrés à l'évaluation de diverses politiques publiques, je suis parvenu à une interrogation, ou plutôt à un soupçon : et si la France, à l'image de certains dirigeants politiques, et plus généralement à

1. M. Muchielli, M. Mohammed, « Des jeunes face à VVV », *in* D. Lapeyronnie, *Quartiers en vacances,* Paris, Éditions de la Délégation interministérielle à la Ville, 2003.

2. Voir A.Tanter, « Mixité sociale : genèse de l'ethnicisation des opérations de réhabilitation », *Sociétés contemporaines,* n° 33, 1999.

l'image de bien des populations riches d'Europe, ne voulait pas, n'osait pas ou tout simplement *ne pouvait pas* regarder en face cette aveuglante réalité ?

Il me paraît manifeste qu'une forme d'« ethnicisation » contemporaine de la classique « question sociale » se combine à ce que Rosanvallon appelle « l'évidement des institutions de solidarité[1] » pour créer une forme d'exclusion sans espoir, qui est à l'origine directe d'une certaine délinquance juvénile.

L'ethnicisation de la question sociale en France était bien perçue par Chombart de Lauwe quand il théorisait ainsi, il y a une quinzaine d'années : « ... D'un point de vue culturel, ce jeune de banlieue – admettons que ce soit un jeune beur – traîne derrière lui, même s'il est né en France, une certaine culture islamique et maghrébine qu'il ne renie pas, et heureusement, qui apporte quelque chose de particulier à sa pensée, à ses pratiques ou à ses réactions, et qui a une signification. Il va accomplir un acte de violence qui nous oblige à nous interroger sur le pourquoi, et aussi à nous demander quelle représentation il a de sa situation par rapport à d'autres, quelle représentation il a également de la France et de sa propre banlieue... Sa réaction tient au fait qu'il se trouve dans un pays où des gens bénéficient largement d'avantages économiques dont lui et sa banlieue ne profitent pas, et que les éléments d'équipement qu'on lui accorde ne répondent pas à sa demande, qui est avant tout d'être considéré comme un citoyen à part entière. Pourquoi ? Parce qu'il est piégé par sa situa-

1. Pierre Rosanvallon, in *La Société des égaux :* IV. Le Grand Retournement – *L'évidement des sociétés de solidarité*, Paris, Seuil, 2011.

tion économique défavorable dans une banlieue tout aussi défavorisée[1]... »

Mais elle est beaucoup plus crûment exprimée par Mustapha, vingt-trois ans, un des jeunes interrogés dans « La France en situation postcoloniale ? », que vient de publier Esther Benbassa :

« Quand j'étais petit y avait un bâtiment qui était celui des Blancs, des riches, pour nous à l'époque. On pouvait pas jouer devant ce bâtiment. Ils nous chassaient. Pourtant ils étaient pas bourgeois, mais ils avaient plus que nous. Pour nous ils étaient des bourges, à l'époque ! On était des gamins, tu vois ? Maintenant, pour moi, le bourge, c'est plutôt celui qu'a un pavillon ! Y a presque que des Blancs qui vivent en pavillon. Tu regardes autour de la cité, presque tous les pavillons appartiennent aux Blancs. La cité, c'est pour les Noirs et les Arabes[2] !... »

Quant à *l'évidement des institutions de solidarité*, belle expression de Rosanvallon pour décrire un triste phénomène, *un grand retournement*, je me bornerai à renvoyer à son livre, trop riche pour être paraphrasé, en reprenant cependant la citation qu'il fait des récents propos d'un dirigeant du patronat français : « La liste des réformes ? C'est simple : prenez tout ce qui a été mis en place entre 1944 et 1952, sans exception. Il s'agit aujourd'hui de sortir de 1945 et de

1. P. H. Chombard de Lauwe, interview publiée par l'Institut d'urbanisme de Paris-Créteil, septembre 1996

2. Thomas Sauvadet, « Socio-ethnographie d'une émeute de novembre 2005 », *in* Esther Benbassa (dir.), *Mouvements*, hors-série, La Découverte, 2011,

défaire méthodiquement le programme du Conseil national de la Résistance[1]. »

Adieu 1945 ?

La vérité est aveuglante pour quiconque parcourt les banlieues de relégation, mais elle est encore plus bouleversante quand on fréquente les juridictions pour enfants. Certes, j'y rencontre partout des jeunes de toutes conditions, origines et cultures. Mais, d'une façon massive, obsédante, par les multiples observations que j'ai pu réaliser à travers la France, dans les grandes villes et autour d'elles, j'ai vérifié la coïncidence de plus en plus frappante entre relégation urbaine, misère sociale et délinquance juvénile.

Et pourtant, dans une interview publiée à l'automne 2011 sous le titre « Une réforme profonde de la justice des mineurs est nécessaire », le ministre de l'Intérieur « et de l'Immigration », Claude Guéant, a cru pouvoir railler lourdement « les socialistes » en ces termes : « … quand vous [les] écoutez parler de sécurité, il y a toujours l'idée d'une responsabilité de la société[2]… »

Force est de s'interroger : ce haut fonctionnaire, après avoir administré le département des Hautes-Alpes – mais aussi celui de Nanterre et de Gennevilliers –, après une carrière préfectorale qui l'a conduit de la Guadeloupe postcoloniale au Doubs industriel, de Montpellier à Rennes, après avoir même

1. Denis Kessler, « Adieu 1945 », *Challenges*, 4 octobre 2007. Cité par Rosanvallon, *La Société des égaux*, *op. cit.*, p. 288.
2. *Le Monde,* 27 octobre 2011.

été directeur général de la Police nationale durant des années, cet homme qui est né et a grandi en plein cœur du bassin minier sinistré du Pas-de-Calais, pense-t-il vraiment que « la société » n'a pas de responsabilité dans les origines de la délinquance, particulièrement celle des enfants et des adolescents ?

C'est impossible ! C'est incroyable ! Il ne le croit pas.

Alors, pourquoi le dire ? D'abord, sans doute en raison de l'échec avéré de celui qu'il sert fidèlement depuis tant d'années après avoir servi deux de ses prédécesseurs : Christian Bonnet et Charles Pasqua. Cet échec ne peut plus être, à l'heure qu'il est, ni masqué ni réparé. Après tant de lois répressives, tant de réformes prometteuses, tant de médiatisations télévisuelles, il y a quelque chose de fascinant à le voir, à la veille d'élections, se projeter ingénument vers l'avenir : « Une réforme *profonde* de la justice des mineurs est nécessaire… » Profonde ? Parce que la frénésie législative des dix dernières années n'aurait permis que des réformes *superficielles* ?

C'est une explication. Il en est une autre.

Il y a bientôt vingt ans que cet homme gère la Police nationale directement ou indirectement, sans interruption. On peut comprendre que cela altère en partie son esprit critique. Ainsi faut-il lire la conclusion de son interview. Interrogé sur un certain malaise régnant dans la police et sur les suicides de policiers, il fait cette réponse contradictoire et stupéfiante : « Les suicides – cela a été démontré par l'Institut national de la santé et de la recherche médicale (Inserm) – sont, sauf exceptions rares, liés à la vie personnelle des fonctionnaires. Cela dit, ils ont beaucoup de travail. Il y a aussi un certain désenchantement, parce qu'une partie de ce travail, faute de suites judiciaires ou faute d'effectivité de la sanction, est perçue comme étant inutile… »

Le ministre de l'Intérieur pense-t-il vraiment que, « faute de suites judiciaires », les magistrats sont responsables de suicides de policiers ? Qu'en pense donc l'Institut national de la santé… ?

On trouve autre chose derrière ce discours aveuglément répressif : un choix philosophique et politique. En niant contre tout bon sens le facteur social dans les origines de la délinquance, ceux qui pensent comme lui – depuis des siècles – reportent tout le poids de la responsabilité sur l'individu et son libre arbitre, au mieux sur ses gènes, comme les théoriciens du « criminel-né » au XIXe siècle, au pire sur sa classe, ainsi que l'analysait Louis Chevalier[1]…

On peut aller encore un peu plus loin.

En 1907, pour déplorer la « mollesse » des juges, *Le Petit Journal*, cité plus haut, assimilait les apaches à l'ennemi, un ennemi intérieur mais effrayant : « 30 000 jeunes gens », l'équivalent de trois divisions d'infanterie de ligne à l'époque, « se déplaçant en bandes *avec* des accoutrements spécifiques » – comme les vrais indiens Apaches emplumés –, bref, une véritable « armée, encouragée au mal par la faiblesse des lois répressives et l'indulgence inouïe des tribunaux »…

Face à une armée ennemie, que fait un bon gouvernement ?

La guerre !

1. Louis Chevalier, *Classes laborieuses et classes dangereuses*, *op. cit.*

À l'intérieur, la guerre sociale.

Et il y a un siècle, en effet, la France envoyait son armée tirer sur les mineurs et les ouvriers en grève. S'y trouvaient déjà beaucoup d'immigrés et donc beaucoup de « jeunes issus de l'immigration ». Mais c'étaient alors des immigrés de l'intérieur, ou du voisinage immédiat de nos frontières, ou de nos cultures : Bretons parlant à peine le français, Limousins maçons saisonniers, Auvergnats – « *Fouchtras* », disait-on encore dans mon enfance – formaient l'armée de réserve du capital.

Quand ce réservoir fut épuisé, on fit appel aux Italiens – les « *Ritals* » –, aux mineurs belges, puis polonais, tous bons catholiques. On s'en arrangea...

Finalement, il fallut aller chercher plus loin, « outre-mer », une main-d'œuvre peu coûteuse et encore plus démunie de droits que les vrais étrangers. Car c'est ainsi qu'ils arrivèrent tardivement en France : citoyens de nulle part, mais « sujets » français de l'Algérie conquise ou des « protectorats » du Maroc et de Tunisie.

Or, malgré les efforts de la colonisation, cette Afrique du Nord était surtout peuplée d'Arabes et de Berbères, Kabyles, Mozabites ou Chaouia, généralement musulmans depuis beaucoup plus de mille ans... Évidemment, ces émigrés d'Afrique du Nord, immigrant en France, firent comme jadis les pèlerins du *Mayflower*, comme les Pères fondateurs puritains : ils amenèrent leur foi avec eux. Souvent, ils n'avaient guère d'autre bagage.

C'est à leur propos qu'en septembre 2009 un prédécesseur de Claude Guéant, un Auvergnat célèbre bien que son crâne authentiquement brachycéphale soit légèrement garni de cheveux d'une blondeur aussi rassurante que suspecte, déclara un jour de fête – la Fête auvergnate de son parti politique : « Quand il y en a un, ça va. C'est quand il y en a beaucoup qu'il y a des problèmes… », et fut condamné en correctionnelle à 750 € d'amende, en juin 2010, pour « injure raciste[1] ».

Ce propos eut un grand retentissement en raison de son contenu, mais aussi à cause de son contexte. Car deux ans auparavant, en mai 2007, le même Hortefeux avait été doté d'un portefeuille ministériel aussi insolite qu'inédit. Tenant une promesse de sa campagne électorale, le nouveau président, Nicolas Sarkozy, l'avait nommé « ministre de l'Immigration », ou, pour être plus précis, « ministre de l'Immigration, de l'Intégration *et de l'Identité nationale* ».

Identité nationale ?

Cette innovation avait provoqué un traumatisme qui fut malheureusement plus ressenti dans les milieux intellectuels et dans la presse de gauche que dans la grande presse et l'opinion en général, laquelle sembla, à l'époque, n'en percevoir ni la signification philosophique ni la portée politique. Comme si, dans ses profondeurs, elle était déjà un peu contaminée par le slogan que le Front national a su récupérer dans le

1. En septembre 2011, il fut relaxé par la cour d'appel de Paris qui jugea le propos raciste établi et punissable, mais considéra comme « irrecevable » la plainte du Mouvement contre le racisme, l'antisémitisme et pour la paix (Mrap).

vieux fonds raciste de notre histoire : « La France aux Français ! »

Sauvant l'honneur, huit universitaires démissionnèrent immédiatement des instances officielles chargées de la « Cité nationale de l'histoire de l'immigration », en rappelant dans un appel public que la CNHI vise à « mettre en valeur les éléments relatifs à l'histoire de l'immigration en France, notamment depuis le XIXe siècle, et contribuer ainsi à la reconnaissance des populations immigrées dans la société française, de faire évoluer les regards et les mentalités sur l'immigration [...] et de faire admettre comme patrimoine commun ce phénomène indissociable de la construction de la France qu'est l'histoire de l'immigration ».

Ils ajoutaient : « En tant que citoyens, ce rapprochement nous inquiète, car il ne peut que renforcer les préjugés négatifs à l'égard des immigrés. De notre point de vue, l'identité nationale constitue aujourd'hui une synthèse du pluralisme et de la diversité des populations, et ne saurait être fixée dans le périmètre d'un ministère. »

L'universitaire Patrick Weill demanda, en leur nom, la suppression de cette institution nouvelle en soulignant que le rapprochement des deux termes, « Immigration » et « Identité nationale », « s'inscrit dans la trame d'un discours stigmatisant l'immigration, et dans la tradition d'un nationalisme fondé sur la méfiance et l'hostilité aux étrangers dans les moments de crise ».

Or l'histoire de l'immigration en France n'est pas close. Ce n'est pas de l'histoire ancienne. Elle est en cours. Elle est même devant nous.

D'autant plus qu'un second courant migratoire issu de l'Afrique subsaharienne – longtemps désignée comme l'*Afrique noire* – a amené et continue d'amener d'ex-colonisés dans leur ancienne métropole. Certains d'entre eux sont catholiques ou protestants par la grâce des nombreuses « missions » chrétiennes que la France, comme les autres puissances colonisatrices, envoya ou encouragea afin d'accompagner la « mission » civilisatrice que Jules Ferry et la République radicale présentaient comme un devoir à l'égard de *races* considérées comme *inférieures*. Mais la grande majorité de ces nouveaux arrivants sont musulmans.

C'est ainsi que l'islam est devenu à la fois la deuxième religion et l'une des principales traditions culturelles de notre pays, religion et tradition partagées par nos deux grandes « minorités visibles », comme on dit élégamment de nos jours pour les désigner commodément sans les nommer, car ils ne sont ni aussi blonds ni aussi roses que M. Hortefeux.

Ultérieurement, par une habileté perverse, c'est à un renégat socialiste que le président Sarkozy eut l'idée de confier, en 2009, ce « ministère de l'Immigration ». En acceptant ce portefeuille compromettant, ce militant retourné comme un mouton accepta d'entériner et d'accélérer le lent glissement du secteur « immigrés » du terrain social vers le domaine sécuritaire.

Cet économiste socialiste préparait le programme économique de la candidate socialiste à la présidentielle de 2007, Ségolène Royal. Tout à trac, il changea non seulement de camp et d'allégeance, mais de regard sur le monde.

À gauche, il était chargé de l'économie, donc de la richesse nationale, de sa création, de son développement et donc aussi de son partage. Au nom de la tradition humaniste de Jaurès et des Lumières, il devait être éclairé, pouvait-on supposer, par l'exigence de justice sociale. Or il n'y a pas dans notre société de lieu où l'injustice soit plus criante et croissante que dans l'immigration et chez ceux qui sont… « issus » de l'immigration, comme on dit sans doute pour exprimer qu'ils ne sont pas encore tout à fait « entrés » en France.

À droite, Besson lança donc pour commencer le débat sur l'« Identité nationale ».

Identité ? Quelle identité ? « Vos papiers » ?

Non. Le débat ne portait pas sur le droit de la nationalité française qui confère précisément depuis 1789 cette « identité » à tout bébé né sur notre sol. Le porte-parole de l'UMP, Frédéric Lefebvre, livra son propre éclairage en proclamant : « La défense de notre modèle culturel et de la "douce France" chantée par Charles Trenet passe par la redéfinition de notre identité nationale. »

« Douce France, cher pays de mon enfance… »

Pas de chance : le jour même où Besson lançait son « grand débat », la romancière Marie NDiaye[1], symbole de l'identité multiple française, obtenait le prix Goncourt pour ses *Trois Femmes puissantes*. Dans une interview donnée aux *Inrockuptibles*, elle déclara qu'elle avait choisi de vivre à Berlin avec son compa-

1. Née à Pithiviers (Loiret) d'une mère française et d'un père sénégalais.

gnon et leurs trois enfants « en grande partie à cause de Sarkozy ». Elle précisa : « Je trouve détestable cette atmosphère de flicage, de vulgarité... Besson, Hortefeux, tous ces gens-là, je les trouve monstrueux ! » Elle fut alors publiquement rappelée à l'ordre par le député UMP de Seine-Saint-Denis Éric Raoult, estimant que, récipiendaire du prix Goncourt, Marie Ndiaye devait « respecter la cohésion nationale et l'image » de la France. Dans une « question écrite » adressée au ministre de la Culture, il demanda à Frédéric Mitterrand de lui « indiquer sa position sur ce dossier et ce qu'il [comptait] entreprendre en la matière ».

À la grande honte de Besson, beaucoup de préfets et de fonctionnaires républicains refusèrent, éludèrent ou esquivèrent l'insoutenable corvée qu'on voulait leur coller sur les bras avec ce débat putride sur l'« Identité nationale », vivement combattu à gauche et bien au-delà, sourdement, voire ouvertement récusé dans les rangs de la majorité de droite, qui n'aboutit à rien de bon, si ce n'est à « carboniser » ce ministre complaisant dont les positions rappelaient de détestables souvenirs historiques.

Mais il avait contribué à jeter une suspicion officielle sur toute une partie de la population française. Française ? Vraiment ? Tous *bien* français ? Tous *bons* français ? À voir... À regarder de plus près... À suivre...

Son ministère de l'Immigration fut alors supprimé, mais rattaché à celui de l'Intérieur ! La nouvelle dénomination de celui-ci – « ministère de l'Intérieur et de l'Immigration » – avait clairement pour but de discriminer la population d'origine immigrée, et eut pour résultat de la stigmatiser, quel que fût son statut, en l'intégrant, dans une vision sécuritaire, parmi les risques dont « il faut protéger les Français ». Citoyens français de longue date par la naissance, par filiation ou par choix, mais désignés, à l'*intérieur* de nos frontières, en quelque sorte comme *extérieurs* à la nation, car revêtus d'une *identité nationale* incertaine, ils représentaient donc un risque.

Un risque pour la *cohésion nationale* invoquée par Éric Raoult, et de ce fait pour la sécurité intérieure.

Voilà qui se rattache à une lente et profonde évolution de la politique de sécurité intérieure, élaborée dans des milieux politico-militaires qui remettent au goût du jour des théories élaborées naguère par plusieurs penseurs de nos guerres coloniales, et reprises à leur compte par certains stratèges des opérations extérieures des États-Unis. Dans son ouvrage très documenté consacré à « la généalogie coloniale et militaire de l'ordre sécuritaire dans la France contemporaine », un chercheur en sciences sociales de l'université Paris-VIII, Mathieu Rigouste, développe jusqu'à l'extrême les extrapolations rendues possibles par la renaissance des vieilles doctrines de la contre-insurrection, forgées durant la guerre du Viêt Nam et développées pendant la guerre d'Algérie[1]. Il n'est pas encore possible de savoir quelle évolution vont connaître ces tendances, mais il n'est pas trop tôt pour les identifier et les combattre à nouveau, car en France, hélas, le racisme est une maladie endémique. Il est prompt à désigner un « ennemi intérieur »

1. Mathieu Rigouste, *L'Ennemi intérieur, la généalogie coloniale et militaire de l'ordre sécuritaire dans la France contemporaine*, Paris, La Découverte, 2009.

inassimilable à l'« identité nationale », donc soupçonnable de toutes les subversions.

Ayant moi-même côtoyé jadis un certain nombre de ces penseurs de l'« action psychologique », de l'« esprit de défense » et du « contrôle des masses », et participé il y a cinquante ans, comme jeune officier de la Sécurité militaire, à leur neutralisation lorsqu'ils préparaient les putschs, je suis impressionné de voir plusieurs de ces vieux thèmes de nos guerres coloniales connaître une nouvelle jeunesse dans la France postcoloniale.

On voit en effet de nos jours réapparaître et se répandre des images insupportables.

Un des prédécesseurs de l'actuel ministre de l'Intérieur, devenu depuis lors chef de l'État, préconisait une méthode radicale contre la délinquance. Faire la guerre ? Non, faire le ménage ! Pour nettoyer la saleté qui s'incruste, le Kärcher, projetant de l'eau sous pression, est tout à fait indiqué. En outre, au-delà de son efficacité pratique, sa puissance symbolique est à triple fond. Elle repose sur trois vecteurs : l'eau, la violence, la mort.

Le Kärcher n'emploie que de l'eau : l'eau purificatrice, l'eau lustrale, l'eau bénite des exorcistes.

Mais le Kärcher projette l'eau avec une extrême violence : grâce à un puissant compresseur, elle fuse sous une pression de 100 bars – cent fois la pression atmosphérique – alors que nos robinets sont alimentés sous quelques bars seulement. Tous ceux qui ont utilisé un Kärcher savent que c'est un instrument éminemment dangereux : il expulse la saleté et détruit les lichens envahissants, mais il peut ravager les fleurs, cisailler les plantes, blesser un enfant, et même un adulte. Ce n'est qu'un outil pour nettoyer les choses, et l'employer contre des êtres humains, fussent-ils des « racailles » de banlieue, serait assurément un délit, voire un crime. Il n'empêche : le Kärcher pourrait constituer une *arme non létale*... comme le Flash Ball ! Il suffirait de l'employer par exemple contre les émeutes urbaines. Cela commence d'ailleurs déjà à se pratiquer, dans certains pays, à petite échelle et sous moyenne pression – 15 bars, pour commencer. Avec de regrettables « dommages collatéraux ».

En définitive, l'emploi du Kärcher contre des humains est une image de mort. Elle nous rappelle des souvenirs récents : ceux des opérations dites de « purification ethnique ».

Certes, les publicités audiovisuelles nous avaient habitués à voir « Monsieur Propre », ce bon géant immaculé, faire briller les carreaux de la cuisine et aussi à utiliser diverses bombes aérosols pour nous débarrasser des poux, des punaises, des acariens et des cafards, libérant nos foyers de ces espèces inférieures. Certes, les mêmes télévisions nous ont accoutumés à voir sinon les actions, du moins les résultats des « campagnes de purification ethnique » menées ici et là, y compris en Europe, toujours au nom de l'« identité nationale ». Mais nous pouvions commencer à oublier, comme un cauchemar, l'époque où, dans notre jeunesse, les « ratonnades » étaient organisées contre les « ratons », évidemment, autrement dit les « bicots », les « crouilles ».

Mais non, voici que renaît obscurément le vieux racisme colonial, ou un nouveau racisme postcolonial.

Il faut donc réagir fortement contre cette violence sociale – y compris verbale – qui ne réduira évidemment jamais la délinquance juvénile, au contraire. Pour faire face à celle-ci, de plus en plus de pays civilisés multiplient les réponses sociales et individuelles, rapides ou prolongées, éducatives ou répressives, en prenant en compte les multiples dimensions du problème. Car l'adolescence est toujours une période de crise. Et l'adolescence en période de crise économique et de chômage de masse crée une croissance exponentielle des crises individuelles et collectives, locales et nationales. Les minorités mal traitées en sont les victimes quasi prédestinées.

Or, voici qu'en guise de réponse on nous présente, à titre de « politique pénale », la construction de 30 000 places de prison en cinq ans afin d'accroître les « capacités d'accueil » de l'administration pénitentiaire !

Adieu, 1945 ?

CHAPITRE 9

18-21 ans : encore jeunes ?

Pourquoi est-ce que je confie aux lecteurs – s'ils vont jusqu'au bout de la lecture de ce livre – le soin d'écrire eux-mêmes ce neuvième chapitre ?

D'abord, parce qu'il évoque une question qui se pose à nous tous.

Encore jeunes à vingt et un ans ? Majeurs pour voter, mais mineurs pour être jugés ? L'Allemagne répond oui. La Suisse s'interroge. La France va devoir bientôt choisir.

Abaisser, en violation du droit international, la majorité pénale à seize ans, comme les États-Unis qui n'ont jamais ratifié la convention de 1989 ? Ou considérer au contraire que l'opportunité de poursuivre au profit d'un « jeune majeur » le travail social amorcé, peut être encourageant et prometteur, plutôt que… de le laisser tomber ?

Ensuite, parce que je pense que chacun voudra juger par soi-même. Vous le pouvez ! Vous pouvez aller voir !

Actuellement en effet, selon les circonstances, selon la date des faits reprochés et aussi selon la longueur des procédures, les jeunes adultes de dix-huit à vingt et un ans peuvent comparaître pour des faits similaires devant un tribunal pour enfants ou devant un tribunal correctionnel. Les conditions d'accès aux audiences des tribunaux pour enfants sont très strictes, mais tout le monde peut en revanche entrer et assister à celles des tribunaux correctionnels : elles sont publiques. La publicité n'y est pas « restreinte ».

Devant ces tribunaux correctionnels comparaissent donc de nombreux jeunes adultes de cet âge, voire vingt-deux, vingt-trois ans… Il n'y a pas toujours une grande différence de maturité – ou de malignité – entre un jeune délinquant de dix-sept ou de vingt et un ans. Quiconque s'intéresse à la jeunesse, à la « délinquance juvénile » et à son traitement judiciaire, pénal et social, ne peut se borner à observer les tribunaux pour enfants. Il faut aussi aller en correctionnelle, regarder et écouter.

Là, jeunes et vieux, Français et étrangers, francophones ou assistés par un interprète, tout le monde est logé à la même enseigne. Et les audiences consacrées aux comparutions immédiates (les anciens « flagrants délits ») sont particulièrement instructives. Instructives aussi bien sur l'humaine nature que sur notre système judiciaire. Expéditive par la volonté de la loi comme par la force des choses, cette justice pénale-là ne traite pas de graves affaires, mais elle en traite beaucoup. Faute d'une sonorisation adaptée, on n'entend pas toujours les réponses, mais, souvent, pas non plus les questions. On y entend des interprètes qui traduisent, d'autres qui résument. Des avocats le plus souvent commis d'office, parfois sans dossier valable. On y voit des gens paniqués à l'idée d'aller en prison, d'autres qui souhaitent vivement y retourner, surtout l'hiver. Des petits voleurs et de grands violents. Des femmes battues, mais aussi des hommes victimes de violences conjugales. Des haines et de simples chagrins. Des parents indignes et des enfants ingrats. Des vieux retombés en enfance et des jeunes qui n'en ont jamais eu. On y voit souvent des personnes qui ne devraient pas être là, qui devraient être ailleurs, et qu'on n'envoie nulle part… Au diable, peut-être ?

Car les juges chargés de ces audiences sont le plus souvent dans l'incapacité de traiter comme il conviendrait ce que l'on apporte en catastrophe sous leurs yeux. Ivrognes, malades, clochards, sans-papiers, couples en crise, petits voyous d'occasion, vieux escrocs récidivistes : le spectateur est interloqué et vite fatigué. Mais les magistrats n'ont pas droit à la fatigue. Au cours d'audiences qui vont parfois durer jusqu'à dix heures du soir quand le *rôle* est interminable, ils doivent interroger, vérifier, recouper, décider, surseoir, trancher, libérer, renvoyer, condamner…

Une justice rapide est nécessaire et parfois salutaire. La sanction légale de l'infraction est généralement plus efficace quand elle ne tarde pas. Mais, au point de surcharge où sont arrivés beaucoup de tribunaux[1], ils ne peuvent simplement pas concilier les deux impératifs de rapidité et de qualité. « À la chaîne » : c'est ainsi qu'ils se voient et qu'on peut les voir. Et

1. Le lecteur trouvera en annexe, page 305, la liste des tribunaux correctionnels de l'ensemble de la France métropolitaine.

doublement à la chaîne : enchaînés eux-mêmes au travail de ce qu'on appelle aujourd'hui la « chaîne pénale ». Non comme Charlot dans *Les Temps modernes*, qui serrait à longueur de temps de gros boulons, mais condamnés, ces juges, à traiter des dossiers trop nombreux. Prendre le temps qu'il faudrait sur un dossier, c'est retarder tous les autres. Dilemme souvent insoluble qui faisait dire à une amie magistrate : « Quand je sors d'une de ces audiences épuisantes, j'ai honte. Je me sens salie. »

TROISIÈME PARTIE

Les pouvoirs publics contre le service public

CHAPITRE 10

1945-1958 : les ordonnances gaullistes et l'esprit de la Libération

Le général de Gaulle est rarement évoqué quand on parle de notre droit pénal applicable aux enfants. Et pourtant, par deux fois, à treize ans d'intervalle, c'est lui qui parapha et fit mettre en œuvre nos deux textes fondamentaux en la matière :

• L'ordonnance du 2 février 1945, alors qu'il était président d'un « Gouvernement provisoire » inspiré et comme imbibé des espoirs et idéaux de la Résistance, créa et structura le système aujourd'hui remis en cause en France, mais toujours admiré et imité à travers l'Europe.

• L'ordonnance du 23 décembre 1958, prise durant son bref séjour à Matignon comme dernier président du Conseil des ministres de la IVe République (avant d'être élu premier président de la Ve), étendit la compétence des juges des enfants à l'assistance éducative.

Mais l'importance historique de ces deux ordonnances nous projette précisément… dans le passé !

Il y a près de deux siècles, Alexis de Tocqueville traversait l'Atlantique : ce magistrat débutant allait étudier sur place le système pénitentiaire des États-Unis qui offraient alors au Vieux Monde intrigué un exemple de cette nouveauté – la « démocratie en Amérique ». Il lui consacra son chef-d'œuvre.

C'était avant le « printemps des peuples » d'Europe, et avant la guerre de Sécession provoquée par l'abolition de l'esclavage. Tocqueville, décédé en 1859, aurait sûrement été passionné par un mouvement qui se développa un peu plus tard aux États-Unis pour y réformer la justice. En effet, vers la fin du siècle, des Clubs de femmes de l'Illinois lancèrent un « appel » : *« Those who have children know that no child should be considered a criminal until his reasoning faculties are developed*[1]. » Elles appelaient au changement des lois de cet État : *« … Our laws recognize no difference between the untrained child of seven who throws a stone or steals an apple and the adult criminal*[2]*… »*

Leur mouvement aboutit en 1899 à la création du premier tribunal pour enfants : ce fut la Chicago Juvenile Court.

L'évolution du droit pénal spécial des mineurs est une longue histoire. Elle est d'autant plus intéressante

1. « Ceux qui ont des enfants savent qu'aucun enfant ne devrait être considéré comme un criminel jusqu'à ce que ses facultés de raisonnement se soient développées. »

2. « … Nos lois ne font pas de différence entre l'enfant de sept ans qui jette une pierre ou vole une pomme et l'adulte criminel… »

que, dans la période récente, c'est d'abord aux États-Unis, mais aujourd'hui en France, qu'une évolution régressive – et répressive – semble réécrire cette histoire… à l'envers.

Une longue histoire

Au fil du temps, du droit romain jusqu'au XVIIIe siècle, l'enfant a été considéré comme un adulte en miniature. Il bénéficiait d'un régime marqué par l'*atténuation* du droit, non par l'application de règles de droit différentes et particulières. Pourtant la jeunesse garantissait déjà, généralement, une diminution de peine, et souvent une excuse absolutoire.

Il a fallu attendre la Révolution de 1789 pour voir apparaître la notion d'« excuse de minorité » dans nos codes pénaux : celui de 1791, puis, avec Napoléon, celui de 1810, fixant à seize ans l'âge de la majorité pénale à partir duquel l'individu est totalement assimilé à un adulte.

Seize ans : c'est l'âge vers lequel régresse aujourd'hui le droit français !

Il y a quarante ans, Philippe Robert[1], magistrat, qui fut le grand spécialiste en la matière, distinguait à cet égard deux périodes dans l'histoire contemporaine :

- Le XIXe siècle, où il observait les incertitudes de la notion bien floue de *discernement* appliquée

1. *Traité de droit des mineurs : place et rôle dans l'évolution du droit français contemporain,* Paris, Cujas, 1969.

aux mineurs délinquants pour déterminer leur responsabilité.

• Le XXe siècle, où s'imposa progressivement la notion d'*éducabilité* – pour organiser un droit spécial pour les juger, en vue de les réinsérer dans la société.

Au XIXe siècle, la responsabilité pénale est subordonnée à la question du *discernement*, concept d'interprétation prétorienne assez diffuse. Le code de 1810 n'établissait pas, pour les mineurs, de règles de compétence spéciales : il les déférait à la cour d'assises, au tribunal correctionnel ou au tribunal de police selon qu'ils étaient poursuivis pour crime, délit ou contravention. Ainsi la juridiction de droit commun, si elle considérait que le mineur avait agi avec *discernement*, pouvait le condamner à une peine, mais réduite. Sinon, il n'était pas acquitté, mais absous, et relevait d'une mesure éducative : remise aux parents ou envoi dans une maison de correction jusqu'à l'âge de vingt ans au plus. Cela ne constituait pas, pour la jurisprudence, une peine, mais une mesure de police « propre à rectifier son éducation ».

Cependant, en 1810, ces établissements n'existaient guère encore et les mineurs en question allaient purger leur « mesure éducative » dans les prisons d'adultes, jusqu'à ce qu'une initiative privée crée en 1833 la « colonie » de Neuhoffen, à l'exemple des « fermes-asiles » établies en Suisse pour les enfants abandonnés, puis en 1835 celle d'Oullins, enfin celle de Mettray, la plus célèbre de toutes, en 1839, avec le soutien de Tocqueville, devenu député. Ces établissements où les petits « colons » vivaient en uniforme le

« retour à la vie rurale » appliquaient une discipline… paramilitaire.

Une évolution commença à se faire jour avec une loi de 1824 : lorsque le mineur n'avait pas commis un crime trop grave et qu'il n'avait pas de complice majeur, la juridiction du tribunal correctionnel se substituait à celle de la cour d'assises.

Une loi de 1850 sur l'éducation et le patronage des jeunes détenus poursuivit cette évolution des institutions pénitentiaires. Des quartiers distincts pour les mineurs furent créés dans les maisons d'arrêt, ainsi que des établissements spéciaux, du genre des « colonies agricoles », dispensant une éducation professionnelle, morale et religieuse.

Mais c'est au début du XXe siècle que, sous l'influence des expériences menées de plus en plus largement aux États-Unis, suivant l'exemple de l'Illinois, se développa le particularisme du droit pénal des mineurs.

L'idée d'une protection renforcée des mineurs était déjà apparue en France avec la loi du 12 avril 1906 qui diminuait le régime répressif et augmentait le régime éducatif. Elle éleva aussi la majorité pénale de seize à dix-huit ans, et fixa à vingt et un ans l'âge jusqu'auquel pouvaient se prolonger les mesures d'éducation.

Vingt et un ans : c'était il y a un siècle.

La loi de 1912

Une réforme plus générale fut réalisée par la loi du 22 juillet 1912 qui remaniait en profondeur le système du Code pénal sur la responsabilité des mineurs. Son exposé des motifs se référait explicitement à ce qui était l'exemple américain de l'époque. Notre IIIe République encore jeune justifiait ainsi cette loi de 1912 :

« La proposition de loi ci-après a pour objet d'organiser la répression des délits de l'enfance et d'empêcher la formation des jeunes délinquants. Les législations étrangères sur l'enfance coupable s'inspirent de plus en plus de deux idées qui semblent devoir être les principes des lois futures sur l'enfance et qui, déjà admises par nos criminalistes, n'ont pas encore trouvé dans notre législation la place qu'elles méritent :

1. L'enfant doit être jugé par des juges spéciaux et suivant des procédures spéciales ;
2. L'enfant doit échapper au régime des courtes peines et être soumis à un traitement d'éducation plutôt qu'à un régime pénal.

De là un nouveau système de traitement pour l'enfance coupable. Le type le plus achevé de cette méthode plus humaine existe aux États-Unis… »

C'était en 1912.

Un siècle plus tard, ce texte conserve toute sa puissance théorique : réprimer les « délits de l'enfance » pour « empêcher la formation de jeunes délinquants », préconiser « un traitement d'éducation », c'est fonder une politique de prévention sur la foi en la perfectibilité de l'homme.

La nouvelle loi supprimait l'imprécise problématique du *discernement* pour les mineurs de moins de treize ans bénéficiant dorénavant d'une présomption irréfragable d'irresponsabilité – comme les *infans* du droit romain classique. Le tribunal civil réuni en chambre du conseil ne pouvait plus prononcer à leur encontre que des mesures éducatives[1].

La règle de la spécialisation dominait le régime des mineurs de plus de treize ans, devenus justiciables du nouveau tribunal pour enfants institué sur le modèle américain des Juvenile Courts.

Les juridictions de droit commun restaient néanmoins compétentes pour les mineurs de seize à dix-huit ans accusés de crime, et pour tout mineur de treize à dix-huit ans ayant des coinculpés majeurs.

Enfin, la loi instituait le régime de la liberté surveillée, décriminalisant partiellement le droit des mineurs.

Un texte de Vichy tombé dans l'oubli, l'« acte dit loi du 27 juillet 1942 », entreprit une réforme intéressante à étudier – mais jamais appliquée – inspirée à la fois par l'expérience de la loi de 1912 durant l'entre-deux-guerres, par des études lancées à l'époque du Front populaire et par les idéologues de la « Révolution nationale » de Pétain... Les amateurs d'histoire du droit se délecteront à lire le très long commentaire qu'en a publié à l'époque le professeur H. Donnedieu de Vabres. On y apprend que l'avant-projet pétainiste prévoyait d'abaisser la majorité pénale à seize ans, mais que « ... cette disposition, qui eût singularisé le droit français, a été écartée ». Cet honorable universitaire croit même bon d'apporter quelques précisions : « La limite de 18 ans, recommandée par des considérations d'ordre psychologique et physiologique, est

1. Philippe Robert, *op. cit.*, pp. 79 *sq.*

généralement adoptée. Elle est dépassée par certaines législations qui retardent jusqu'à 20, ou même 21 ans, l'époque où le jeune délinquant atteint la pleine responsabilité de l'adulte[1]... »

C'était en 1943.

De Pétain à de Gaulle

L'« acte dit loi » vychiste de 1942 ayant été abrogé par l'ordonnance du 8 décembre 1944 sur le « rétablissement de la légalité républicaine », c'est l'ordonnance gaulliste du 2 février 1945 relative à l'enfance délinquante qui pose explicitement et spectaculairement le principe du primat de l'éducatif sur le répressif : le recours à des sanctions pénales ne doit être que l'exception. Selon l'article 2, elles ne peuvent être prononcées que « lorsque les circonstances et la responsabilité du mineur paraîtront l'exiger ». Les mesures éducatives doivent être privilégiées.

Ce texte institue également le *juge des enfants* comme magistrat spécialisé, représentant de ce droit pénal spécifique : juge unique pour les infractions bénignes, le juge des enfants est juge d'instruction pour les délits les plus graves, lesquels sont jugés par le tribunal pour enfants qu'il préside.

Avant tout, cette ordonnance oblige le juge des enfants à mener des investigations sur la personnalité

1. Dalloz, *Recueil critique. Législation 1943*, pp. 30-41. Le même professeur Donnedieu de Vabres publia un commentaire aussi fourni de l'ordonnance de 1945 (*ibid., 1945*, pp. 169-181).

du mineur et sur son environnement : ce juge doit obligatoirement prendre en compte la situation du mineur afin d'individualiser au mieux sa décision. L'objectif est de rechercher le meilleur moyen d'aider et d'accompagner cet être en devenir : suivi éducatif en « milieu ouvert » ou « placement ». On considère que le magistrat ne peut juger au plus près des intérêts de l'enfant que s'il connaît le milieu dans lequel celui-ci évolue.

Enfin, l'excuse de minorité est étendue aux mineurs de seize à dix-huit ans qui n'en bénéficiaient pas avant 1945.

« Ordonnance relative à l'enfance délinquante », signée par de Gaulle, alors chef du Gouvernement provisoire de la République française, c'est là un texte admiré à travers l'Europe démocratique, et au-delà. Il fut paraphé par de Gaulle alors que la guerre durait encore sur notre sol même avec la contre-offensive massive des blindés du général von Rundstedt dans les Ardennes. Le territoire national n'était pas libéré, la guerre n'était pas finie, mais le droit de la France recommençait à briller.

Son exposé des motifs s'ouvre ainsi :

« Il est peu de problèmes aussi graves que ceux qui concernent la protection de l'enfance, et, *parmi eux*, ceux qui ont trait au sort de l'enfance traduite en justice… »

Ce texte brille encore de l'éclat des Lumières par deux mots dont la portée philosophique est considérable : *parmi eux*. Ces deux mots, je les ai soulignés parce qu'ils établissent le lien fondamental entre l'*enfance traduite en justice*, objet de l'ordonnance, et l'*enfance en danger*, celle qui a besoin d'être *protégée*.

Comme la loi de 1912, le texte de 1945 dit tout en quelques mots.

Après l'ordonnance gaulliste de 1945 signée avant la naissance de la IVe République, c'est encore une ordonnance gaulliste, celle du 23 décembre 1958 relative aux enfants en danger, qui est venue compléter le droit des mineurs. Elle donna compétence au juge des enfants en matière d'assistance éducative : ce magistrat spécialisé se vit confier la tâche de prononcer toute mesure de protection et d'éducation à l'égard des mineurs de vingt et un ans dont « la santé, la sécurité, la moralité ou l'éducation sont compromises ».

Auparavant compétent en matière de vagabondage, de correction paternelle, de tutelle aux allocations familiales et d'enfance délinquante, le juge des enfants vit son champ d'intervention considérablement élargi : il est dès lors chargé de la protection judiciaire de l'enfance en danger, jusque-là confiée au tribunal civil.

Face à une augmentation du nombre de mineurs en danger, parfois jugés ensuite au titre de l'enfance délinquante, il a paru en effet plus cohérent, en 1958, que le même magistrat spécialisé soit compétent pour prendre en charge ces enfants-là. Cette seconde ordonnance a été intégrée au Code civil à l'occasion d'une loi sur l'autorité parentale promulguée en 1970.

Ainsi, à partir de 1958, les enfants en danger – et pas seulement les enfants délinquants – sont confiés les uns et les autres au juge des enfants, juge civil et juge pénal, figure centrale du modèle protectionniste. Cette double compétence, longtemps exception française remarquable, s'explique par l'enchevêtrement des deux catégories de mineurs auxquelles le juge des enfants s'intéresse. En effet, si tous les mineurs en danger ne sont pas délinquants, tous les mineurs délinquants sont en danger. Tous méritent des mesures de protection éducative, d'autant plus qu'il y a diverses sortes de délinquances juvéniles qui ne sont pas toujours « intéressées », comme l'est le vol classique avec ou sans violence, mais qui ont d'autres fondements propres à cet âge de la vie.

Comme l'expose le Pr Christine Lazerges[1] se référant aux travaux de Francis Bailleau, la justice des mineurs est en outre confrontée à trois formes de comportements délinquants spécifiques :

– D'abord, la délinquance « initiatique », celle des transgressions qui ont toujours été observées lors du passage de l'adolescence à l'âge adulte ;

– Ensuite, la délinquance « pathologique », qui tient à des troubles psychologiques, voire psychiatriques, très difficiles à traiter lorsque l'État, comme aujourd'hui, laisse en déshérence la pédopsychiatrie publique ;

– Enfin, la délinquance « d'exclusion », celle des quartiers ghettoïsés et stigmatisés, celle qui effraie. Nul ne conteste qu'elle soit liée au détricotage du lien social et à la montée de l'insécurité sociale dans toutes ses composantes[2]. En ces lieux aux marges de la République, les adolescents délinquants ou non délinquants cumulent toutes sortes

1. Journal *Après-demain*, n° 19, « Quelle justice pour les mineurs ? », Fondation Seligmann, 3e trimestre 2011.

2. Robert Castel, *L'Insécurité sociale*, Le Seuil, collection « La République des idées », 2003.

de handicaps et subissent une discrimination négative. Ils sont une figure emblématique des populations les plus en difficulté et les plus délaissées, mais aussi de celles qui nourrissent en même temps le sentiment d'insécurité[1]. Une justice protectrice et intégratrice est l'objectif à atteindre, en particulier pour ces jeunes.

Dans ce modèle protecteur, couramment dit, non sans ambiguïté, « protectionniste », le principe est par définition de privilégier les mesures d'assistance. L'article 2 de l'ordonnance du 2 février 1945 parle ainsi de mesures de protection, d'assistance, de surveillance et d'éducation, qualifiées plus simplement de mesures éducatives. Le système mis en place est un système d'option entre la « mesure éducative » et la peine proprement dite, laquelle ne doit être prononcée que si les circonstances et la personnalité du mineur l'exigent. Dès 1945, il fut bien clair que l'effectivité du modèle protectionniste était subordonnée à l'existence à la chancellerie d'une direction de l'Éducation surveillée étoffée, devenue par la suite direction de la Protection judiciaire de la jeunesse. Les éducateurs œuvrant en milieu ouvert ou en diverses structures habilitées sont des partenaires indispensables aux juges pour enfants dans la mise en œuvre de la gamme des mesures éducatives.

Le législateur est intervenu à maintes reprises pour ajuster l'ordonnance de 1945 aux besoins de la justice des mineurs. Ainsi, dès 1951, intervint une loi qui, sans

1. Antoine Garapon et Denis Salas, *La Justice des mineurs. Évolution d'un modèle*, Bruylant, L.G.D.J., 1995.

dénaturer l'ordonnance, introduisit les cours d'assises des mineurs, compétentes pour juger les mineurs de seize à dix-huit ans auteurs de crimes, ainsi que leurs complices ou coauteurs majeurs, la disjonction des causes étant ainsi évitée. Jusque-là, les adolescents criminels comparaissaient devant un tribunal pour enfants assorti d'un jury, et, de leur côté, les majeurs complices ou coauteurs devant une cour d'assises ordinaire.

En cause : les moyens, non les textes

C'est à partir de la fin des années 1970 que les interrogations sur la pertinence de l'ordonnance de 1945 commencèrent à s'exprimer vigoureusement, à droite, au nom d'une adaptation prétendument nécessaire de la charte de l'enfance délinquante à l'évolution de la société. Lorsqu'un rapport fut confié par le Premier ministre Lionel Jospin à deux députés particulièrement qualifiés sur les réponses à apporter à la délinquance des mineurs, la question explicitement posée dans la lettre de mission était celle de la réécriture de l'ordonnance de 1945. La conclusion fut sans ambiguïté[1] : si problème il y avait, ce n'était pas un problème de textes, mais de moyens mis en œuvre pour leur application. S'ensuivit pendant quatre ans la création de plus de 300 postes d'éducateurs de la protection judiciaire

1. Christine Lazerges, Jean-Pierre Balduyck, *Réponses à la délinquance des mineurs*, La Documentation française, 1998.

de la jeunesse par an afin de rendre plus rapide la prise en charge des mineurs.

Et, par une étrange ironie de l'histoire, voici que des politiciens se réclamant de l'héritage du « gaullisme » s'emploient depuis des années à démolir méthodiquement un des services publics les plus intéressants de notre institution judiciaire !

Ce n'est pas une approche pragmatique, c'est une approche idéologique d'une rare violence qui est ici mise en œuvre contre la jeunesse de notre pays en prétendant mettre « à jour » l'ordonnance de 1945, alors que celle-ci a été pratiquement modifiée chaque année, avant comme depuis 1958 !

J'ai mesuré combien cette approche était idéologique depuis que j'en ai découvert l'expression consternante au sein du Conseil constitutionnel. Je le pense de plus en plus au fur et à mesure que j'en vois de plus près les effets grâce à ma nouvelle fonction d'avocat des enfants. Souvent suspecté d'être à cet égard emporté par la passion politique ou l'esprit partisan, je souhaite soumettre à la méditation du lecteur cette longue citation d'un homme beaucoup plus expérimenté que moi : Alain Bruel, jadis président du tribunal pour enfants de Paris, qui s'exprimait récemment en ces termes dans les *Cahiers de la justice* :

« La révolution par rapport au passé consiste à appréhender le mineur délinquant non comme un adolescent en crise, mais comme un porteur de risque dont l'histoire personnelle, le milieu de vie et même les intentions n'ont aucune importance. Il est donc normal d'aligner le plus possible le traitement des mineurs sur celui des adultes.

« Cette orientation dissimule un projet de subversion radicale de la fonction judiciaire, mené avec constance et cohérence depuis plusieurs années et qui relève d'une pensée néolibérale devenue omniprésente. Ainsi s'explique la déformation de certains concepts généraux dont le nom est conservé mais le contenu modifié, qu'il s'agisse d'éducation, de prévention, de sécurité... ou même de liberté, puisqu'au nom de la préservation des droits on multiplie indéfiniment les contraintes[1]. »

1. Alain Bruel, « Justice des mineurs : rénover ou détruire ? », *Cahiers de la justice*, 2011/3.

CHAPITRE 11

L'offensive néolibérale de Sarkozy et la résistance du service public

On s'interrogera sans doute longtemps sur les origines de l'acharnement presque maniaque avec lequel un politicien aussi expérimenté que Nicolas Sarkozy s'est employé dix ans durant à multiplier frénétiquement des lois toujours nouvelles destinées à « réformer » l'ordonnance du 2 février 1945.

Il est vrai que sa qualité de maire de la commune la plus chic, dans le département le plus riche de France, ne le préparait pas directement à comprendre ni même à bien connaître la problématique de la jeunesse. En juin 2005, alors ministre de l'Intérieur, il avait promis de « nettoyer » au Kärcher la Cité des 4 000, à La Courneuve. Cette cité compte 50 % de logements sociaux, un tiers de ses habitants ont moins de vingt ans, et le revenu mensuel moyen des foyers y est inférieur de moitié à celui de l'Ile-de-France. Pour mémoire, à Neuilly-sur-Seine, le pourcentage de logements sociaux est de 3,6 % : c'est la commune la plus imposée à l'ISF.

On se souvient aussi des surprenantes erreurs d'analyse du futur chef de l'État : en octobre 2005, après la mort par électrocution de deux adolescents qui fuyaient la police et s'étaient imprudemment réfugiés dans un transformateur d'EDF, des émeutes avaient éclaté à Clichy-sous-Bois, avant de s'étendre en banlieue parisienne puis en province, provoquant des affrontements et des dégâts considérables : destructions d'écoles, de bibliothèques et d'entreprises, incendies d'automobiles. Sarkozy avait alors présenté ces émeutes comme le fait de « bandes organisées » et de « véritables mafias ». Un rapport des fonctionnaires compétents de la police nationale avait tout au contraire diagnostiqué une « *révolte populaire des cités* » spontanée, due aux conditions économiques et sociales des émeutiers ; ils précisaient que réduire ces événements « à de simples violences urbaines serait une erreur d'analyse ».

On se souvient que l'état d'urgence[1] fut proclamé le 8 novembre, et prorogé sur plusieurs semaines. Symbole tragique et schizophrénique de la France postcoloniale ?

Sociologues, juristes – peut-être aussi un jour psychologues – analyseront sans doute, avec le recul du temps, cette étrange activité compulsive : au moins une loi par an, parfois deux, pour mettre en cause et bientôt en ruines le système inauguré en 1945.

1. Loi du 3 avril 1955 sur l'état d'urgence, appliquée cinq fois : trois fois durant la guerre d'Algérie, en 1955, 1958 et 1961, une fois lors des conflits politiques en Nouvelle-Calédonie en 1984, et donc en « métropole » en 2005.

Certains discernent là un aspect particulier de l'offensive générale contre les magistrats, parmi lesquels le personnage emblématique du juge d'instruction, prototype abhorré du magistrat indépendant qui découvre et instruit des affaires embarrassantes. D'autres y voient une action purement électorale et démagogique. D'autres, enfin, lisent là une obscure peur des jeunes.

L'offensive des pouvoirs publics

Cette offensive persistante contre le service public spécialisé de la justice des mineurs s'inscrit certes dans le cadre général de la politique néolibérale qui a visé – et atteint – depuis des années d'autres grands services publics, comme l'école et l'hôpital. Mais, dans ce domaine, elle a revêtu une ampleur exceptionnelle. Elle a mis en œuvre tous les pouvoirs publics : l'exécutif, en permanence ; le législatif, chaque année ; mais aussi le Conseil constitutionnel, à répétition. Elle a dès lors provoqué la résistance opiniâtre du service public agressé, ainsi qu'on va le voir.

Malgré des prétentions pragmatiques appuyées et l'invocation répétée de la recherche d'efficacité pour répondre à une demande sociale, cette politique répressive est fondée sur une évolution idéologique profonde : celle d'un ultralibéralisme qui s'oppose fondamentalement à l'idéologie issue de la Résistance, laquelle avait fondé notre justice des mineurs, entre autres grandes réformes.

Les multiples réalisations sociales issues des gouvernements de la Libération s'inspiraient des idées développées dans la Résistance. La France était alors traversée et animée par un idéal de solidarité et de justice exactement opposé aux exactions et aux idées que le fascisme et le nazisme avaient déployées à travers l'Europe, et qui furent vaincues par une vaste alliance démocratique. Cette alliance – celle des « Alliés » anglais, américains et soviétiques avec la « France libre » – fut relayée et comme reflétée, en politique intérieure, par l'alliance des gaullistes, des communistes, des socialistes et de tous les mouvements sociaux solidaristes, qu'ils soient d'inspiration laïque ou religieuse. Les idéaux de la Résistance fondaient les espérances de la Reconstruction.

Aujourd'hui, un demi-siècle plus tard, la France est traversée par un vent contraire. Notre droit s'imprègne lentement des idées néolibérales venues de l'autre côté de l'Atlantique : moins d'État, moins d'impôts, plus de responsabilité individuelle, chacun pour soi, et que le meilleur gagne ! Toutes les politiques antisociales reposent sur ces idées simplistes.

Dans le domaine de la justice des mineurs, qui concerne avant tout les enfants de pauvres, la France est entrée dans un cycle exactement opposé au progrès lentement réalisé depuis un siècle – depuis l'appel des « mères de l'Illinois »

Depuis l'alternance de 2002, une véritable frénésie législative a déclenché un surarmement pénal et d'incessantes attaques contre le modèle « protectionniste » de l'ordonnance de 1945. Cette mutation fut d'abord insidieuse avant de s'exprimer par des régressions manifestes :

En 2002, la loi « *d'orientation et de programmation pour la justice* » du 9 septembre, votée selon « la procédure d'urgence » durant l'été qui suivit la victoire de Chirac sur... Le Pen, fut appelée « loi Perben 1 », du nom du ministre de la Justice d'alors. Mais on sait qu'elle fut en tous points inspirée et même déjà imposée par son collègue de l'Intérieur, Nicolas Sarkozy.

La politique criminelle à l'égard des mineurs délinquants commençait sa fuite en avant législative, caractérisée par une déspécialisation de la justice des mineurs. Cette loi crée les « sanctions éducatives » au côté des « mesures éducatives ». Pour la plupart d'entre elles, ces sanctions éducatives ne sont rien d'autre que d'anciennes peines à proprement parler, relevant de la catégorie des peines complémentaires, comme les nombreuses interdictions de faire ou de paraître prévues par le Code pénal. On comprend bien que cette requalification de peines complémentaires en « sanctions éducatives » n'est pas anodine[1].

La même loi rouvre les centres fermés, supprimés depuis 1979. Les centres éducatifs fermés (CEF) offrent aujourd'hui près de 500 places ; ils viennent compléter la gamme des établissements où des mineurs délinquants peuvent être placés à titre de « mesure éducative ». Ils sont l'antichambre de la prison en ce que la sanction d'une fugue d'un centre fermé est en principe la détention dans un quartier spécial de maison d'arrêt pour mineurs, ou dans un

1. Cf. Christine Lazerges, « Sagesse et frénésie : de l'ordonnance de 1945 aux réformes Sarkozy », in *Après-demain*, n° 19 NF, 3e trimestre 2011. Consultable sur www.fondation-seligmann.org

établissement pénitentiaire pour mineurs (EPM). Le coût d'un placement en CEF est très élevé : plus de 600 euros par jour, alors qu'un placement dans un foyer éducatif pour adolescents varie entre 160 et 200 euros par jour.

Mais, paradoxalement, la loi de 2002 est aussi celle qui a donné au Conseil constitutionnel l'occasion, comme pour se dédouaner de n'avoir annulé aucune de ses dispositions, de poser un nouveau « principe fondamental reconnu par les lois de la République ». À cette occasion – et en partie pour répondre à mon indignation de membre minoritaire –, le Conseil a rappelé le primat de l'éducatif sur le répressif, précisé que la responsabilité pénale du mineur est atténuée par son âge, affirmé que tout mineur doit bénéficier d'une justice spécialisée.

Voilà qui aurait dû – ou pu – faire barrage aux régressions manifestes amorcées cette année-là. Mais il n'en fut rien, comme je l'ai écrit dans un précédent livre[1].

En 2003, la loi Sarkozy du 18 mars « *pour la sécurité intérieure* » créa une série d'infractions nouvelles venant stigmatiser les jeunes, comme « l'entrave à la libre circulation dans les halls d'immeuble », pourtant déjà punissable par des textes existants. Cette loi organisa par ailleurs, sans garanties sérieuses, le fichage de mineurs.

En 2004, la loi Sarkozy du 9 mars « *portant adaptation de la justice aux évolutions de la criminalité* », dite « Perben 2 », permit d'allonger la garde à vue

1. Pierre Joxe, *Cas de conscience*, chapitre 7, « Où l'on voudrait nous faire croire qu'il n'y a plus d'enfants », Genève, Labor et Fides, 2010.

des mineurs de seize à dix-huit ans, complices ou coauteurs de majeurs : sa durée maximale passe de deux à quatre jours. Le Conseil constitutionnel ne verra pas d'excessive rigueur dans cette mesure unique dans l'Europe démocratique : des enfants maintenus en garde à vue pendant quatre-vingt-seize heures !

En 2005, la loi du 12 décembre « *relative à la récidive* » en élargit le champ pour les mineurs, et donc conduit à l'aggravation des peines qui leur sont applicables.

En 2006, la loi dite « *antiterroriste* » du 23 janvier étend encore un système de garde à vue contraire à la Convention européenne des droits de l'homme – lequel système sera finalement abrogé en 2010.

En 2007, le rythme s'accélère. La loi du 5 mars « *relative à la prévention de la délinquance* » durcit encore le droit pénal des mineurs en introduisant la « présentation immédiate » devant la juridiction pour mineurs, équivalent de la comparution immédiate pour les majeurs. Elle permet aussi le placement sous contrôle judiciaire des mineurs dès l'âge de treize ans en matière correctionnelle, et facilite enfin l'exclusion de la diminution de peine pour les mineurs âgés de seize à dix-huit ans.

En 2007 encore, mais quelques mois plus tard, la loi du 10 août « *relative à la récidive* » invente les « peines plancher » pour les mineurs comme pour les majeurs, et fait de l'excuse atténuante de minorité l'exception et non plus le principe, sans soulever d'objections du Conseil constitutionnel.

En 2008, la loi du 23 février « *relative à la rétention de sûreté* », applicable au terme de l'exécution de la peine, c'est-à-dire la « peine après la peine », n'exclut pas les mineurs de son champ d'application[1].

À quoi servait dès lors le principe fondamental reconnu par les lois de la République en 2002 ?

Il aura fallu attendre la loi du 14 mars 2011, dite « d'orientation et de programmation pour la performance de la Sécurité intérieure », ou Loppsi II, pour qu'un coup de frein paraisse être donné au démantèlement de l'ordonnance fondatrice. S'appuyant sur le principe fondamental qu'il avait lui-même mollement érigé en 2002, le Conseil constitutionnel en usa pour la première fois contre la dénaturation du droit pénal des mineurs. On put croire – enfin – à un revirement de jurisprudence !

Parmi d'autres dispositions, il annula ainsi deux modifications régressives du droit des mineurs.

D'une part, le gouvernement avait voulu introduire des peines minimales en matière correctionnelle pour les mineurs non récidivistes. Le Conseil constitutionnel avait avalisé en 2007 les peines plancher pour les récidivistes, mais, en mars 2011, il censura leur extension aux mineurs : « Considérant qu'en instituant le principe de peines minimales applicables à des mineurs qui n'ont jamais été condamnés pour crime ou délit la disposition contestée méconnaît les exigences constitutionnelles en matière de justice pénale des mineurs[2]… »

D'autre part, la loi voulait autoriser le procureur de la République à poursuivre directement un mineur

1. Christine Lazerges, « La rétention de sûreté : le malaise du Conseil constitutionnel », *Revue de sciences criminelles*, 2008, p. 731.

2. Décision n° 2011-625 DC du 10 mars 2011, considérant 27.

devant le tribunal pour enfants en le privant ainsi de l'instruction préparatoire par le juge des enfants. Le Conseil censura cette nouvelle procédure accélérée qui ne garantit pas « que le tribunal dispose d'informations récentes sur la personnalité du mineur, lui permettant de rechercher son relèvement éducatif et moral[1] ».

Malheureusement, force fut de le constater par la suite, cette réaction salutaire resta de portée limitée.

Il faut dire que le courant de « réformes » de l'ordonnance de 1945 ne fut pas seulement fidèlement soutenu par la majorité de droite. Il trouva aussi un soutien chez quelques rares élus de gauche...

Des soutiens à gauche !

Durant sa campagne électorale, Ségolène Royal avait émis l'idée de centres « militarisés » pour rééduquer les jeunes délinquants. On sait que, depuis lors, cette proposition a été adoptée en 2011 à l'Assemblée par la droite sur proposition du député Ciotti[2], bien qu'elle rencontre encore des difficultés au Sénat dont la majorité est passée à gauche le 25 septembre de cette même année.

Mais une autre proposition d'un député socialiste fut aussi reprise et finalement menée à bien par la

1. *Ibid.*, considérant 34.

2. « Proposition de loi visant à instaurer un service citoyen pour les mineurs délinquants » faite le 28 juillet 2011 et adoptée le 6 octobre 2011 par l'Assemblée nationale, rejetée par le Sénat elle fut adoptée le 16 novembre lors d'une nouvelle lecture.

droite : la proposition de loi que Jack Lang avait signée en juillet 2009 avec François Baroin, et qui fut votée par surprise, par une nuit sans lune, le 15 février 2010, malgré les mises en garde publiques de l'avocat général Philippe Bilger[1] et celles de Me Dominique Attias, membre du conseil de l'ordre et responsable de l'antenne des mineurs du barreau de Paris, entendue par la commission des lois de l'Assemblée.

En effet, quelques jours auparavant, le Conseil national des barreaux avait publié une motion en date du 5 février pour s'opposer à ce projet, ajoutant aux critiques de fond sa désapprobation à l'égard « d'une nouvelle proposition de loi de circonstance étroitement inspirée d'une affaire toujours en cours ».

Comment une proposition de loi associant le futur ministre de l'Économie de Sarkozy à l'ex-ministre de la Culture de Mitterrand avait-elle pu voir le jour ?

François Baroin, alors député, avait convaincu Jack Lang de déposer une proposition de loi pour réviser les règles de « publicité restreinte » dans les procès d'assises pour les mineurs. Cette disposition est pourtant une des règles fondamentales du droit pénal des mineurs. Philippe Bilger l'a rappelé ; elle est fondée sur une considération générale : le droit des mineurs doit protéger le jeune, sa personnalité, son avenir, et donc éviter de le stigmatiser à vie pour avoir, un jour, été jugé en public. Cette règle est traditionnellement en vigueur dans les pays démocratiques d'Europe.

Pourquoi en prévoir une limitation ? À cause de l'affaire dite du « gang des barbares ». Fofana était lui-

1. Philippe Bilger sur Marianne2.fr/ : *Après Fofana, faut-il ouvrir au public les procès de mineurs ?*, février 2010.

même majeur lorsqu'il avait assassiné Ilan Halimi, mais certains de ses complices étaient mineurs, en particulier la jeune fille qui avait servi d'appât pour aguicher, enlever et séquestrer leur otage. Dès lors, la règle de la « publicité restreinte » avait été appliquée, ce qu'avait violemment critiqué l'avocat de la partie civile, Francis Szpiner. Celui-ci avait déclaré, après le prononcé de la peine, non seulement qu'il obtiendrait que le parquet fasse appel, mais encore qu'une loi serait votée, d'ici le procès en appel, pour y autoriser la publicité des débats. Me Szpiner obtint alors de François Baroin – qui avait naguère été son « collaborateur » – le dépôt d'une proposition de loi en ce sens.

Mais pour quelle raison, dans sa démarche, obtint-il le soutien de Jack Lang, ancien ministre socialiste ? Mystère…

À l'époque, Jack Lang espérait, paraît-il, être nommé par le président de la République au poste de « défenseur des droits », nouvelle fonction créée par la réforme constitutionnelle de l'été 2008 et qui n'avait été adoptée que par une voix de majorité : la sienne !

Votée par surprise, sa proposition fut pourtant enterrée plusieurs mois après avoir été transmise au Sénat. À l'instigation de Francis Szpiner, François Baroin, devenu ministre du Budget – fonction si stratégique qu'on ne refuse rien à son titulaire – obtint bientôt l'inscription de cette loi à l'ordre du jour de la Haute Assemblée. Mais, alors que la loi Szpiner-Baroin-Lang avait été votée au Palais-Bourbon en avril 2010 grâce à la voix de Lang, la commission des lois du Sénat l'écarta en juillet – à l'unanimité ! Pourquoi ? Parce que le groupe socialiste était vigilant, mais aussi parce que les sénateurs du centre et de la droite considérèrent qu'il s'agissait là d'une proposition de circonstance, d'origine suspecte, contraire au fondement même du droit des mineurs.

Elle fut malheureusement reprise et finalement adoptée en 2011 à l'occasion d'un autre texte improvisé : celui introduisant des jurés au tribunal correctionnel.

On peut espérer que le fouillis légal créé par cette accumulation de textes bâclés sera révisé en 2012, mais il faut souligner que la jurisprudence du Conseil constitutionnel recèle d'autres dangers.

Conseil constitutionnel complaisant

Lorsque, le 29 août 2002, le Conseil constitutionnel avait rendu sa décision érigeant en *principe fondamental reconnu par les lois de la République* (PFRLR) la spécificité du droit pénal des mineurs, certains avaient imaginé que la justice des mineurs se trouvait par là garantie pour l'avenir. La formulation du nouveau « PFRLR » autorisait en effet un certain optimisme :

« Considérant que l'atténuation de la responsabilité pénale des mineurs en fonction de l'âge, comme la nécessité de rechercher le relèvement éducatif et moral des enfants délinquants par des mesures adaptées à leur âge et à leur personnalité, prononcées par une juridiction spécialisée ou selon des procédures appropriées, trouvent notamment leur expression dans la loi du 12 avril 1906 sur la majorité pénale des mineurs, la loi du 22 juillet 1912 sur les tribunaux pour enfants et l'ordonnance du 2 février 1945 sur l'enfance délinquante… »

Le primat de l'éducatif sur le répressif était affirmé, l'atténuation de la responsabilité pénale des mineurs consacrée, ainsi que l'exigence de juridictions spécialisées.

Mais la frénésie sécuritaire a entraîné depuis 2002 l'adoption en cascade des lois évoquées plus haut. La saisine du Conseil constitutionnel a été systématique, mais si sa réponse a affiché sans exception le « PFRLR », cela a été presque sans exception pour affirmer qu'il n'était pas battu en brèche !...

Il serait intéressant de reprendre ces décisions une à une pour comprendre comment le principe proclamé est toujours contourné par le Conseil constitutionnel. Mais c'est l'apparition dans ses décisions de la notion de *dangerosité* qui mérite de retenir l'examen, ce que fait dans les *Cahiers de la justice* Christine Lazerges qui voit se profiler « l'effacement du principe de spécificité de la justice des mineurs par l'irruption d'un concept qui prospère : la dangerosité[1] ».

Une vraie « défenseure des droits »

Au premier rang de ceux – et celles – qui organisèrent la résistance du service public contre l'offensive des pouvoirs, on doit citer... la « défenseure des enfants », Dominique Versini.

---

1. Christine Lazerges, *Le Conseil constitutionnel, garant de la spécificité de la justice des mineurs ?* Voir : « L'effacement du principe par l'irruption de la dangerosité », in *Cahiers de la justice*, n° 2011/3, pp. 96 *sq*.

Cette femme peu connue, malgré le rôle exceptionnel qu'elle a joué dans l'action sociale – comme élue RPR à Paris –, avant d'être nommée secrétaire d'État aux Affaires sociales dans le gouvernement Raffarin, est entrée en résistance lorsque la création du « défenseur des droits » menaça de supprimer la fonction qu'elle exerçait depuis 2006. En voulant sauver cette fonction, ce n'est pas son poste qu'elle défendait : conseiller d'État, elle était de toute façon au terme de son mandat. Mais elle s'indigna et manifesta avec intelligence et persistance son opposition acharnée – finalement vaine – à sa décapitation.

Curieusement, son site internet est toujours consultable et on pouvait encore y lire, en octobre 2011, les véhémentes protestations qu'elle avait abondamment publiées. Voici un extrait de l'exposé des motifs du premier amendement quelle diffusa en janvier 2011 :

« La suppression du Défenseur des enfants par son absorption dans le Défenseur des droits risque d'avoir des conséquences néfastes tant au regard des engagements internationaux de la France qu'au regard de l'efficacité et du niveau de protection des enfants.

« La suppression du Défenseur des enfants témoignerait d'un véritable recul par rapport aux engagements de la France dans le cadre de la Convention de New-York relative aux droits de l'enfant du 7 août 1990, et par rapport aux préconisations du Comité des droits de l'enfant de l'Organisation des Nations unies.

« Les prescriptions du Commissariat aux droits de l'homme du Conseil de l'Europe vont dans le sens du renforcement des autorités chargées de la protection des droits de l'enfant, et incitent à maintenir des autorités spécialisées qui “peuvent se focaliser sur une mission unique et établir une identité claire susceptible de faciliter le contact avec les enfants”.

« Une telle autorité spécialisée est également indispensable, compte tenu des exigences de la Convention européenne sur l'exercice des droits de l'enfant (adoptée à Strasbourg le 25 janvier 1996 et ratifiée par la France le 1er août 1997) et pour les besoins de fonctionnement du Réseau européen des Ombudsmans pour enfants (ENOC), dont la Défenseure des enfants française a assuré la présidence en 2009-2010 (et en est actuellement la vice-présidente). »

Le 27 avril 201, dans une dernière déclaration publique, elle s'exprima en ces termes :

« Un dernier sujet et non des moindres, la justice des mineurs, qui fait l'objet de réformes répétées depuis 2004 : elles marquent une volonté de remise en cause des grands principes de priorité éducative, de spécialisation des acteurs et d'atténuation de la responsabilité du fait de la minorité, principes placés en préambule de l'ordonnance du 2 février 1945, auxquels le Conseil constitutionnel a reconnu une valeur constitutionnelle.

« Le Comité des droits de l'enfant des Nations unies s'est d'ailleurs inquiété de cette tendance dans son rapport de juin 2009.

« Le nouveau projet de loi présenté par le garde des Sceaux et adopté en Conseil des ministres le 14 avril 2011 comporte des éléments aggravants, notamment la création d'un tribunal correctionnel pour mineurs récidivistes (TCPM) âgés de 16 ans et plus, au sein duquel la spécialisation de la juridiction serait réduite à sa plus simple expression, en écartant les assesseurs spécialisés et en limitant la présence des juges des enfants.

« Sans craindre de me répéter, je ne peux que regretter que l'évolution de la politique pénale pour les mineurs s'inscrive dans un renoncement aux actions indispensables de prévention… »

Dominique Versini ne fut pas entendue.

Acrobaties juridiques

Le droit des mineurs s'est construit sur des principes fondateurs : la continuité personnelle – celle du juge et du suivi éducatif –, l'utilisation du temps, la priorité de la prévention et de la protection, l'individualisation de la réponse tenant compte de la personne de l'enfant. Les évolutions de la législation et de la politique pénale de ces dix dernières années affaiblissent ces fondements par la systématisation de la réponse rapide, par le renforcement des pouvoirs du parquet et par la diminution de la marge d'appréciation du juge des enfants.

Les juges des enfants peuvent être ainsi conduits à des acrobaties juridiques auxquelles se prêtent les magistrats du parquet qui, souvent, en prennent même l'initiative dans leurs réquisitions orales ou avant l'audience.

J'évoquerai ici quelques exemples anonymisés de ces actes de résistance du service public de la justice, où des magistrats s'emploient efficacement à limiter les dégâts qui pourraient résulter de l'application aveugle et automatique des funestes lois entrées récemment en vigueur.

Ainsi du cas d'enfants poursuivis au pénal et souvent capables de comprendre l'aspect transgressif de leur agression sexuelle, mais incapables de comprendre le sens et la portée de la réponse pénale prévue par la loi. Le juge prononcera alors un non-lieu au pénal pour « défaut de discernement », et s'autosaisira en assistance éducative – ce que la procédure civile permet à titre exceptionnel – pour disposer d'un cadre de travail plus adapté à l'immaturité du mineur et lui éviter des « antécédents judiciaires » précoces.

On voit aussi apparaître le stratagème du « délit prétexte » : Stéphane avait été condamné pour un délit unique : attouchements sexuels sur sa jeune demi-sœur. C'était un jeune adolescent laissé à l'abandon, isolé, fugueur, arrivé en France à l'âge de dix ans en provenance du Bénin où réside toujours sa mère, le père résidant en France mais se préoccupant bien peu de ce fils. Après ces faits délictueux, la rupture s'approfondit et Stéphane, confié à un établissement éducatif, s'y adapte bien. Mais, au bout de dix-huit mois, les mesures prises au pénal sont échues. Le recentrage des services (et des éducateurs) de la Protection judiciaire de la jeunesse sur ses missions pénales n'autorisent pas, en principe, l'établissement à poursuivre la prise en charge de Stéphane « au civil ». Pourtant, c'est le seul lien continu qu'on l'a aidé à tisser, et son projet d'insertion doit encore être accompagné dans un cadre institutionnel. Mais quel cadre ?

« Heureusement », l'adolescent, dans un moment de crise, insulta son éducateur. Un « jugement en cabinet » permit de le placer sous « protection judiciaire », le remettant dans un cadre « pénal », et le placement put être maintenu ! L'éducateur outragé était évidemment favorable à la prorogation de ce suivi…

Devant les renoncements de la direction de la Protection judiciaire de la jeunesse qui, sur ordre du ministre, refuse de financer les « protections jeunes majeurs », pourtant peu nombreuses, mais dont le texte est toujours en vigueur, des magistrats intelligents recourent fréquemment de façon artificielle à l'article 16 bis de l'ordonnance de 1945[1].

Un bon exemple pourrait être celui d'un jeune majeur ressemblant à l'un des braqueurs du 9-3[2]. Âgé de dix-neuf ans, détenu pour une longue période, totalement isolé, il n'avait personne à l'extérieur pour l'aider à préparer sa sortie. Il aurait été judicieux de faire droit à sa demande de protection comme « jeune majeur ». C'est un délit plus ancien qui a permis de prendre une mesure éducative fondée sur l'article 16 bis, peu adaptée à son profil et aux circonstances de l'infraction, mais nécessaire, selon l'éducateur, et finalement approuvée aussi bien par le parquet que par le tribunal pour enfants.

De même, comme dans l'affaire des deux garçons rapportée *supra* (chapitre 6), dans de nombreuses cas le parquet modifie la qualification *ab initio* pour éviter une procédure criminelle. De son côté, à l'issue du rapport d'une mesure de réparation ou d'investiga-

1. Ordonnance de février 1945, art. 16 bis : *« Si la prévention est établie à l'égard d'un mineur âgé de seize ans, le tribunal pour enfants et la cour d'assises des mineurs pourront aussi prononcer, à titre principal et par décision motivée, la mise sous protection judiciaire pour une durée n'excédant pas cinq années. »*

2. Cf. *supra*, chapitre 4.

tion, le juge des enfants va lui aussi « alléger » la qualification pour éviter un renvoi tardif et inutile au tribunal pour enfants, estimant qu'il vaut mieux juger plus vite en cabinet, plutôt que deux ans après dans un tribunal surencombré...

Mais la rigidité des nouveaux textes ne permet plus de tenir toujours compte des évolutions individuelles. Les peines plancher sont donc peu prononcées contre les mineurs, car elles aboutiraient à des sanctions totalement disproportionnées, générant à leur tour de la délinquance, comme on le sait. Souvent, c'est le parquet lui-même qui ne retient pas la récidive. À défaut, les juges peuvent avoir une interprétation large des garanties d'insertion. Le parquet fait alors rarement appel, malgré les instructions émanant de la chancellerie.

Les substituts et les juges des enfants tentent aussi de construire un « audiencement » permettant de juger au bon moment le parcours d'un jeune en réunissant tous les dossiers au cours d'une même audience. Ils opèrent ensuite des jonctions de dossiers pour ne pas accumuler contre tout bon sens les peines et les sanctions et afin de ne pas bloquer toutes les perspectives d'avenir. Cette logique du parcours individualisé se heurte au développement des jugements rapides et à la nouvelle procédure accélérée votée en juillet 2011, qui privent le juge des enfants du pouvoir d'audiencer les dossiers.

Dans le cas d'un mineur renvoyé selon la procédure de la présentation immédiate, mais pour lequel un jugement trop rapide est inopportun, le tribunal peut se prononcer sur la culpabilité et renvoyer à une audience ultérieure avec poursuite du suivi éducatif pendant une période fixée.

Pour faire échapper un mineur aux contraintes disproportionnées et à l'étiquetage du Fijais[1], le parquet et le tribunal qualifient souvent en délit d'agression sexuelle ce qui pourrait théoriquement être qualifié de viol, mais, comme on l'a vu au chapitre 2, quel sens prend un « viol incestueux » entre enfants, jugé des années plus tard ?

Les éducateurs sont à l'évidence conduits eux aussi à recourir à des stratagèmes pour éviter l'application absurde de textes bâclés, inspirés par une idéologie sécuritaire dont l'inefficacité est démontrée après dix ans de frénésie législative.

Depuis des années on assiste ainsi, dans les tribunaux pour enfants, à une véritable résistance spontanée contre la démolition d'un service public à la française de plus en plus mis en péril. En outre, les professionnels ne se bornent pas à réclamer des moyens supplémentaires, ils espèrent et proposent des réformes qui leur permettraient de remettre la machine judiciaire dans le sens du progrès.

Car la France est en train de suivre le mauvais exemple des États-Unis alors qu'elle a longtemps été un modèle. Elle ferait mieux à cet égard, de s'inspirer de ce qui se passe chez certains de ses voisins européens.

1. Fichier judiciaire national automatisé des auteurs d'infractions sexuelles ou violentes, créé par la loi Perben 2 du 9 mars 2004. Consulter www.cnil.fr/fijais

CHAPITRE 12

Ailleurs : Europe hésitante, États-Unis résolus : pas de quartier !

De même que je suis allé en 2010 assister à travers la France aux audiences d'une douzaine de tribunaux pour enfants avant de commencer à plaider devant celui de Paris, de même ai-je tenté de me faire une idée de ce qui se passait ailleurs que chez nous avant de me mettre à écrire ce livre.

J'ai ainsi assisté à plusieurs audiences de ce qui correspond sous des appellations diverses à nos tribunaux spécialisés – *tribunal de jovenes* à Madrid, *Jugendgericht* à Vienne, *tribunal des mineurs* à Lausanne, enfin une *Juvenile Delinquency Judge* siégeant dans le New York County (Manhattan) Family Court à New York – tout en étudiant les publications des chercheurs français dans ce domaine et en exploitant la précieuse documentation comparatiste publiée par les institutions européennes et celles des Nations unies.

Tous ces travaux remarquables sont remarquablement ignorés par les pouvoirs publics. En France, sociologues, psychologues, juristes et criminologues étudient, recherchent et publient dans des revues scientifiques ou des ouvrages connus, souvent traduits en plusieurs langues. Mais, depuis dix ans, les cinq ministres de la Justice qui se sont succédé à un rythme accéléré ne les ont apparemment jamais lus. Ils n'en parlent en tout cas jamais.

En 1912, il y a un siècle, les promoteurs de la loi nouvelle se référaient – on l'a vu – à la fois aux expériences étrangères et aux recherches scientifiques de l'époque. Aujourd'hui il n'en est rien. MM[mes] et MM. Perben, Clément, Dati, Alliot-Marie, Mercier, je les connais tous : tous ont fait des études supérieures, et tous des études de droit ; ils ont donc tous beaucoup lu. Mais, à ce qu'il semble, ils ne savent plus lire – en tout cas, ils ne lisent pas ce qui se publie sur l'un de leurs principaux domaines d'activité : celui qui consomme au moins une loi par an depuis dix ans, quand ce n'est pas deux ou trois !

Ce constat et cette critique ne s'appliquent pas aux parlementaires : les rapports des commissions compétentes de l'Assemblée et du Sénat se réfèrent toujours aux expériences étrangères et aux études spécialisées. En vain.

Or le droit comparé comme l'histoire du droit sont nécessaires et éclairants pour l'analyse, la compréhension et la critique d'un système juridique. Dans le cas particulier de la justice des mineurs, cet intérêt est d'autant plus grand que la diversité des législations et des systèmes adoptés à travers le monde n'a d'égale que leur variabilité selon les époques.

Cette diversité est encore accrue par le fait que, dans beaucoup de pays fédéraux, les législations et pratiques ne sont pas les mêmes selon les États membres de la fédération. C'est par exemple le cas aux États-Unis et ce fut longtemps le cas dans la Confédération helvétique où chaque canton avait sa législation, ses tribunaux, voire ses procédures particulières. On observe en outre qu'à l'intérieur d'un même « Royaume uni » se sont opposées pendant plusieurs siècles la féroce tradition anglaise, dont les romans de Dickens donnent l'image, et une tradition écossaise bienveillante et protectrice s'inspirant d'un système juridique et philosophique fort différent.

Cette diversité, ces disparités entre États ou régions, composantes d'un même État, nous renvoient à l'histoire du droit, car au Moyen-Âge comme sous l'Ancien Régime, à travers la France comme à travers l'Europe, les systèmes pénaux faisaient une large place à la justice prétorienne. La justice des mineurs était en vérité dépendante à tous égards de l'appréciation du juge, qu'il s'agisse des motifs d'incrimination, des procédures ou des châtiments pratiqués.

Ces observations pourraient conduire à estimer que l'élaboration et la mise en œuvre d'un droit homogène, uniforme, rationnellement structuré, applicable aux mineurs délinquants – comme ce fut le cas en France avec les grandes lois de 1906, de 1912, et surtout l'ordonnance de 1945 – correspondraient à une maturation, voire à une maturité du droit pénal des mineurs. C'est la conclusion que l'on pourra tirer plus loin de l'exposé consacré au modèle suisse.

Mais il est aussi intéressant de prendre en compte les importantes réformes législatives intervenues dans l'Allemagne après la fin du nazisme, et dans l'Espagne après la chute du franquisme. Si l'on compare enfin la spectaculaire régression américaine et les conditions dans lesquelles ce nouveau modèle a été suivi par le nouveau Labour Party de Tony Blair, on débouchera sur une interrogation angoissante : l'Europe est-elle destinée à épouser ce modèle régressif, cent ans après avoir mis en place son propre modèle progressiste ?

Un modèle suisse ?

La *loi fédérale* suisse fixant le droit pénal des mineurs date de 2003. Après une période de transition, elle est entrée en vigueur en 2007. Auparavant, ce droit était fixé par les lois de chaque « canton » – un *canton* suisse étant un « état fédéré », tout comme un *land* allemand ou un *state* aux États-Unis.

Les Suisses ont mis du temps à produire cette loi fédérale : vingt ans. Depuis dix ans, la France, elle, produit une loi par an. Les Suisses se sont livrés à de longues études comparatives, ont organisé de multiples débats publics, ont associé juristes et chercheurs en sciences humaines, dès les années 1990, autour de l'avant-projet publié par le professeur genevois Martin Stettler en 1986[1]. Une abondante littérature universitaire, en allemand comme en français, a accompagné et enrichi les débats techniques et politiques préparant cette législation.

Avant d'ironiser sur la lenteur des Suisses, souvenons-nous qu'après l'élection de François Mitterrand en

1. Pr Martin Stettler, *Avant projet de loi fédérale et rapport explicatif*, Office fédéral de la justice, Berne, 1986.

1981 l'élaboration de notre nouveau Code pénal a pris plus de dix ans. Dans le travail législatif d'une démocratie, de longs délais sont la garantie d'une réflexion approfondie. Ils protègent contre la précipitation frénétique des lois de circonstance, bâclées dans l'urgence pour des raisons politico-médiatiques, en réaction à un fait divers sanglant ou pitoyable.

Dès son article 2, les principes qui inspirèrent l'ordonnance française de 1945 sont énoncés par la Suisse :

Art. 1. – Objet : *La présente loi régit les sanctions applicables à quiconque commet, avant l'âge de 18 ans, un acte punissable en vertu du Code pénal.*

Art. 2. – Principes : *1. La protection et l'éducation du mineur sont déterminantes dans l'application de la présente loi ; 2. Une attention particulière est vouée aux conditions de vie et à l'environnement familial du mineur, ainsi qu'au développement de sa personnalité.*

Alors que le droit pénal suisse applicable aux adultes est un « droit pénal de l'acte », caractérisé par le fait que la sanction infligée est principalement en rapport avec l'infraction commise, la nouvelle législation pénale applicable aux mineurs est clairement un « droit pénal de l'auteur[1] ». La sanction infligée à un mineur dépend en premier lieu de sa personnalité et de ses besoins éducatifs, et doit prioritairement favoriser sa protection et son éducation. En d'autres

1. Bohnet, Jeanneret, Kuhn et autres, *Le Nouveau Droit pénal des mineurs*, Université de Lausanne, 2007.

termes, le droit pénal suisse des mineurs se veut résolument *protecteur*[1].

La mise en œuvre de ce principe protecteur passe par un système dualiste : après avoir procédé à une enquête sur la situation personnelle du mineur qui a commis un acte punissable – enquête portant notamment sur son environnement familial, éducatif, scolaire et professionnel –, le juge prononce une mesure de protection chaque fois que cette enquête conclut à la nécessité d'une prise en charge éducative ou thérapeutique particulière.

En Suisse, le droit pénal des mineurs prévoit quatre mesures : la surveillance, l'assistance personnelle (deux mesures permettant à l'État de s'immiscer de manière plus ou moins importante dans l'éducation des mineurs), le traitement ambulatoire (lorsque le mineur souffre de troubles psychiques) et le placement (soit dans une famille d'accueil, soit en institution plus ou moins fermée). Ces mesures prennent généralement fin lorsque leur objectif est rempli, ainsi que – au plus tard – lorsque l'intéressé atteint l'âge de vingt-deux ans, âge qu'il est aujourd'hui projeté d'étendre à vingt-cinq ans – en Suisse !

Si la culpabilité du mineur est reconnue, le juge lui inflige par ailleurs une peine qui peut être prononcée en complément de la mesure de protection ou à titre de sanction unique. Les peines sont également au nombre de quatre : la réprimande, la prestation personnelle (sous forme d'un travail à effectuer), l'amende (de CHF 2 000 au plus, soit environ 1 500 €)

1. Pr André Kuhn, « Un droit pénal protecteur », *Après-demain*, 3e trimestre 2011, n° 19, p. 43.

et la peine privative de liberté qui ne peut jamais excéder quatre ans. Un système de sursis total ou partiel a par ailleurs été mis en place pour les trois dernières peines. Certaines différences de procédure existent entre les cantons[1], mais, dans celui de Vaud (francophone), le système dit du *juge des mineurs* permet au magistrat instructeur de siéger dans le tribunal des mineurs, comme en France sous le régime de l'ordonnance de 1945[2].

Le nouveau droit pénal qui leur est appliqué n'a pas eu pour corollaire une augmentation de la criminalité des jeunes : selon les dernières statistiques fédérales de police, la délinquance des mineurs a même baissé de 8 % entre 2009 et 2010.

J'ai pu assister à plusieurs audiences du tribunal des mineurs de Lausanne. Les magistrats que j'y ai rencontrés s'étonnent d'autant plus de l'évolution de la loi française qu'ils ont le sentiment, eux, d'être dans le sens de l'histoire, de notre histoire commune…

Les exemples de l'Allemagne et de l'Espagne

Dans une approche comparatiste européenne, les exemples de l'Allemagne et de l'Espagne sont intéressants à rapprocher de l'exemple français de 1945.

De même qu'à la Libération un texte fondateur et progressiste modifia profondément l'approche française de la justice des mineurs, de même, au sein de

1. Bohnet François, Kuhn André (éd.), *La Procédure pénale applicable aux mineurs*, Neuchâtel, Cemaj, 2011.
2. Voir www.vd.ch/tribunal-mineurs

l'Allemagne démocratique et fédérale reconstruite sur les ruines du Reich nazi, se posèrent rapidement les différents problèmes liés à l'édification d'une société aux services sociaux développés.

Au début du XXe siècle et jusqu'à l'instauration du nazisme, l'histoire du droit pénal des mineurs en Allemagne n'est pas très différente de celle qui a cours ailleurs en Europe. Mais, entre 1933 et 1945, le système nazi impose une évolution extrêmement négative sous l'empire du slogan « éduquer par la punition ». Après des années de discussions et de réflexions, c'est une loi entièrement nouvelle qui, en 1990, a été promulguée en Allemagne : une loi de protection inspirée par l'idée du *Sozialstaat* (l'État social).

Le principe de base en est que les services d'aides sociale et familiale interviennent comme soutien, et que les mesures les plus répressives, comme le placement en foyer fermé, sont supprimées. Une action pénale n'est ordonnée que dans le cas où elle se révèle absolument nécessaire, et en toutes circonstances elle doit être dominée par le principe de proportionnalité. Le droit pénal des mineurs intervient en dernier ressort et le procureur a la possibilité en toutes circonstances de classer sans suite, du fait de l'insignifiance du délit, quand l'auteur a entre quatorze et vingt et un ans.

Il est remarquable que cette législation moderne, puisant aux sources d'inspiration qui aboutirent aux ordonnances françaises de 1945 et 1958, soit mise en œuvre dans des conditions particulières par les administrations des différents Länder. On observe en effet que cette politique judiciaire n'est pas homogène : en

Bavière, en 1998, seulement 60 % des cas étaient classés sans suite, contre 91 % à Hambourg.

Tous les jeunes adultes entre dix-huit et vingt et un ans sont concernés par la juridiction des mineurs : en vertu de la loi, le droit pénal des mineurs est applicable à ces jeunes adultes si « un examen global de la personnalité de l'auteur et la prise en compte de son entourage révèlent qu'en raison de son développement moral et psychique au moment des faits il pouvait être considéré comme un mineur ».

De nombreuses actions sont en général confiées à des organisations privées pour la protection des mineurs, mettant en œuvre des mesures non privatives de liberté, des mesures éducatives – comme le travail au profit de la communauté –, avec intervention de travailleurs sociaux relevant des collectivités locales.

Les moyens mis à la disposition de ces institutions sociales par ces collectivités, voire par les différents Länder, sont cependant assez différents dans l'espace et dans le temps, ce qui explique qu'il est malaisé d'avoir une vision homogène du fonctionnement de la politique visant les mineurs dans l'Allemagne actuelle.

Comme en France, certains membres des partis de droite exigent l'abaissement de l'âge de la responsabilité pénale de quatorze à douze ans, et une restriction de l'application du droit pénal des mineurs aux jeunes adultes de dix-huit et vingt et un ans. Jusqu'à présent, ils n'ont pas été suivis. Malheureusement, comme l'observait Frieder Dünkel, « la politique criminelle des sociaux-démocrates en Allemagne s'accorde de plus en plus avec les tendances répressives du New Labour en Angleterre. Cependant, la culture des réformes éducatives est toujours présente parmi les praticiens et elle est préservée par un système de formation permanente lié aux organisations professionnelles des juges et des travailleurs sociaux[1] ».

En Espagne, c'est aussi une « évolution positive menacée » que relate Mme Concepción Rodriguez[2], magistrate du tribunal des mineurs n° 1, à Madrid, dont j'ai également pu suivre plusieurs audiences.

Après la chute du franquisme et l'adhésion de l'Espagne à la Convention internationale des droits de l'enfance en 1989, ce pays a progressivement harmonisé son droit interne avec les règles internationales. La loi organique de 2000 s'inspire explicitement des grands principes que nous connaissons depuis longtemps : « reconnaissance expresse des garanties constitutionnelles ; différenciation de la procédure en matière de justice des mineurs ; exécution des mesures au regard des circonstances de chaque cas concret ». Mais cette législation ajoute à l'Espagne une dimension particulière que l'on observe dans les autres États à structure fédérale : c'est l'importance des « compétences des autorités décentralisées en ce qui concerne la réforme et la protection des mineurs pour l'exécution des mesures imposées dans la sentence et le contrôle judiciaire de cette exécution ».

Cette disposition manifeste de la façon la plus explicite cette spécificité de la pratique judiciaire et administrative espagnole consistant à déléguer aux autorités locales, de façon plus ou moins large, des

1. Frieder Dünkel *et al.*, « la justice pénale des mineurs en Europe », *Déviance et société*, n° 3, vol. 26, septembre 2002.

2. Concepción Rodriguez, « Espagne : une évolution positive mais menacée », *Après-demain*, n° 19, 3e trimestre 2011.

responsabilités de nature intermédiaire entre l'éducatif et le judiciaire. Les visites que j'ai pu faire en Espagne m'ont montré que cette disparité pouvait conduire à de réelles divergences, mais c'est là un des aspects – un des coûts ou un des avantages – de la décentralisation et du fédéralisme.

D'une façon générale, le système espagnol reconnaît aux enfants de quatorze à dix-huit ans tous les droits classiques, y compris la publicité restreinte des audiences et l'orientation générale vers l'insertion et la rééducation.

Certes, comme en France, cette législation fait l'objet depuis quelques années d'attaques politiques relativement vigoureuses. Pourtant, ces attaques, souvent diffusées largement par les médias, ne semblent pas connaître un grand succès. La résistance de la société espagnole face à ces thèmes réactionnaires est peut-être facilitée par le fait qu'un grand nombre de mineurs délinquants d'origine étrangère sont, en Espagne, avant tout des Sud-Américains.

Comme j'ai pu le constater au tribunal de Madrid, les immigrés sont là-bas à la fois des descendants des conquistadores… et des conquis ! La communauté linguistique et les liens culturels très forts existant entre l'Amérique du Sud hispanophone et l'Espagne font sans doute que l'attitude de l'opinion à l'égard de ces jeunes délinquants d'origine étrangère est assez fondamentalement différente de celle qu'on observe en France.

Autre différence qui saute aux yeux : l'importance et la qualité des moyens humains et matériels dont dispose la justice des mineurs en Espagne. Un seul exemple : là où un juge des enfants français dispose d'un seul greffier (ou greffière), chaque juge des enfants, en Espagne, bénéficie de l'aide d'au moins deux collaborateurs, comme c'est d'ailleurs le cas en Suisse et en Allemagne.

Cette importance des moyens disponibles ne saurait être dissociée de la législation applicable. Dans les pays à régime protecteur que je viens d'évoquer, la justice des mineurs cumule les avantages d'une législation progressiste et des moyens adaptés aux besoins. Aux États-Unis, en revanche, des moyens considérables sont mis au service d'une législation aussi détestable que rétrograde.

La régression américaine

J'ai pu en effet observer à New York la qualité et l'ampleur des moyens mis à la disposition de la juge des enfants dont j'ai pu suivre le travail. Outre une secrétaire – sorte de greffière déchargée de tout travail de prise de notes par une autre secrétaire spécialisée à cet effet –, la magistrate qui m'accueillit disposait d'une assistante juridique de bon niveau et recevait des rapports complets et bien construits du New York City Departement of Probation, service spécialisé comparable à notre Protection judiciaire de la jeunesse, fournissant des documents normalisés dans la forme et approfondis quant au fond, vraiment des modèles du genre, mettant en œuvre un travail interdisciplinaire remarquable.

Par surcroît, un juge reçoit de l'équivalent de notre « procureur » local des documents très précis et méthodiques.

En comparant ces documents d'aide à la décision à la masse de procès-verbaux et de rapports dans laquelle les juges français – et les avocats – doivent se frayer un chemin vers la vérité, je ne pus qu'en admirer la qualité, tout en déplorant le cadre légal dans lequel ils sont aujourd'hui mis en œuvre.

Hélas, le modèle américain de jadis a en effet vécu : depuis trente ans, aux États-Unis, dans un cadre juridique variant à l'extrême selon les États et même les villes, la tendance générale rapproche progressivement le droit pénal des mineurs du droit commun, jusqu'à s'y confondre… Dans la majorité des États, un mineur peut être condamné à perpétuité sans possibilité de libération conditionnelle. Les mineurs y sont de plus en plus souvent détenus avec les majeurs. Cette évolution est encouragée – et même subventionnée – par le pouvoir fédéral ! Depuis 1992, une cinquantaine d'États américains ont ainsi revu leur législation afin de pouvoir juger un plus grand nombre d'enfants comme des adultes[1]. De plus en plus souvent, sur simple décision du procureur, les mineurs peuvent donc comparaître devant une cour criminelle pour adultes et être lourdement sanctionnés et surtout détenus dans des prisons pour adultes.

Dans certains États comme le Kansas, l'âge minimal pour être jugé comme adulte, en cas de crime grave, s'établit à dix ans ! Transféré devant un tribunal pour adultes, l'enfant risque une sanction plus lourde, alors que devant les tribunaux pour enfants sa condamnation, suivant les États, ne dépassera en

1. Voir Marie Boëton, « Justice des mineurs aux États-Unis », *Études*, 2004/3, tome 400, p. 331.

général jamais les dix ans. À l'inverse, jugé comme adulte, un jeune encourt une sanction illimitée.

Jusqu'à une décision récente de la Cour suprême, la peine de mort pouvait s'appliquer constitutionnellement à un mineur de seize ans. Cependant, même si cela peut paraître secondaire par rapport au reste, le déroulement d'un procès devant le tribunal pour enfants reste confidentiel.

D'après les observations publiées par Marie Boëton et recoupées par les miennes, les cours criminelles pour adultes ont beaucoup de difficulté à s'adapter au cas particulier que représente un enfant mis en accusation. Professeur à Berkeley, directeur du Centre de recherche de justice criminelle – le Earl Warren Legal Institute – Franklin E. Zimring note que « ces cours n'ont aucun outil juridique leur permettant de tenir compte de l'immaturité de l'enfant ».

En mars 2003, une étude publiée par la riche McArthur Foundation, qui entretient à Chicago la tradition des fondateurs des *Juvenile Courts,* montrait qu'un tiers des enfants de onze à treize ans et 20 % des enfants de quatorze à quinze ans n'étaient pas aptes à comprendre les charges retenues contre eux ni à participer à leur propre défense, et souvent ne faisaient pas usage de certains de leurs droits comme celui d'être assisté par un avocat ou de garder le silence.

Incarcérés dans un monde d'adultes, ces jeunes sont très vulnérables physiquement et sexuellement, et le nombre de tentatives de suicides d'adolescents est assez logiquement beaucoup plus élevé en prison pour adultes qu'en centres de détention pour enfants.

Les études faites aux États-Unis par des spécialistes universitaires font observer que les enfants courent cinq fois plus le risque d'être agressés sexuellement et deux fois de plus le risque d'être maltraités par le personnel lorsqu'ils se trouvent dans une prison pour adultes que lorsqu'ils séjournent dans des établissements pour enfants. Pourtant, des législations récentes ont encore rabaissé l'âge auquel un enfant est considéré comme adulte : ainsi l'État de New York a ramené à seize ans l'âge de la majorité pénale. Depuis des années, les institutions fédérales ont curieusement créé des incitations financières, alimentées par le budget fédéral, pour favoriser les réformes : ce sont des millions de dollars qui sont accordés aux États acceptant de modifier leur législation dans le sens d'un abaissement de l'âge de la majorité pénale !

À la suite de ces réformes, le nombre de mineurs détenus aux États-Unis dans des prisons pour adultes a été multiplié par deux entre 1985 et 1997.

Dans leur approche particulière du cas américain, magistrats, avocats et universitaires spécialisés dans ces questions mettent en cause cette action de Washington. Ils soulignent que le gouvernement fédéral, n'ayant jamais ni établi ni expérimenté un système de justice des mineurs, n'a donc pas la capacité de prendre des décisions pertinentes en ce domaine. Ils dénoncent les politiques fédérales avant tout comme un mauvais exemple de décisions prises du sommet, et d'intrusion du gouvernement fédéral dans les droits des États. Par opposition, ils multiplient les exemples de tentatives ou d'expériences réussies à Boston, dans le Minnesota ou dans le Vermont, où l'on utilise des techniques originales mettant en œuvre des services sociaux locaux et l'action d'associations mises en cause par les programmes fédéraux, les États qui ne suivent pas les orientations fédérales étant privés de crédits. Un exemple particulièrement saisissant de cette action fédérale novice est donné par Marie Boëton dans son article déjà cité :

« La détermination de l'administration Bush pour faire inculper un jeune *sniper*, le jeune criminel de 17 ans Lee Malvo, dans l'État de Virginie, et non dans l'État du Maryland où la majorité de ses crimes avaient pourtant été recensés, afin qu'il encoure la peine de mort, en est la preuve la plus patente. Pour les organisations des droits de l'homme aux États-Unis, de simples réformes ne suffisent pas. C'est tout un système qu'il faut repenser pour qu'à l'avenir la politique judiciaire américaine ne tienne plus lieu de politique sociale. »

La justice des mineurs en Angleterre et au pays de Galles, et le poodle *Tony Blair*

Il est singulier et inquiétant de constater que le nouveau modèle américain est aussi en train de pénétrer en Europe… par l'Angleterre. On se souvient que la gauche du parti travailliste critiquait et raillait Tony Blair en le traitant de *poodle* – autrement dit « caniche », ou « toutou » – de Bush. Cela s'est vérifié en bien des domaines de politique internationale, mais aussi dans celui de la politique pénale à l'égard des jeunes.

Lorsque j'étais étudiant en droit à Londres, il y a un demi-siècle, il était déjà notoire, pour nous Français, que le système pénal britannique était d'une férocité particulière envers les enfants. Cela était d'ailleurs considéré comme faisant partie intégrante de la culture nationale, du moins par la classe dirigeante qui mettait un point d'honneur à placer ses enfants dans d'excellentes écoles privées très chères, où ils étaient très mal nourris, et à garantir aux enfants des classes pauvres la même nourriture, mais assortie d'un système d'enseignement public désastreux.

Ces mauvais traitements à enfants sont une caractéristique ancestrale de l'Angleterre reflétée par sa littérature du XIXe siècle. Mais aujourd'hui, curieusement, ce modèle anglais a pris des formes caricaturales, si spectaculaires qu'elles font l'objet de critiques nationales et internationales de plus en plus fortes.

Le gouvernement « néo-travailliste » (New Labour) arrivé au pouvoir en 1997 a rapidement entrepris de réviser le système de la justice des mineurs en vigueur outre-Manche. Celle-ci est aujourd'hui en grande partie fondée sur les dispositions de la loi de 1998 sur le crime et le désordre *(Crime and Disorder Act)*. Au niveau national, le Youth Service Board – Conseil pour la justice des mineurs, organisme public non ministériel – a été créé pour veiller au bon fonctionnement du système. Au niveau local, des équipes « multi-agences » chargées de la délinquance des mineurs, les Youth Offending Teams (YOT), ont été instaurées pour appliquer la « nouvelle » justice des mineurs.

La loi de 1998 a servi de rampe de lancement législative à de multiples mesures destinées à lutter contre le « comportement antisocial » (*antisocial behaviour*, « ASB »). Elle a créé la « mesure contre le comportement antisocial » (*antisocial behaviour order*, « ASBO »), mesure civile destinée à réduire le comportement antisocial, renforcée par des sanctions pénales en cas de rupture du contrat éducatif[1]. Cette mesure, la plus connue et la plus controversée, est intéressante à analyser.

L' ASBO est une mesure civile qui peut être imposée par des magistrats à n'importe quel jeune âgé de dix ans ou plus, à la demande de la police ou des autorités locales, *registered social landlords* (RSL) ou *housing action trusts* (HAT). Elle peut comporter un certain nombre d'interdictions (par exemple : rencontrer certaines personnes, se trouver en certains lieux, porter certains vêtements, etc.) dont le non-respect constitue un délit pénal. Ainsi, les destinataires d'une ASBO peuvent encourir une condamnation pénale pour un comportement qui n'est pas en lui-même criminel. La peine maximale encourue pour les jeunes qui enfreignent l'ASBO est une mesure de détention et de formation en centre fermé (DTO) dont la durée est plafonnée à vingt-quatre mois, la moitié se passant en détention.

La détention des jeunes en Angleterre : une alerte internationale

C'est ainsi qu'entre 1994 et 2004 le nombre de jeunes condamnés à la détention a augmenté approximativement d'un tiers ; celui des jeunes retenus en institutions fermées a fait plus que doubler. Ces évolutions se sont produites alors qu'il n'y avait pas

1. Voir Sam Lewis, *Justice des mineurs en Angleterre et au pays de Galles, Déviance et Société*, 2009/3, vol. 33.

d'accroissement significatif de la criminalité grave chez les jeunes.

Les données fournies par le Conseil de l'Europe montrent que l'Angleterre et le pays de Galles emprisonnent aujourd'hui plus de jeunes que tous les autres pays européens, exception faite de l'Ukraine et de la Fédération de Russie.

Après le Conseil de l'Europe, c'est le Comité des Nations unies pour les droits de l'enfant qui a fait part en octobre 2008 de son inquiétude concernant le nombre de jeunes placés en détention au Royaume-Uni. Il a recommandé qu'y soit développée une série d'alternatives à la détention, et que l'application de l'article 37 de la Convention de l'ONU sur les droits de l'enfant – qui stipule que la détention doit être une mesure de dernier recours imposée pour une durée la plus courte possible – devienne un principe obligatoire.

À la suite de sa visite au Royaume-Uni en novembre 2004, le commissaire européen aux Droits de l'homme a exprimé ses inquiétudes au sujet des ASBO, qui semblent exacerber plutôt qu'empêcher le comportement antisocial et la délinquance parmi les jeunes. Il a également suggéré que « les ASBO risquent d'aliéner et de stigmatiser les enfants en les ancrant dans leur comportement déviant ». Il a aussi remarqué le *grand nombre* de jeunes condamnés à la détention pour violation d'ASBO[1].

Un récent rapport émanant du Comité des Nations unies pour les droits de l'enfant s'est montré très critique envers l'application des ASBO aux jeunes. On remarque en effet que de 2004 à 2007, le développe-

1. Gil Robles, Rapport 2005 au Conseil de l'Europe.

ment du programme ASBO a coïncidé avec une forte augmentation du nombre de jeunes en détention : « Le Comité est préoccupé par l'âge de la responsabilité pénale et recommande au Royaume-Uni de relever l'âge minimal et de développer un large éventail de mesures de substitution à la détention des enfants en conflit avec la loi. Il recommande également au Royaume-Uni de veiller à ce que tout enfant privé de liberté soit séparé des adultes dans tous les lieux de détention. »

Si la France continue dans la voie où elle s'est engagée depuis dix ans, c'est elle que les instances internationales mettront bientôt en cause, comme cela a été déjà le cas en 2010 à propos de l'explosion des gardes à vue.

CHAPITRE 13

L'incarcération de Tanu à Fleury-Mérogis

17 novembre 2011, 14 heures : me voici une nouvelle fois debout, au banc des avocats, dans la 25e chambre, celle où siège tous les jours le tribunal pour enfants de Paris, présidé à tour de rôle, au fil des semaines, par un – ou une – de ses onze juges des enfants. Une nouvelle fois « commis d'office » par l'antenne des mineurs dont je suis membre depuis un an déjà. Cette fois, c'est pour Tanu Manguy[1], un adolescent auquel vient d'être appliquée la procédure de « présentation immédiate » instituée en 2007 et qu'on appelle ici « PIM ».

J'espère, je veux le sauver de la prison où je suis allé le voir hier, au Centre des jeunes détenus de Fleury-Mérogis.

Depuis un an, je viens régulièrement à ce tribunal, parfois sans savoir, jusqu'au dernier moment, combien

1. Son nom, comme tous ceux de ce livre, a été changé.

de dossiers j'aurai finalement à plaider parmi ceux que j'ai dû étudier, étant désigné à l'avance pour une « permanence » ce jour-là. Car certaines affaires seront renvoyées, d'autres finalement traitées à l'improviste par un avocat « choisi » par la famille qui n'a pas toujours prévenu l'avocat « commis »... Mais il y a à chaque fois un avocat présent pour chaque mineur : c'est la loi.

C'est *encore* la loi en vigueur. Combien de temps ce droit spécial des mineurs va-t-il subsister ?

Depuis un an, j'observe, au mur du tribunal pour enfants, un curieux symbole muet : la grande horloge murale y est privée d'aiguilles. Pas de petite aiguille pour les heures, ni de grande pour les minutes. Je l'ai très vite compris : ce n'est sûrement pas dû au manque de crédits du ministère de la Justice ; c'est à l'évidence le symbole même de la justice des mineurs. L'audience doit prendre son temps, tout le temps qu'il faut pour décrire parfois une enfance maltraitée, entendre plusieurs souffrances entremêlées et contradictoires, peser le pour et le contre, car le symbole de la justice est une balance, non un chronomètre.

Aujourd'hui encore, la procédure appliquée aux mineurs se déroule de façon minutieuse, à l'opposé du maelström judiciaire qui emporte, un peu plus loin dans ce palais de justice, les audiences de la 23e chambre, celle des « comparutions immédiates » les « flagrants délits », comme on disait jadis[1].

Mais, aujourd'hui, ce tribunal pour enfants a été saisi selon la procédure PIM – pour gagner du temps, c'est normal, on n'en parle qu'en abrégé. Dans cette procédure accélérée, aurai-je une chance de convaincre ?

---

1. Cf. *supra*, chapitre 9, p. 179.

La salle d'audience pourrait accueillir cent personnes, mais, conformément à la règle de la « publicité restreinte », il n'y a pas de public. Ce prétoire paraît vide. Nous y sommes et nous resterons une heure et demie ensemble : douze êtres humains, dix Blancs et deux Noirs, pas un de plus ; six femmes, cinq hommes, et le prévenu : Tanu.

Parmi les six femmes, il y a d'abord la présidente qui nous surplombe et siège en hauteur dans sa robe noire – entourée de ses deux assesseurs qui sont, elles, en tenue de ville, comme les trois autres femmes présentes en bas, dans les travées, près de moi : Mme Manguy, la mère de Tanu, et les deux éducatrices qui se sont occupées de lui. Curieusement, toutes les six sont dans la même tranche d'âge, moyen ; pas de toute jeune, pas de vieille.

La mère est sur son trente et un, dans un manteau strict, bien coiffée, mais l'air à la fois sévère et angoissée. J'ai pu parler longuement avec elle, la veille, et encore tout à l'heure, avant l'audience. Elle est née au Ghana, mais a été élevée en Côte d'Ivoire avant de venir en France.

Les cinq hommes sont tous en uniforme : procureur et greffier en robe noire, comme moi-même, gendarmes en tenue – l'un à l'entrée, l'autre dans le box avec le prévenu. Tous jeunes – sauf moi.

Tanu est proche de la limite d'âge : interpellé il y a trois semaines, il aura dix-huit ans en janvier prochain. À trois mois près il relevait des « flags », de la comparution immédiate, pas loin d'ici, devant la 23e chambre correctionnelle, celle où l'horloge a des aiguilles…

Mais non : Tanu est là, devant le tribunal pour enfants, sans doute pour la dernière fois.

Pourquoi est-il là ? Pourquoi a-t-il été incarcéré en détention provisoire, en prison depuis plus de deux semaines, à son âge ? Va-t-il en sortir ce soir ou y retourner pour de longs mois ? J'ai peur. Je suis convaincu de son innocence dans cette affaire, mais je crains de ne pas savoir convaincre. Arriverai-je au moins à semer le doute dont il pourrait bénéficier ? L'affaire est à la fois banale et très grave. Pour lui.

Tanu, dans son enfance, a été placé dans une institution spécialisée durant plusieurs années. Cette enfance-là n'avait pas commencé sous les meilleurs auspices : sa mère – qui est assise devant moi – a été abandonnée par le père de ses deux enfants alors qu'elle était enceinte du troisième depuis quatre mois. Peu de temps après, elle s'est donc retrouvée sans ressources, dans la rue, chassée de son logement avec une fillette de sept ans, un petit garçon de cinq ans, et un bébé dans le ventre : Tanu. Leur père, qui avait déclaré et reconnu dans les règles les deux premiers enfants nés à Paris, s'était volatilisé. Cette mère, errant d'asile en asile, retournant à la rue plusieurs fois pour se sauver (pour se sauver d'une administration protectrice qui tentait légitimement de prendre en charge les petits), s'est battue, a résisté, a voulu et a réussi à garder ses enfants… Elle en parle encore aujourd'hui de façon presque animale :

« On a voulu me les prendre, mes enfants. Mais moi, j'ai toujours bien réussi à les garder, mes enfants. »

Les chattes sont aussi comme ça. Était-elle donc vouée à accoucher dans la rue ? Sans doute, mais une amie l'a convaincue de la rejoindre en province, dans l'Indre où Tanu est né – disons à… Issoudun.

Tanu est donc né sans père. Autant dire qu'il était orphelin avant de naître. On sait qu'en droit romain l'enfant qui vient de naître n'a pas d'existence légale, pas même de réalité humaine, tant que son père ne l'a pas pris pour le soulever de terre – *tollere* – de ses propres mains, devant témoins, établissant par cette *mancipatio*[1] sa fonction paternelle et nourricière, avant de lui donner un nom huit jours plus tard. L'enfant non reconnu *de jure* dans ces formes n'avait pas de père…

Son père enfui ne l'ayant ni reconnu ni nommé, Tanu fut déclaré et reconnu par sa seule mère. Il n'a donc pas le même nom que son frère et sa sœur. Pas de patronyme : il a un matronyme. Cette situation n'est pas rare, elle est même devenue banale. Aussi banale que son évolution : collégien, puis lycéen à Paris, absentéisme scolaire épisodique, puis chronique… Quelques petits écarts, puis un vol de téléphone portable en 2010 avec l'aide d'un copain – donc « en réunion », circonstance aggravante – et « avec violences » – certes légères, mais cependant aggravantes encore…

On commence à sortir de la banalité lorsque, déjà condamné pour ces faits en janvier 2011 à dix mois de prison avec sursis et « mise à l'épreuve pendant dix-huit mois » – ce qui lui offre la possibilité de retrouver un casier judiciaire vierge en 2012 –, il est condamné en septembre 2011 pour vol simple à soixante-dix heures de « travail d'intérêt général », cette forme de sanction qui est prononcée, avec l'accord du prévenu, et remplace utilement la prison.

---

1. *Manus capere* : prendre en main. « *Mancipatio dicitur quia manu res capitur* » (Gaius, I.121).

En outre, le 4 octobre 2011, une mesure de « protection judiciaire » lui est accordée, ce qui garantit que le suivi éducatif dont il bénéficie depuis son enfance pourra être prolongé au-delà de sa majorité, comme cela est encore possible pour de « jeunes adultes », dans un cadre pénal[1].

C'est quelques jours plus tard, le 27 octobre, que l'affaire devient grave.

À 17 h 25, il est interpellé sur le seuil de la maison des jeunes de son quartier, conduit au commissariat voisin et mis en garde à vue. Il est suspecté d'avoir, la veille, à nouveau volé un BlackBerry, à nouveau en réunion, à nouveau avec violences – à l'angle du boulevard I. et du passage M. La victime a mis en cause deux garçons : un jeune « de type maghrébin » et un autre de « *type africain*, « *avec une casquette noire* », et qui ressemble à Tanu. Cela figure au procès-verbal, dactylographié et signé, dont je prends connaissance dans la grosse masse de papiers de la procédure.

Un « témoignage » est invoqué : une femme qui passait par là a croisé un peu plus loin, descendant le passage, venant du lieu de l'agression, deux garçons de ce type. Ils ne couraient pas, mais ils marchaient vite et avaient l'air nerveux. Le témoin aurait même identifié Tanu qu'elle connaît, dit-elle, dans le quartier. Type, âge, taille, silhouette : tout correspond à ce suspect. Et la casquette ? « *Noire* ». C'est au PV : « persiste et signe ».

Tanu nie tout. Il invoque un alibi : la veille, à l'heure dite, il était ailleurs, au gymnase de la rue de C., avec un moniteur de foot qui peut en témoigner.

1. Cf. *supra*, chapitre 11.

Mais une perquisition menée à son domicile a permis de découvrir dans sa chambre un BlackBerry et une casquette. Le BlackBerry est blanc, et la casquette assez particulière : elle est en tissu de jean *bleu clair*, avec des bandes colorées sur la visière et une plaque métallique sur la coiffe, d'un genre un peu militaire. Le dossier – dont je dispose, bien sûr – contient une bonne photo en couleurs de la casquette bleu clair, de face et de profil.

On présente le BlackBerry à la victime : le sien était *noir*. Mauvaise pioche ! Le blanc est un cadeau de la sœur de Tanu, ce qui sera confirmé par la suite.

On présente aussi la singulière casquette *bleu clair* à la victime : elle reconnaît « *la casquette "noire" portée par l'individu de type africain* » ! La témoin du passage reconnaît elle aussi la casquette « noire ». Toutes deux refusent une confrontation avec le suspect. Nul ne s'interroge sur cette contradiction entre les procès-verbaux successifs, tous signés ! Tanu la soulève pourtant – trois fois de suite ! – durant son interrogatoire, avec impatience, mais poliment, comme l'atteste son enregistrement audiovisuel, que j'ai entièrement visionné.

Tanu demande aussi qu'on interroge le gymnase. Il précise qu'il y a là-bas des caméras de surveillance et que, par conséquent, on va le reconnaître. Le fonctionnaire chargé de l'enquête s'adresse le lendemain par erreur à un autre gymnase de l'arrondissement, celui de la rue J.

Là-bas, on ne connaît pas Tanu. L'alibi disparaît : « *vérifié non exact* », affirme brièvement le PV du fonctionnaire qui s'est trompé de gymnase.

À ce moment-là, les choses s'accélèrent. Tanu est transféré au dépôt du Palais de justice pour la nuit.

À 13 heures, le lendemain samedi 29, il est présenté au parquet qui instrumente la nouvelle « procédure de présentation immédiate » :

• *Notification des faits reprochés :* on peut lire un bref résumé de l'affaire, mais aussi que Tanu évoque son alibi et déclare qu'il était au gymnase de la rue de C. et non à celui de la rue J. Sans suite.

• *Notification de la date d'audience où il sera jugé, le 15 novembre :* cela veut dire que Tanu sera jugé au fond dans plus de deux semaines, et non aujourd'hui.

• *Présentation immédiate devant le juge des enfants en vue de son placement en détention provisoire :* cela veut dire qu'en attendant le 15 novembre son incarcération est demandée !

Dix minutes, puis le temps de tourner dans le couloir et de franchir quelques marches après un autre couloir. À 13 h 20, Tanu est devant le juge des enfants de permanence qui entend les réquisitions orales du procureur. Mais celles-ci sont aussi formulées par écrit, et l'on va voir sur quelles bases elles vont envoyer Tanu en prison.

Les réquisitions écrites « aux fins de placement en détention provisoire » se présentent comme un imprimé offrant diverses cases à cocher, comme les « QCM », ces « questions à choix multiples » soumis à la perspicacité des étudiants pour des « examens » hâtifs, avant d'être dépouillés par de sagaces ordinateurs.

Cet imprimé sur papier à en-tête du parquet de Paris offre sept motifs au choix (dont deux sont cochés au sujet de Tanu) dans son QCM ainsi rédigé :

Parquet de Paris
Division de l'action publique de proximité
Section des mineurs

Attendu que les obligations du contrôle judiciaire sont insuffisantes au regard des fonctions définies à l'article 137 du Code de Procédure pénale[1],

Attendu que la détention provisoire est l'unique moyen :

❑ de conserver les preuves ou indices matériels

❑ d'empêcher une pression sur les témoins ou la victime

❑ d'empêcher une concertation frauduleuse entre le susnommé et ses complices

❑ de protéger le susnommé

☒ de garantir le maintien du susnommé à la disposition de la justice

❑ de mettre fin à l'infraction

☒ de prévenir le renouvellement de l'infraction

* *
*

1. Article 137 : « *Toute personne mise en examen, présumée innocente, demeure libre.*

« *Toutefois, en raison des nécessités de l'instruction ou à titre de mesure de sûreté, elle peut être astreinte à une ou plusieurs obligations du contrôle judiciaire.*

« *À titre exceptionnel, si les obligations du contrôle judiciaire ou de l'assignation à résidence avec surveillance électronique ne permettent pas d'atteindre ces objectifs, elle peut être placée en détention provisoire.* »

Une précision très importante est apportée dans cette audience express. Elle va envoyer Tanu en prison. Elle figure dans deux documents versés au dossier :

❑ 1. Les « réquisitions écrites » indiquent que « les faits, objet de la présente affaire étant commis en état de récidive légale, la peine encourue laisse craindre une fuite de l'intéressé ».

❑ 2. Le « procès-verbal » de l'audience express relate que le procureur a en outre développé oralement un raisonnement audacieux, mais qui n'est pas sans fondement législatif. Considérant que pèsent sur [Tanu] des « charges certaines » pour « des faits graves et inadmissibles », il conclut : « De plus, il n'offre pas de garantie de représentation, *puisqu'il encourt une peine plancher.* »

Les observations sur le gymnase qui n'est pas le bon et sur la casquette bleu-clair qui n'est pas noire ne retiennent pas l'attention, et Tanu part immédiatement en prison, au Centre des jeunes détenus de Fleury-Mérogis, en détention provisoire, pour deux semaines.

Il faut souligner, à ce stade, le contraste saisissant entre la pauvreté, les lacunes et les erreurs de l'enquête portant sur cet adolescent, et le poids de la loi nouvelle qui « motive » son incarcération.

Décortiquons le raisonnement : Tanu est connu de la justice des mineurs depuis son enfance difficile, mais la « présentation immédiate » (de notre nouveau droit) ne le présente pas à « sa juge », comme disent les enfants habitués de ces prétoires… Elle le verra en effet, mais dans quinze jours : c'est le parquet qui décide. Si Tanu est jugé coupable, il sera récidiviste.

S'il est récidiviste, il encourt une peine plancher (d'après notre nouveau droit). S'il craint une peine plancher, très lourde – des mois de prison avant d'espérer un aménagement significatif –, il va s'enfuir, ou du moins on peut le craindre. Donc, il n'offre pas de garantie de représentation. Donc, pour éviter la fuite de cet adolescent qui va à l'école et dont on ne vérifie pas les dires, il faut l'embastiller vite fait. Ce qui fut fait.

L'enquête officielle ne fut pas poursuivie durant cette longue détention provisoire, mais, après avoir visité Tanu à Fleury, puis rencontré sa mère à Paris, j'apprends que son grand frère a retrouvé le moniteur de foot du gymnase de la rue de C. qui confirme par témoignage écrit et authentifié les dires de Tanu : il était bien au gymnase ce jour-là, avant l'agression qu'on lui impute – mais avec une incertitude sur l'horaire. Or le gymnase est à cinq minutes de scooter du lieu de l'agression, et à vingt-cinq minutes à pied. L'enquête familiale « privée » a donc reconstitué l'alibi, mais imparfaitement. Cependant, bien sûr, je fournis ce certificat au tribunal et au parquet dès le matin, avant même l'ouverture de l'audience de 14 heures.

Celle-ci commence normalement. La présidente présente et résume les éléments du dossier. Tanu réitère ses dénégations et s'explique. Sa mère est entendue, ainsi que deux éducatrices.

Selon leurs dires, comme d'après leurs rapports écrits, fournis au tribunal, au parquet et à la défense, Tanu « … est parfaitement accessible à l'aide éducative. Ses efforts et son implication scolaire, cette année, ont abouti à une inscription dans un lycée pour préparer un bac professionnel ».

L'un de ces rapports, daté de la veille même de l'audience, est caractéristique de la justice des mineurs à la française. Consciente de son rôle éminent, s'adressant sans complexes aux magistrats du parquet et du siège, la signataire, qui est présente à l'audience où on lui a donné la parole, persiste et signe dans son jargon crypté :

« … l'intervention de l'AEMO renforcée par l'éducatrice de l'ANEF et l'intervention dans le cadre du SME, récente et que [Tanu] a respecté, sont visibles et positifs. C'est pourquoi la décision prise, *quelle que soit la décision du tribunal quant à sa culpabilité*, devrait lui permettre de poursuivre son projet de retour à la scolarité, tout en continuant à être suivi sur le plan éducatif. »

Cela veut dire qu'à son avis – et elle a l'habitude de voir son avis peser lourd dans la balance de la justice – même si Tanu est déclaré coupable, il vaudrait mieux qu'on ne l'envoie pas en prison.

« Vaudrait mieux » pour qui ? Pour lui, sans doute. Pour nous aussi, pour la société qui a plutôt intérêt à laisser cet adolescent poursuivre ses études, sous surveillance et assistance des éducateurs, sous contrôle judiciaire – même après sa majorité –, avec les encouragements des adultes, plutôt que sous les verrous.

Le procureur est embarrassé. Il a pris conscience des insuffisances de l'enquête. Ce n'est pas lui qui avait requis la détention provisoire, il y a deux semaines. Il s'en tire assez bien, sans trop s'engager, et requiert une peine modérée, « si la culpabilité est reconnue », sans nier que des éléments de doute pourraient être pris en considération… Je respire.

Pourtant, au moment de commencer à plaider, je suis envahi par la peur. Non par le trac – j'ai trop l'habitude de prendre la parole –, mais par la peur de ne pas savoir convaincre. Le voir retourner en prison ? Ce serait ma faute. Je m'en indigne d'avance. Je risque de perdre mon sang-froid.

Le rôle d'un avocat d'enfant est double. Comme conseiller, il est un « travailleur social » spécialisé : aider un enfant, c'est toujours gratifiant et valorisant. Mais, comme défenseur, l'avocat n'est qu'un faible « auxiliaire de la justice », faible et désarmé, avec ses seuls mots pour décrire, analyser et convaincre une juridiction qui, elle, va « dire » le droit. C'est parfois angoissant : si j'échoue, ce n'est pas moi qui supporterai les conséquences, c'est cet enfant-là. Plus éprouvant encore quand l'enfant n'a pas de père ; or, c'est terriblement fréquent. Alors, obscurément, on devient presque son père en parlant, comme si l'on pratiquait l'antique *tollere* romain, ce verbe qui veut dire aussi bien « prendre en charge » que « soulever » ou « porter ». C'est le cas aujourd'hui.

Mais puis-je porter tout cela sur mon dos ? Les vers de Heine, la plainte d'Atlas, dans ce lied tragique de Schubert, me reviennent à l'esprit :

> « *Die Ganze Welt der Schmerzen muss ich tragen,*
> *Ich trage Unerträgliches und brechen*
> *Will mir das Herz im Leibe*[1]*…* »

1. « … *Je dois porter toute la souffrance du monde,*
Je dois porter l'im(sup)portable
Et mon cœur va se briser. »
Heinrich Heine, *Atlas,* in *Buch der Lieder* (*Le Livre des chants*). Écouter Franz Schubert, *Schwannengesang* (*Le Chant du cygne*).

Ai-je vraiment la responsabilité de cet enfant abandonné par son père ? Suis-je seul garant au monde de sa liberté ?

Bien sûr que non : la présidente est, plus que moi, une professionnelle de la justice des mineurs ; ses deux assesseurs sont des femmes d'expérience, cela se voit ; ce jeune procureur n'est pas une brute, je l'avais déjà constaté lors d'une autre audience ; les deux éducatrices ont été à la fois précises et éloquentes, convaincantes, c'est sûr. Mais est-ce si sûr ?

Et sa mère, émouvante par-delà ses larmes, évoquant la difficulté d'élever un garçon « sans un homme à la maison », n'a-t-elle pas visiblement bouleversé les trois femmes du tribunal, et même le procureur et le greffier qui, tous, la regardaient en face ? Je n'ai qu'à décrire les faits. Rappeler l'esprit de nos lois. Dénoncer les lacunes de l'enquête bâclée, ses invraisemblables contradictions, les témoignages de toutes sortes. La relaxe va s'imposer…

Mais je ressens au contraire un doute grandissant. Car, si j'étais au parquet, je sais bien ce que j'aurais attaqué pour commencer : les délais et les horaires, l'alibi imparfait, le passé et la récidive, le *modus operandi* identique pour le même délit au même endroit. Et, enfin, ce témoignage formel : la reconnaissance précise et nominative du fuyard, juste à côté du lieu de l'agression. Dans le quartier, on le connaît ! Si j'étais procureur, serais-je capable de faire condamner ce récidiviste – mais l'est-il une nouvelle fois ?…

Pourtant, la justice a failli : il vient de passer plus de deux semaines en prison sans raison valable. Pendant ce temps, aucun acte d'instruction n'a été accompli. Aucune véritable vérification d'alibi, aucune confrontation, aucune exploitation de la vidéo-surveillance du gymnase. Pas d'instruction à charge et à décharge. Le doute est là : il doit profiter à celui que la justice a incarcéré… prétendûment dans l'intérêt de la justice : « garantir le maintien du susnommé à la disposition de la justice ». Mais contrairement à l'esprit des lois – article 137 : « Toute personne mise en examen, présumée innocente, demeure libre. » Il a dix-sept ans.

J'annonce que je vais plaider assez longtemps, à l'issue de cette procédure accélérée, en soulignant que, selon la décision du tribunal, Tanu, qui sera majeur dans deux mois, va peut être achever sa jeunesse adolescente dans le parcours scolaire qu'on nous a décrit, ou peut-être, au contraire, commencer sa vie d'adulte en prison. En prison pour adultes, dès janvier, pour longtemps.

Sans rien nier ni omettre de ce qui peut laisser planer un doute, je tente d'utiliser au mieux tous les éléments en sa faveur : personnalité de Tanu, enquête non poursuivie, horaires incertains, vidéos non exploitées, absence de confrontation, PV contradictoires, casquette accablante et versatile, esprit de l'ordonnance de 1945, hésitations du parquet… Au bout d'une demi-heure, je suis en nage et je m'arrête. Tanu, interrogé, déclare qu'il n'a rien à ajouter. Tout le monde se lève quand le tribunal se retire pour délibérer ; puis, à nouveau, quand il rentre, dix minutes plus tard.

C'est la relaxe qui est prononcée, au bénéfice du doute. La présidente commente la décision à l'intention de Tanu en lui disant à peu près mot à mot : Si vous êtes en effet coupable, cette longue détention provisoire vous aura servi d'ultime avertissement ; mais elle est très regrettable si vous êtes innocent…

C'est bien jugé.

Conclusion

Lutter pour la restauration de la justice des mineurs

> « *France, mère des Arts, des Armes et des Lois,*
> *Tu m'as nourri longtemps du lait de ta mamelle…* »
>
> Joachim du Bellay, *Les Regrets.*

Il est de plus en plus manifeste qu'une intense exploitation politico-médiatique cherche à détourner l'opinion publique française de toute réflexion sur les origines socio-économiques et psychologiques de la délinquance juvénile en focalisant l'attention sur des crimes, des drames exceptionnels et des tragédies individuelles. Ce que l'on appelait jadis un « fait divers » est érigé en « exposé des motifs » de lois de circonstance qui se succèdent et s'accumulent, parfois redondantes, voire contradictoires.

Certes, l'exploitation politicienne par la droite du thème de l'insécurité n'est pas une nouveauté, mais elle est entrée dans une nouvelle phase, depuis dix ans, et a pris un nouveau « style » – si l'on peut dire –

sous l'influence de Nicolas Sarkozy, d'abord chef de la Police, puis chef de l'État.

Déjà, en juin 1980, un an avant d'être chassé du pouvoir par le peuple souverain, Alain Peyrefitte, ministre de la Justice de Valéry Giscard d'Estaing, nous conjurait, du haut de la tribune de l'Assemblée nationale, de « regarder les choses en face et d'avoir le courage d'en tirer les conséquences ». Car, s'exclamait-il, « beaucoup, notamment parmi les femmes et les personnes âgées, en viennent à vivre dans la hantise des agressions[1] ! ».

Pour appuyer ses cris d'alarme tout en faisant une vacherie à son prédécesseur – c'était sa manière –, Peyrefitte nous lut benoîtement une vieille lettre du 13 avril 1964 où le général de Gaulle se plaignait auprès de Jean Foyer, alors son ministre de la Justice, d'une « ... tendance à aller trop loin dans le sens de la mansuétude, notamment en ce qui concerne les récidivistes, [...] de nature à compromettre l'efficacité de la répression en un moment où la délinquance et la criminalité s'accroissent ».

Nous admirâmes l'élégance du procédé consistant à faire gronder Foyer – qui présidait alors la commission des lois – par de Gaulle (mort depuis dix ans) en fouillant parmi les archives de la chancellerie ! C'était l'époque des lois antisyndicales et liberticides, dites « Sécurité et Liberté » après les lois « Anticasseurs », que nous combattîmes opiniâtrement au Parlement, Mitterrand en tête, avant de les abroger joyeusement dès qu'il entra à l'Élysée.

En 1980, le débat avait été rude et Mitterrand très cinglant contre l'auteur de cette « loi de répression

1. *Journal officiel*, 2e séance du 11 juin 1980, p. 1748.

sociale, accroissant le caractère d'une justice de classe »... Il dénonça « l'hypocrisie... d'une procédure expéditive... qui s'en prend par la bande aux mouvements sociaux[1] ». Je viens de me réjouir en relisant intégralement au *Journal officiel* ce débat avec ses incidents de séance, dont celui que je provoquai moi-même, par une innocente allusion littéraire, en m'exclamant pour interrompre : « Peyrefitte, tartuffe ! »

Mitterrand avait à plusieurs reprises porté le débat au plan philosophique et sociologique qui s'imposait, et conclu par un rappel historique : après avoir cité Adolphe Thiers qui demandait cent ans plus tôt à la Chambre, en avril 1871 : « Oui ou non, messieurs, voulez-vous l'ordre ? », Mitterrand rappelait que « ... l'ordre, vu par Thiers, était celui des Versaillais, fondé sur trente mille exécutions de communards !... ».

Depuis dix ans, aujourd'hui, ce ne sont pas de grandes lois liberticides à la Peyrefitte, mais d'innombrables textes qui viennent plusieurs fois par an, l'un après l'autre, rogner les libertés à travers le statut de l'audiovisuel public[2] ou le droit du travail[3], et surtout en démolissant notre droit des mineurs et son ordonnance fondatrice de février 1945 avec un acharnement maniaque, comme on l'a vu au chapitre 11.

Le style a changé : plus brutal, avec les procédures parlementaires accélérées et maltraitées ; plus violent, avec ces menaces physiques d'armes « non létales », Kärcher rimant avec Taser ; plus vulgaire, enfin, avec l'inauguration de l'usage de l'argot dans l'injure

1. *Ibid.*, pp. 1753 ss.
2. Cf. Pierre Joxe, *op. cit.*, Chapitre 8 : « Où le droit du travail est spectaculairement sorti du bourbier ».
3. *Ibid.*, chapitre 9 : « L'indépendance des médias ».

publique par une autorité publique : « Casse-toi, pauvre con… »

Le succès de cette action politico-idéologique dépasse sans doute les espérances de ses auteurs. En effet, hélas, la philosophie sous-jacente à la théorie fantasmatique de la « tolérance zéro », à l'idéalisation de la « réponse pénale » accélérée, à l'abandon des politiques de prévention, comme le désir de plaire à une opinion égarée par la peur des jeunes et abusée par d'obscures pulsions vengeresses, tous ces facteurs réunis ont conduit plusieurs hommes et femmes politiques se réclamant de la gauche à prendre publiquement certaines des positions emblématiques de la droite la plus répressive.

C'est, en 1998, Jean-Pierre Chevènement, jadis animateur d'un « courant de gauche » du parti socialiste, qui stigmatise les « sauvageons » des « quartiers chauds », puis, après avoir ainsi réussi un effet rhétorique digne de l'Exposition coloniale de 1931 par l'élégante allitération « sauvages/sauvageons », feint d'avoir choisi le mot dans le vocabulaire de l'arboriculture[1]…

C'est, en 2002, Julien Dray, député socialiste de l'Essonne, dont on ne sait s'il est peu ou trop crédible en matière de délinquance, déclarant à la tribune de l'Assemblée nationale : « … On ne choisit pas là où l'on naît, mais on choisit sa vie et, à un moment donné, on choisit de devenir délinquant. Dès lors, la société ne peut trouver d'autre solution que la répression de tels actes[2]. » Il est vrai qu'il ne tiendrait peut-

1. On pouvait y voir « exposés » à Paris dans le premier zoo de Vincennes, près des animaux sauvages, des Canaques parqués dans un enclos, dans un petit « zoo humain »…

2. *Journal officiel*, 1re séance du 16 juillet 2002. Question préalable.

être pas aujourd'hui de tels propos, formellement inexacts quant au droit français, comme il ne peut plus l'ignorer.

C'est, en 2007, Ségolène Royal, candidate socialiste à l'élection présidentielle, qui préconise, en direct sur TF1, le placement des jeunes « en difficulté » dans des « camps militaires », popularisant avant la droite cette absurdité mise en route depuis lors par une proposition de loi votée le 12 octobre 2011 par l'Assemblée, que tous les parlementaires de droite n'ont pas soutenue et que les syndicats de magistrats, unanimes, dénoncent comme une supercherie lourde de conséquences, qui disqualifie au passage les éducateurs professionnels de la Protection judiciaire de la jeunesse comme les nombreux organismes associatifs qui l'assistent utilement depuis des lustres.

C'est, en 2010, la honteuse proposition de loi déposée par le député Jack Lang, associé pour la circonstance à l'UMP Baroin, proposition combattue par le groupe socialiste dont Lang fut longtemps membre et qui a fini par aboutir, grâce à sa reprise par amendement, à la mise en cause du principe de la publicité restreinte, affligeant épisode relaté plus haut (chapitre 10)

Tous ces reniements individuels ne seraient pas aussi graves si les personnalités citées n'étaient pas engagées, sans exception, au plus haut niveau de l'action politique, comme candidats ou seconds couteaux, et n'avaient pas délaissé pour la circonstance les idéaux et les principes défendus depuis des générations par le sénateur Victor Hugo, le député Jean Jaurès, le président François Mitterrand et, aujourd'hui, par Martine Aubry et François Hollande, comme, heureusement, par le plus grand nombre des responsables politiques de la gauche en France et plusieurs au centre et même à droite…

Mais ce n'est pas seulement le style, c'est le champ d'action et la zone d'influence des vieilles idées réactionnaires qui ont changé depuis le temps des lois antisyndicales baptisées « anticasseurs ». À la place des mouvements sociaux et des grèves des décennies antérieures, c'est la jeunesse qui est aujourd'hui criminalisée – mais particulièrement la jeunesse des « quartiers », ce qui signifie, en français contemporain : des quartiers pauvres. Et, de façon explicite ou voilée, le lien a été de plus en plus suggéré, puis proclamé, comme on l'a vu, entre délinquance et immigration.

En juillet 2010, à la suite des graves incidents de Grenoble, le chef de l'État fit un discours remarqué assimilant une fois encore l'une et l'autre : « Nous subissons les conséquences de cinquante années d'immigration », déclara-t-il avant de conclure, comme jadis Pasqua, en appelant à « une véritable guerre ».

Le président d'honneur de la Ligue des droits de l'homme, Michel Tubiana, répliqua pertinemment que, « … sur ce terrain-là, le président de la République et son gouvernement ont manifestement décidé d'agiter les vieux refrains des années 1930 destinés à attiser la haine contre les étrangers ».

Il faut donc réagir sur un nouveau terrain, face à ce qui est réellement une offensive de l'obscurantisme, lequel ne se limite pas aux railleries incultes visant *La Princesse de Clèves.*

Bien que cela demande un peu de travail, beaucoup de lectures et plus encore d'observations concrètes sur la vie de notre pays, il n'est pas difficile de mesurer, en France, l'intensité de la lutte d'idées au sujet de la jeunesse, de son statut social et du droit qui la régit. Aujourd'hui, d'innombrables travaux scientifiques, recherches sociologiques, études académiques ou gouvernementales à travers l'Europe comme à travers le monde, soulignent l'importance de cette problématique : celles d'une jeunesse des « quartiers » dont l'avenir professionnel est incertain – pour des raisons économiques – et dont l'insertion est rendue plus difficile par ses origines culturelles, ethniques et souvent postcoloniales.

À cet égard, comme j'avais déjà pu le constater il y a vingt-cinq ans, ayant été chargé d'administrer successivement la Police puis la Gendarmerie nationale, il y a des pays exemplaires comme le Québec catholique ou la Suède protestante : aucune décision, aucune réforme, aucune législation n'est entreprise dans ce domaine sans consultations et études préalables. Sociologues et juristes, psychologues et démographes, tous les spécialistes en sciences sociales sont mobilisés, car considérés comme des aides à la décision, au service de la société – en quelque sorte, eux aussi, comme des « auxiliaires de la justice ». En Suisse, on l'a vu[1], en Allemagne, en Autriche et même en Angleterre – où je viens de participer à un séminaire franco-britannique présidé par l'attorney général en personne durant une journée entière –, la pensée et le débat public précèdent l'action.

En France, au contraire, c'est aujourd'hui l'obscurantisme qui triomphe. La réflexion est méprisée, l'expérience ignorée, un pouvoir affaibli provoque et utilise l'émotion populaire pour se poser ridicule-

1. Cf. *supra*, chapitre 11.

ment en « protecteur ». « Je dois protéger les Français », répète à l'envi le chef de l'État, chef des armées, qui invitait il y a peu le terroriste Kadhafi à planter sa tente dans les jardins de l'Élysée afin de mieux vendre les avions du sénateur Dassault à ce tyran fou.

Il ne devrait pas être très difficile au peuple français de sortir de cet obscurantisme. Il suffit d'ouvrir les yeux, de « regarder les choses en face et d'avoir le courage d'en tirer les conséquences », comme le proposait Alain Peyrefitte il y a trente ans…

On n'est pas obligé d'adhérer à toutes les analyses du sociologue Laurent Mucchielli, du CNRS, qui vient de publier, après des années d'études et de collaborations croisées en France et en Europe, un nouvel ouvrage sous-titré : *Des peurs, des chiffres, des faits.*

Analysant les chiffres et les faits relatifs à la violence dans notre société, qui ne date pas d'hier, il montre qu'à partir de statistiques manipulées et du traitement médiatique des faits divers le sentiment d'insécurité s'accroît dans une société… moins violente qu'autrefois ! Les jeunes volent moins. Ils commettent peu de crimes. Leur part ne croît pas dans la criminalité générale : elle décroît. Ils sont plus poursuivis, mais pour « outrages », pas pour violences… Cependant, les statistiques globalisent : outrages + rébellion + violences = 4,1 %. Dont outrages = 3,2 %.

Alors qu'on entend parler de l'explosion de la violence des plus jeunes, la statistique judiciaire montre que les moins de treize ans forment 3 % des mineurs condamnés soit : 0,3 % du total des condamnés. Et cela ne change pas depuis vingt ans !

Alors ?

En choisissant comme titre pour son dernier livre *L'Invention de la violence*[1], Mucchielli paraît provocateur, mais non ! Il décrit notre société où l'on parle peu des grands délinquants financiers qu'on juge trente ans après leurs détournements, quand on les juge…

On peut contester, discuter les analyses d'un autre sociologue, Laurent Bonelli[2], de l'université Paris-X, encore faut-il l'avoir lu. À défaut de s'astreindre à lire tous ses ouvrages, on peut consulter quelques articles comme celui de septembre 2011 intitulé « Urgences sociales, outrances sécuritaires », dans *Le Monde diplomatique*, moins ardu que les Prussiens Kant ou Schopenhauer si l'on s'intéresse au principe de raison. Ainsi dans ces deux paragraphes :

« La disjonction entre "l'insécurité" et les questions sociales et économiques est cruciale pour comprendre le débat actuel. En effet, dès que l'on reporte à un avenir indéfini le travail sur les origines de la délinquance, il ne reste plus guère qu'à faire de la responsabilité individuelle du délinquant (voire de ses parents) le principal axe d'intervention publique.

« Une telle philosophie libérale, qui perçoit la société comme une juxtaposition d'acteurs rationnels, libres et égaux, agissant en fonction d'un calcul coût/avantages, imprègne tout autant les déclarations de M. Éric Ciotti, député UMP, selon lequel "la meilleure des préventions, c'est d'abord la crainte de la sanction" (*Le Figaro*, 10 août 2010), que celle de M. Julien Dray, député socialiste, expliquant le 16 juillet 2002 à la tribune de l'Assemblée : "… On choisit de devenir

1. Fayard, 2011.
2. *L'État démantelé. Enquête sur une révolution silencieuse*, La Découverte, 2010.

délinquant." Or, isoler ainsi l'individu interdit de saisir les systèmes de relations dans lesquels ces actes, y compris déviants, prennent sens. »

On ne peut pas reprocher au ministre de la Justice de ne pas lire toutes les revues de sociologie ou de criminologie, mais, apparemment, il ne lit même pas ce qu'il publie lui-même, puisque, dans sa propre revue, les *Cahiers d'études pénitentiaires et criminologiques* (n° 36, mai 2011[1]), on découvre – ce que les magistrats et avocats observent empiriquement de leur côté – que les risques de récidive diminuent d'autant plus que les condamnés bénéficient d'aménagements de peines et de liberté conditionnelle. C'est encore plus vrai pour les mineurs que pour les adultes. Cela rejoint précisément toute une dimension de l'expérience des juges des enfants depuis des lustres : si la détention devient inévitable, il vaut mieux commencer tout de suite à préparer la sortie, plutôt que de laisser le jeune s'enkyster en prison. Mais la politique suivie depuis plusieurs années conduit à réduire les moyens de la protection judiciaire de la jeunesse et à accroître de 20 % le nombre de places en prison. La France va-t-elle ainsi rattraper la Grande-Bretagne au palmarès des incarcérations ?

La brève bibliographie publiée en fin de ce volume permettra à qui le voudra de commencer à approfondir cette problématique qui nous concerne tous, qu'on se place d'un point de vue pragmatique ou sur le plan des principes éthiques censés guider la vie politique d'une démocratie, donc de notre pays.

1. Consulter http://www.justice.gouv.fr/prison-et-reinsertion

D'un point de vue purement pragmatique et en tant qu'il concerne les mineurs, les principes et l'organisation du service public de la justice sont des éléments essentiels d'une politique de prévention, et donc de toute politique de sécurité. Le mineur, l'enfant délinquant, n'est pas destiné par la fatalité à entrer ni à demeurer dans la délinquance d'habitude. S'il y tombe, la société a le devoir de – et, en outre, elle y a intérêt – l'aider à en sortir. À cet égard, l'ordonnance française de 1945 et la loi fédérale suisse de 2005 ne sont pas des textes idéalistes, ni l'œuvre de rêveurs.

Mais il n'est pas interdit de se placer sur le plan éthique lorsqu'on envisage le déroulement d'une enfance et d'une adolescence dans une société où les fonctions éducatives ne sont pas seulement assumées par la famille ou par l'école. La société globale fournit elle aussi un modèle. La société est un modèle, elle éduque pour le meilleur ou pour le pire.

Certes, les enfants qui ont la chance de naître et grandir dans un milieu familial aimant, attentif et protecteur, en tireront avantage toute leur vie. Mais beaucoup d'enfants en sont privés dès leur naissance ou dès leur enfance... J'en ai évoqué quelques exemples. Le tiers, ou plutôt la moitié des mineurs que j'ai pu observer en un an, devant les tribunaux pour enfants, n'avaient pas de père. Pas du tout, ou pas vraiment.

Évidemment, l'école maternelle « à la française », suivie de la « grande école », puis du collège, puis, pour beaucoup, du lycée, éventuellement prolongé par des études « supérieures », ces couches éducatives successives contribuent encore à former, voire à formater des personnalités entraînées à vivre ensemble tant bien que mal, malgré les inégalités sociales qu'elles ne contribuent pas souvent à réduire. Mais bien plus de la moitié des mineurs qui viennent devant un juge sont « déscolarisés ». Ce terme même n'est pas très adapté : beaucoup de ces enfants n'ont jamais été véritablement « scolarisés ».

En revanche, si tous les enfants ne sont pas également bénéficiaires d'une éducation familiale ou d'une scolarité formatrice, tous sans exception regardent, observent et jugent le modèle offert par la société où ils vivent, et qui les attend.

Or notre modèle de société est très problématique.

Article I : « *La France est une république sociale* », proclame notre Constitution. Mais les inégalités de revenus, en France, se sont tellement accrues depuis dix ans que le luxe insolent des plus riches – de plus en plus riches – n'est pas ignoré des plus pauvres. Et, pendant que nos professeurs sont les plus mal payés d'Europe, les consommations de luxe sont présentées par les médias comme consubstantielles à la réussite : soupers au Fouquet's, montres de luxe, yachts merveilleux, villas géantes.... La fraude et l'évasion fiscales des milliardaires, et même des millionnaires, sont connues de tous et non combattues, alors que l'on saisit facilement quelques meubles et la télé dans le F3 d'un pauvre.

Article I : « *La France assure l'égalité devant la loi de tous les citoyens sans distinction d'origine, de race ou de religion* », dit encore le même texte. Mais, pour la plupart, les adolescents vivant dans les ghettos de relégation sociale n'en croient rien. Ce n'est pas ce qu'ils vivent. Soumis à d'incessants contrôles d'identité par le jeu de la « politique du chiffre » dont les syndicats de police se plaignent eux-mêmes, ils ne voient pas cette égalité. Encore moins quand ils appartiennent aux « minorités visibles ». Une grande partie de la « délinquance d'ordre public » trouve là sa source : la violence individuelle paraît légitimée par la violence sociale.

L'éducation sociétale, celle que la République offre à notre jeunesse, celle de l'exemple donné par les institutions, ne valorise aujourd'hui ni le travail ni la culture. Un *trader* gagne vingt fois plus qu'un instituteur. Un PDG d'entreprise publique « privatisée » gagne cent fois plus qu'un professeur à la Sorbonne. Si c'est l'argent qui est le signe de la valeur des êtres, alors qu'importe le moyen d'en avoir, surtout si le chômage paraît le seul avenir ! Une grande partie de la « délinquance d'acquisition » vient de là : le vol semble légitimé par l'injustice.

Tout cela n'est pas entièrement nouveau, et une grande partie de l'histoire sociale de notre XIXe siècle relève d'analyses comparables. Mais, aujourd'hui, cette situation est aggravée par une nouvelle tendance, inédite dans notre histoire contemporaine, et qui nous renvoie loin en arrière dans notre passé.

À force de déclarer que les « quartiers difficiles » sont des « zones de non-droit » – comme si les paradis fiscaux n'existaient pas ! –, la droite française a commencé à mettre en œuvre un droit spécial dont je découvre peu à peu qu'il est précisément destiné à ces zones, à ces quartiers-là.

Mon attention a été attiré – comme tout le monde, je pense – par la mise en vigueur de l'« état d'urgence », lors de la crise sociale de 2005. La loi de 1955 qui définit l'état d'urgence avait été votée pour faire face aux événements liés à la guerre d'Algérie : « L'état d'urgence peut être déclaré sur tout ou partie du territoire métropolitain ou des départements d'outre-mer, soit en cas de péril imminent résultant d'atteintes graves à l'ordre public, soit en cas... de calamité publique. » Il permet, pour une période réduite, de limiter certaines libertés : droit de réunion, couvre-feu, perquisitions de nuit sans cadre judiciaire, contrôle de la presse, assignations à résidence, etc.

Il n'a été instauré que cinq fois en un demi-siècle : toujours en relation avec des événements coloniaux... ou *postcoloniaux* : en Algérie en 1955, en 1958, puis en 1961 lors du putsch des généraux félons ; en Nouvelle-Calédonie durant la crise de 1984 ; en France métropolitaine, par décret du 8 novembre 2005, à Paris et dans l'ensemble de la région parisienne ainsi que – partiellement – à dix-sept autres départements[1]. La liste donnée en note des territoires concernés mérite d'être lue et se passe de commentaires. Tout le monde le sait, c'est essentiellement là que sont concentrés la misère, le chômage, la désespérance des jeunes. C'est donc là que s'applique déjà avec le plus de rigueur un droit pénal spécial qui n'aura bientôt plus rien à voir avec l'ordonnance de 1945.

C'est là aussi qu'est entré progressivement en application un statut civil discriminatoire dont la com-

1. *Alpes-Maritimes* : Nice ; Saint-Laurent-du-Var. *Bouches-du-Rhône* : Marseille. *Côte-d'Or* : Dijon ; Chenôve ; Longvic. *Eure* : Évreux ; Gisors. *Haute-Garonne* : Toulouse ; Colomiers ; Blagnac. *Loiret* : Orléans. *Meurthe-et-Moselle* : Nancy ; Vandœuvre-lès-Nancy. *Moselle* : Metz ; Woippy. *Nord* : l'ensemble des communes de la communauté urbaine de Lille-Métropole. *Oise* : Méru ; Creil ; Nogent-sur-Oise. *Puy-de-Dôme* : Clermont-Ferrand. *Bas-Rhin* : Strasbourg ; Bischheim. *Haut-Rhin* : Mulhouse. *Rhône* : Lyon ; Vénissieux. *Seine-Maritime* : Rouen ; Le Havre. *Somme* : Amiens. *Vaucluse* : Avignon.

plexité des éléments constitutifs rend la connaissance assez ardue ; il s'agit en effet de la combinaison implacable de deux séries de dispositions nouvelles enchevêtrées dans notre droit : les « peines plancher » et les « exceptions aux atténuations de peine » applicables aux mineurs de seize à dix-huit ans.

Les vrais amateurs de droit iront directement consulter et disséquer sur Internet les dispositions combinées de plusieurs articles du Code pénal applicables en cas de récidive avec l'article 20-2 de l'ordonnance de 1945 (profondément modifié en 2007). Pour les lecteurs qui seraient légitimement rebutés par cet exercice, j'en dresse un tableau simplifié :

Les « peines plancher » créées par la loi de 2007 contraignent le juge des enfants, dans certains cas de récidive d'un mineur, à prononcer une peine minimale. Le plafond représente la moitié de la peine maximale pour adulte. Le « plancher », lui, impose une limite basse à l'appréciation du juge. C'est pourquoi cette entrave au principe de la « personnalisation » de la peine est critiquée.

Mais la loi de 2007 prévoit un petit assouplissement. L'article 132.19.1 précise par exemple, pour les délits :

« Toutefois, la juridiction peut prononcer par une décision *spécialement motivée* une peine inférieure à ces seuils ou une peine autre que l'emprisonnement en considération des circonstances de l'infraction, de la personnalité de son auteur ou des *garanties d'insertion* ou de réinsertion présentées par celui-ci ».

Dans certains cas – les plus graves – « la juridiction ne peut prononcer une autre peine que l'emprisonnement. »

Pourtant, là encore, un assouplissement est prévu : « Par décision *spécialement motivée*, la juridiction peut toutefois prononcer une peine d'emprisonnement d'une durée inférieure aux seuils prévus par le présent article si le prévenu présente des *garanties exceptionnelle d'insertion* ou de réinsertion. »

On le comprend, le régime est rigoureux, mais les exceptions possibles. Voire…

Car si la Déclaration des droits de l'homme proclame depuis deux siècles en son article 6 que « *la loi doit être la même pour tous, soit qu'elle protège, soit qu'elle punisse…* », cette loi-là, celle de 2007, n'est pas la même pour tous, comme j'ai tenté, presque seul, à l'époque, de le faire valoir, dans le débat qu'elle suscita au Conseil constitutionnel. J'en avais alors l'intuition ; j'en ai à présent la démonstration.

Un jeune orphelin de père, paumé et plus ou moins abandonné par une pauvre mère qui n'en peut plus, engagé dans la délinquance malgré des éducateurs ou des services sociaux acharnés à le sauver, ce jeune-là n'offrira pas les « garanties d'insertion », encore moins les « garanties exceptionnelles », et si, par miracle, il bénéficie d'une décision « spécialement motivée », celle-ci risquera d'être réformée sur appel du parquet.

Cette loi n'est pas la même pour tous.

Elle concerne *tout le monde* ? Théoriquement ; mais, en réalité, elle ne peut frapper que les plus déshérités parmi les déshérités…

Fort heureusement, actuellement, la plupart des magistrats du parquet font preuve de discernement en ne requérant pas l'application de la peine plancher, ou en ne s'opposant pas à la décision d'un tribunal qui écarte cette peine automatique en faisant état de garanties de réinsertion pas nécessairement « exceptionnelles ». Mais, juridiquement, si la loi autorise le juge à déroger à cette peine minimale au regard des « garanties exceptionnelles », aucune définition légale de ces garanties n'existe. Tout dépend dès lors de la pratique du parquet ou des juges.

Beaucoup d'entre eux, pour tenir compte de l'amorce d'une évolution chez un adolescent, même fragile, sont contraints à de véritables acrobaties juridiques pour ne pas compromettre l'avenir.

Ainsi le jeune C., bien connu pour de petits délits (bagarres, vols de téléphones, consommation de cannabis…), s'est trouvé confronté à des réquisitions d'application d'une peine plancher pour des faits de violences volontaires en réunion. Il avait, dans le bus, avisé un camarade de classe qui, l'année précédente, l'avait frappé. Il lui avait donné des coups. Plutôt que de prononcer une peine plancher peu constructive, le tribunal a préféré, alors que les services éducatifs de la PJJ avaient trouvé une place libre en centre éducatif renforcé en province, prononcer une peine de six mois, assortie d'un sursis avec mise à l'épreuve pour une durée de dix-huit mois, le tout associé à une obligation de formation et d'un placement dans ce centre.

Il gardait ainsi la possibilité, en cas d'échec de la mesure (fugue du centre, par exemple…), de révoquer une partie de la peine prononcée et de garder une marge de manœuvre destinée à faire pression sur le jeune homme à sa sortie de prison.

Rares sont les appels du parquet, cependant possibles. Celui d'un tribunal de la région parisienne en a ainsi décidé pour un jeune de dix-sept ans engagé dans une spirale délictueuse inquiétante, s'orientant à l'évidence vers le trafic de stupéfiants et généralement absent des audiences auxquelles il était convoqué, lesquelles se tenaient en la seule présence de l'un de ses parents. Arrêté pour cession et détention de produits stupéfiants, il avait été l'objet d'une procédure de présentation immédiate, incarcéré et jugé deux semaines plus tard. Alors que le parquet sollicitait l'application d'une peine plancher de deux ans, le tribunal l'a condamné à une peine d'emprisonnement ferme de quatre mois. Le parquet a immédiatement interjeté appel. La cour d'appel appréciera.

Beaucoup de magistrats, d'éducateurs et d'avocats espèrent que ce droit improvisé dans la frénésie sera abrogé sans délai, comme le furent les lois Peyrefitte. En attendant, il est bien là.

On voit donc se développer aujourd'hui en France un droit spécial pour les zones dites « de non-droit ». Un droit qui restreint le pouvoir des juges dans l'application du principe constitutionnel de la personnalisation des peines. Un droit qui incrimine aussi les rassemblements de jeunes n'ayant guère de lieu où se retrouver dans des cités-dortoirs où règnent la pauvreté et un chômage endémique. Certes, cette législation parallèle ne rétablit pas la peine de mort que François Mitterrand a fait abolir par le Parlement quand nous étions majoritaires, mais elle organise des peines spéciales qui peuvent rendre la vie impossible et conduire à la mort civile.

Les magistrats la réprouvent en général et savent la contourner ; elle n'est guère appliquée, mais elle garde sa puissance symbolique.

Elle n'est guère appliquée parce que les policiers eux-mêmes la jugent inapplicable – en particulier dans les cités où n'existe aucun équipement pour les jeunes… Cela leur est parfois reproché. Ainsi lisons la plainte d'un sénateur adressant une question écrite au ministre de l'Intérieur, en 2004, pour lui reprocher de ne pas appliquer l'article 61 de la loi pour la sécurité intérieure de 2003. Voici les termes de sa protestation, bien argumentée en droit comme en fait :

« La loi offre désormais aux policiers un cadre juridique pour effectuer des contrôles d'identité, éventuellement suivis de gardes à vue, dans les lieux privés que sont les halls d'immeuble, et pénaliser sous la forme d'une amende de 3 750 euros et de deux mois d'emprisonnement les délits d'entrave. Mesure destinée à lutter contre le sentiment d'insécurité dans les quartiers difficiles, ce texte connaît néanmoins de sérieuses difficultés d'application. *En effet, avec les froids de l'hiver, les rassemblements de jeunes se sont déplacés à l'intérieur des bâtiments*[1]. »

On frissonne ici, non de froid, mais de honte.

* *
*

L'histoire du droit et le droit comparé sont, parmi les sciences sociales, deux disciplines des plus utiles pour apprécier ou réformer les politiques publiques. Il est clair que l'avalanche de réformes décrite *supra* au chapitre 11 s'inspire directement du désastreux

1. Question écrite n° 12078 de M. Jean-Marie Poirier (Val-de-Marne, UMP) publiée dans le *Journal officiel*. Sénat du 13/05/2004, p. 1016.

modèle des États-Unis. Mais, en y réfléchissant bien, plusieurs dispositions législatives récentes résonnent comme un écho du lointain *Code noir* édicté par Louis XIV, en l'an de grâce 1685, l'année même de la révocation de l'édit de Nantes, pour fixer le statut des esclaves dans les colonies françaises.

Dans ce sinistre document, si férocement cruel que le parlement de Paris refusa même de l'enregistrer, on peut lire à l'article 16 :

« Défendons pareillement aux esclaves de s'attrouper le jour ou la nuit, à peine de punition corporelle qui ne pourra être moindre que du fouet et de la fleur de lys, et, en cas de fréquentes récidives et autres circonstances aggravantes, pourront être punis de mort. »

On voit au premier regard que ce texte fixe des peines plancher (« le fouet et la fleur de lys ») et expose aux conséquences extrêmes les récidivistes qui « pourront être punis de mort », le tout visant à interdire les regroupements, « le jour ou la nuit »… Il est vrai que ce texte n'est plus en vigueur. Il a été abrogé. En 1848, pas en 1789…

Glossaire

Assesseurs – Les assesseurs du TPE sont des citoyens de tous milieux socio-professionnels s'intéressant aux questions de l'enfance et désignés pour quatre ans afin de juger aux côtés du juge certaines infractions commises par un mineur.

Assistance éducative – *Code civil, article 375* : « Si la santé, la sécurité ou la moralité d'un mineur non émancipé sont en danger, ou si les conditions de son éducation ou de son développement physique, affectif, intellectuel et social sont gravement compromises, des mesures d'assistance éducative peuvent être ordonnées par justice à la requête des père et mère conjointement, ou de l'un d'eux, de la personne ou du service à qui l'enfant a été confié ou du tuteur, du mineur lui-même ou du ministère public… »

Association de malfaiteurs – *Code pénal, article 450-1* : « Constitue une association de malfaiteurs tout groupement formé ou entente établie en vue de la préparation, caractérisée par un ou plusieurs faits matériels, d'un ou plusieurs crimes ou d'un ou plusieurs délits punis d'au moins cinq ans d'emprisonnement. Lorsque les infractions préparées sont des crimes ou des délits punis de dix ans d'emprisonnement, la participation à une association de malfaiteurs est punie de dix ans d'emprisonnement et de 150 000 euros d'amende. Lorsque les infractions préparées sont des délits punis d'au moins cinq ans d'emprisonnement, la participation à une association de malfaiteurs est punie de cinq ans d'emprisonnement et de 75 000 euros d'amende. »

Braquage – *Code pénal, article 311-8* : « Le vol est puni de vingt ans de réclusion criminelle et de 150 000 euros d'amende lorsqu'il est commis soit avec usage ou menace d'une arme, soit par une personne porteuse d'une arme soumise à autorisation ou dont le port est prohibé.... » – *Code pénal, article 311-9* : « Le vol en bande organisée est puni de quinze ans de réclusion criminelle et de 150 000 euros d'amende. Il est puni de vingt ans de réclusion criminelle et de 150 000 euros d'amende lorsqu'il est précédé, accompagné ou suivi de violences sur autrui. Il est puni de trente ans de réclusion criminelle et de 150 000 euros d'amende lorsqu'il est commis soit avec usage ou menace d'une arme, soit par une personne porteuse d'une arme soumise à autorisation ou dont le port est prohibé... »

Cambriolages – *Code pénal, article 311-4* : « Le vol est puni de cinq ans d'emprisonnement et de 75 000 euros d'amende : 1° Lorsqu'il est commis par plusieurs personnes agissant en qualité d'auteur ou de complice, sans qu'elles constituent une bande organisée […], 6° Lorsqu'il est commis dans un local d'habitation ou dans un lieu utilisé ou destiné à l'entrepôt de fonds, valeurs, marchandises ou matériels […] 8° Lorsqu'il est précédé, accompagné ou suivi d'un acte de destruction, dégradation ou détérioration […]. Les peines sont portées à sept ans d'emprisonnement et à 100 000 euros d'amende lorsque le vol est commis dans deux des circonstances prévues par le présent article. Elles sont portées à dix ans d'emprisonnement et à 150 000 euros d'amende lorsque le vol est commis dans trois de ces circonstances. »

Commis d'office – Lorsque l'assistance d'un avocat est obligatoire (comme devant la cour d'assises ou le tribunal pour enfants, par exemple), ou sur demande de la personne intéressée lorsque cette assistance est facultative, le bâtonnier, ou le président de la juridiction désigne un avocat « commis d'office » à cette fin.

Crime ou délit flagrant – *Code de procédure pénale, article 53* : « Est qualifié crime ou délit flagrant le crime ou le délit qui se commet actuellement, ou qui vient de se commettre. Il y a aussi crime ou délit flagrant lorsque, dans un temps très voisin de l'action, la personne soupçonnée est poursuivie par la clameur publique, ou est trouvée en possession d'objets, ou présente des traces ou indices laissant penser qu'elle a participé au crime ou au délit. À la suite de la constatation d'un crime ou d'un délit flagrant, l'enquête menée sous le contrôle du procureur de la République dans les conditions prévues par le présent chapitre peut se poursuivre sans discontinuer pendant une durée de huit jours. Lorsque des investigations nécessaires à la manifestation de la vérité pour un crime ou un délit puni d'une peine supérieure ou égale à cinq ans d'emprisonnement ne peuvent être différées, le procureur de la République peut décider la prolongation, dans les mêmes conditions, de l'enquête pour une durée maximale de huit jours. »

Curatelle – *Code civil, article 440* : forme atténuée de tutelle pour les personnes ayant besoin d'être assistées ou contrôlées dans les actes importants de leur vie civile.

Déféré : À l'issue d'une garde à vue, le procureur peut décider de faire comparaître le jour-même la personne afin qu'elle soit mise en examen, devant lui ou devant le juge d'instruction en cas d'ouverture d'une information.

Détention (de stupéfiants) – *Code pénal, article 222-37* : « Le transport, la détention, l'offre, la cession, l'acquisition ou l'emploi illicites de stupéfiants sont punis de dix ans d'emprisonnement et de 750 000 euros d'amende… »

Escroquerie – *Code pénal, article 313-1* : « L'escroquerie est le fait, soit par l'usage d'un faux nom ou d'une fausse qualité, soit par l'abus d'une qualité vraie, soit par l'emploi de manœuvres frauduleuses, de tromper une personne physique ou morale et de la déterminer ainsi, à son préjudice ou au préjudice d'un tiers, à remettre des fonds, des valeurs ou un bien quelconque, à fournir un service ou à consentir un acte opérant obligation ou décharge. L'escroquerie est punie de cinq ans d'emprisonnement et de 375 000 euros d'amende. »

Excuse de minorité – *Ordonnance du 2 février 1945, article 20-2* : « Le tribunal pour enfants et la cour d'assises des mineurs ne peuvent prononcer à l'encontre des mineurs âgés de plus de treize ans une peine privative de liberté supérieure à la moitié de la peine encourue. Si la peine encourue est la réclusion criminelle à perpétuité, ils ne peuvent prononcer une peine supérieure à vingt ans de réclusion criminelle. La diminution de moitié de la peine encourue s'applique également aux peines minimales prévues par les articles 132-18, 132-18-1 et 132-19-1 du Code pénal… »

Extorsion – *Code pénal, article 312-1* : « L'extorsion est le fait d'obtenir par violence, menace de violences ou contrainte soit une signature, un engagement ou une renonciation, soit la révélation d'un secret, soit la remise de fonds, de valeurs ou d'un bien quelconque. L'extorsion est punie de sept ans d'emprisonnement et de 100 000 euros d'amende. »

Extorsion sous la menace d'une arme – *Code pénal, article 312-5* : « L'extorsion est punie de trente ans de réclusion criminelle et de 150 000 euros d'amende lorsqu'elle est commise soit avec usage ou menace d'une arme, soit par une personne porteuse d'une arme soumise à autorisation ou dont le port est prohibé… »

Fichier des infractions sexuelles – *Code de procédure pénale, articles 706-47, 706-53-1 et suivants* : Le

« fichier judiciaire national automatisé des auteurs d'infractions sexuelles ou violentes » est applicable à certaines procédures criminelles et à plusieurs procédures délictuelles, notamment pour les infractions d'agression ou d'atteintes sexuelles ou de proxénétisme à l'égard d'un mineur, ou de recours à la prostitution d'un mineur. L'identité et le domicile de la personne concernée sont enregistrés.

Ainsi, toutes les personnes ayant fait l'objet d'une mise en examen avec placement sous contrôle judiciaire ou assignation à résidence avec surveillance électronique, d'une condamnation même non définitive, d'une mesure ou sanction éducative concernant les mineurs de treize à dix-huit ans, d'une composition pénale, d'une décision d'irresponsabilité pénale pour cause de trouble mental, sont concernées pour les infractions punies d'une peine d'emprisonnement égale à cinq ans (inscription automatique). Si l'infraction est punie d'une peine d'emprisonnement inférieure à cinq ans ou si elle est commise par un mineur de treize à dix-huit ans, la personne concernée sera enregistrée dans le fichier sur décision expresse de la juridiction.

Ces informations sont conservées pendant trente ans s'il s'agit d'un crime ou d'un délit puni de dix ans d'emprisonnement, et vingt ans dans les autres cas. Pendant toute cette période, la personne devra justifier de son adresse une fois par an, et une fois tous les six mois si la condamnation est prononcée par suite d'une infraction punie de dix d'emprisonnement (s'agissant de cette obligation, elle concernera les mineurs de treize à dix-huit ans pour des infractions punies de vingt ans de réclusion criminelle). En cas de récidive, la personne devra en justifier tous les mois.

En cas de non-respect de cette obligation, la peine encourue est de deux d'emprisonnement et 30 000 euros d'amende.

Greffier – Le greffier est notamment chargé de suivre le déroulement des débats aux audiences, d'en rapporter par écrit les échanges, déclarations et observations, et d'authentifier les actes juridictionnels d'une juridiction.

Incendie volontaire – *Code pénal, article 322-6* : « La destruction, la dégradation ou la détérioration d'un bien appartenant à autrui par l'effet d'une substance explosive, d'un incendie ou de tout autre moyen de nature à créer un danger pour les personnes est punie de dix ans d'emprisonnement et de 150 000 euros d'amende. Lorsqu'il s'agit de l'incendie de bois, forêts, landes, maquis, plantations ou reboisements d'autrui intervenu dans des conditions de nature à exposer les personnes à un dommage corporel ou à créer un dommage irréversible à l'environnement, les peines sont portées à quinze ans de réclusion criminelle et à 150 000 euros d'amende. » Les peines seront ensuite aggravées si l'infraction a entraîné une incapacité totale de travail, si elle a été commise en bande organisée, ou en raison de l'appartenance ou de la non-appartenance, vraie ou supposée, de la personne propriétaire ou utilisatrice du bien à une ethnie, une nation, une race ou une religion déterminée, si elle a entraîné pour autrui une mutilation ou une infirmité permanente, ou si elle a entraîné la mort d'autrui.

Menaces de mort – *Code pénal, article 222-17* : « La menace de commettre un crime ou un délit contre les personnes dont la tentative est punissable est punie de six mois d'emprisonnement et de 7 500 euros d'amende lorsqu'elle est soit réitérée, soit matérialisée par un écrit, une image ou tout autre objet. La peine est portée à trois ans d'emprisonnement et à 45 000 euros d'amende s'il s'agit d'une menace de mort. »

Mineur isolé (**statut légal**) – Ce statut résulte de la preuve par documents administratifs ou par évaluation osseuse de l'âge du mineur qui, « incapable juridique » doit pouvoir faire valoir ses droits en dépit de l'absence de représentant légal. Pour ce faire, l'intervention d'un administrateur *ad hoc* est organisée en zone d'attente et lors d'une procédure de demande d'asile. (Loi du 4 mars 2002 codifiée aux articles L 221-5 et L 751-1 du code de l'entrée et du séjour des étrangers et du droit d'asile (CESEDA).) Pour la prise en charge du mineur identifié comme isolé, le juge des enfants et le juge des tutelles peuvent être amenés à intervenir.

Mise en examen – *Code de procédure pénale, article 80-1* : « À peine de nullité, le juge d'instruction ne peut mettre en examen que les personnes à l'encontre desquelles il existe des indices graves ou concordants rendant vraisemblable qu'elles aient pu participer, comme auteur ou comme complice, à la commission des infractions dont il est saisi… »

Notification – La « notification » est la formalité par laquelle on tient officiellement une personne informée du contenu d'un acte auquel elle n'a pas été partie, ou par laquelle on lui donne un préavis, ou par laquelle on la cite à comparaître devant un tribunal, ou enfin par laquelle on lui donne connaissance du contenu d'une décision de justice. La notification d'une décision de justice fait courir les délais de recours.

Parquet – « Ministère public » est l'expression par laquelle on désigne l'ensemble des magistrats qui, dans une juridiction, sont chargés de défendre les intérêts de la collectivité nationale. On dit aussi le « parquet ».

Partie civile (constitution de) – Acte par lequel une victime d'un crime ou d'un délit informe le tribunal correctionnel ou la cour d'assises et le prévenu ou l'accusé qu'elle demande réparation de son préjudice. La victime se constitue partie civile au moment où elle porte plainte. Elle a le choix de le faire à tout moment jusqu'au jour du procès.

Port d'arme prohibé – *Code de la défense, article L2339-9* : « Quiconque, hors de son domicile et sauf les exceptions résultant des dispositions des articles L. 2338-1 et L. 2338-2, est trouvé porteur ou effectue sans motif légitime le transport d'une ou plusieurs armes de 1re, 4e ou 6e catégorie, ou d'éléments constitutifs de ces armes des 1re et 4e catégories ou des munitions correspondantes, même s'il en est régulièrement détenteur, est puni [...], s'il s'agit d'une arme de la 6e catégorie [arme blanche], d'un emprisonnement de trois ans et d'une amende de 3 750 euros... »

Procédure de présentation immédiate – Elle est applicable aux mineurs de 16 à 18 ans qui encourent une peine supérieure ou égale à un an en cas de flagrance ou supérieure ou égale à trois ans dans les autres cas. Elle suppose qu'aucune investigation n'est nécessaire et qu'un dossier de personnalité soit joint au dossier. L'audience a lieu dans un délai de dix jours à un mois (art. 14-2 de l'ordonnance du 2 février 1945 modifiée par la loi du 7 mars 2007).

Rébellion – *Code pénal, article 433-6* : « Constitue une rébellion le fait d'opposer une résistance violente à une personne dépositaire de l'autorité publique ou chargée d'une mission de service public agissant, dans l'exercice de ses fonctions, pour l'exécution des lois, des ordres de l'autorité publique, des décisions ou mandats de justice. »

Recel – *Code pénal, article 321-1* : « Le recel est le fait de dissimuler, de détenir ou de transmettre une chose, ou de faire office d'intermédiaire afin de la transmettre, en sachant que cette chose provient d'un crime ou d'un délit. Constitue également un recel le fait, en connaissance de cause, de bénéficier, par tout moyen, du produit d'un crime ou d'un délit. Le recel est puni de cinq ans d'emprisonnement et de 375 000 euros d'amende. »

Réduction de peine automatique – *Code de procédure pénale, article 721, alinéa 1* : « Chaque condamné bénéficie d'un crédit de réduction de peine calculé sur la durée de la condamnation prononcée à hauteur de trois mois pour la première année, de deux mois pour les années suivantes, et, pour une peine de moins d'un an ou pour la partie de peine inférieure à une année pleine, de sept jours par mois ; pour les peines supérieures à un an, le total de la réduction correspondant aux sept jours par mois ne peut toutefois excéder deux mois. »

Réquisitions : Les réquisitions désignent la manière dont, oralement ou par écrit, le parquet manifeste la position du ministère public dans un procès pénal : il peut ainsi solliciter une peine d'emprisonnement ou une peine d'amende, dans le respect des maximums légaux, auprès de la juridiction.

Sursis – *Code de procédure pénale, article 734* : « Le tribunal ou la cour qui prononce une peine peut, dans les cas et selon les conditions prévus par les articles 132-29 à 132-57 du Code pénal, ordonner qu'il sera sursis à son exécution. [...] Les modalités de mise en œuvre du sursis et de l'ajournement sont fixées par le présent titre. » – *Code pénal, article 132-3* : « La condamnation pour crime ou délit assortie du sursis simple est réputée non avenue si le condamné qui en bénéficie n'a pas commis, dans le délai de cinq ans à compter de celle-ci, un crime ou un délit de droit commun suivi d'une nouvelle condamnation sans sursis qui emporte révocation. »

Suspension de peine – *Code de procédure pénale, article 708, alinéa 3* : « L'exécution d'une peine de police ou d'une peine correctionnelle non privative de liberté peut être suspendue ou fractionnée pour motifs graves d'ordre médical, familial, professionnel ou social. La décision est prise soit par le ministère public, soit, sur la proposition du ministère public, par le tribunal correctionnel, par le tribunal de police ou la juridiction de proximité statuant en chambre du conseil, selon que l'exécution de la peine doit être suspendue pendant moins ou plus de trois mois... »

Tentative de vol – *Code pénal, article 311-1* : « Le vol est la soustraction frauduleuse de la chose d'autrui. » *Code pénal, article 311-3* : « Le vol est puni de trois ans d'emprisonnement et de 45 000 euros d'amende. » *Code pénal, article 311-13* : « La tentative des délits prévus au présent chapitre est punie des mêmes peines ».

Violences aggravées – *Code pénal, article 222-11* : « Les violences ayant entraîné une incapacité totale de travail pendant plus de huit jours sont punies de trois ans d'emprisonnement et de 45 000 euros d'amende. » Les articles suivants du Code pénal prévoient, pour ces mêmes violences, des peines de cinq ans d'emprisonnement et de 75 000 euros d'amende en cas de circonstances aggravantes, telles que violences commises sur un ascendant, sur un magistrat, un juré ou un avocat, sur un enseignant ou sur une personne dépositaire de l'autorité publique, dans un établissement d'enseignement, etc. Les peines encourues sont portées à sept ans d'emprisonnement et à 100 000 euros d'amende lorsque deux circonstances aggravantes sont réunies, et à dix ans d'emprisonnement et à 150 000 euros d'amende si trois circonstances aggravantes coexistent.

De la même manière, les violences ayant entraîné une incapacité de travail inférieure ou égale à huit jours ou n'ayant entraîné aucune incapacité de travail sont punies de trois ans d'emprisonnement et de 45 000 euros d'amende si elles sont commises sur un ascendant, un magistrat, un juré ou un avocat, etc.

Les peines encourues sont portées à cinq ans d'emprisonnement et à 75 000 euros d'amende si deux circonstances sont réunies, et à sept ans d'emprisonnement et à 100 000 euros si trois circonstances sont réunies.

Viols (ou autres atteintes sexuelles) : *Code pénal, article 222-22* : « Constitue une agression sexuelle toute atteinte sexuelle commise avec violence, contrainte, menace ou surprise... » – *Code pénal, article 222-23* : « Tout acte de pénétration sexuelle, de quelque nature qu'il soit, commis sur la personne d'autrui par violence, contrainte, menace ou surprise est un viol. Le viol est puni de quinze ans de réclusion criminelle. » La peine encourue sera de vingt ans de réclusion criminelle si l'acte est commis sur un mineur de quinze ans par un ascendant ou une personne ayant autorité sur la victime, ou par une personne qui abuse de l'autorité que lui confèrent ses fonctions. – *Code pénal, article 222-27* : « Les agressions sexuelles autres que le viol sont punies de cinq ans d'emprisonnement et de 75 000 euros d'amende. » La peine encourue sera de sept ans d'emprisonnement et de 100 000 euros d'amende si l'acte est commis sur un mineur de quinze ans par un ascendant ou une personne ayant autorité sur la victime, ou par une personne qui abuse de l'autorité que lui confèrent ses fonctions. La peine encourue sera de dix ans d'emprisonnement et de 150 000 euros d'amende si l'acte est commis sur un mineur de quinze ans et par une personne ayant autorité sur la victime, ou par une personne qui abuse de l'autorité que lui confèrent ses fonctions.

Voie de recours : L'ensemble des procédures destinées à permettre un nouvel examen de la cause : « appel », « pourvoi en cassation », « demande en révision » et « réexamen d'une décision pénale consécutif au prononcé d'un arrêt de la CEDH ».

Vol avec violence – *Code pénal, article 311-4* : « Le vol est puni de cinq ans d'emprisonnement et de 75 000 euros d'amende [...] lorsqu'il est précédé, accompagné ou suivi de violences sur autrui n'ayant pas entraîné une incapacité totale de travail... »

ANNEXES

Un exemple de « rôle » :
une audience de l'après-midi

Président : Mme N.

Tribunal pour enfants de Paris

Assesseurs : Mr X. – Mme Y.

Ministère public : Mme Z.

Greffier : Mme M.

Audience du jeudi 14 octobre 2010 à 13 h 30

NUMÉRO AFFAIRE	DÉTEN TION	Nom, prénom, nom marital, âge au moment des faits – Prévention, date et lieux des faits
1-0904110105 *Ordonnance de Renvoi devant Tribunal pour Enfants* (ORTE)	LIBRE	M. ABDELAZIZ Tarik (17 ans) Né le 12 octobre 1992 à Paris Civilement Responsables : ABDELAZIZ M. – MEDOUNI L. DÉTENTION DE STUPÉFIANTS, le 29 décembre 2009 à Paris

Première audience au fond	LIBRE	M. DUPONT Hugo (15 ans) Né le 20 juin 1993 à Paris Ayant pour avocat : Me E., DE B. Civilement Responsables : DUPONT M. – ENIS B. DÉTENTION DE STUPÉFIANTS, le 29 décembre 2009 à Paris OFFRE OU CESSION DE STUPÉFIANTS, le 29 décembre 2009 à Paris ACQUISITION DE STUPÉFIANTS, le 29 décembre 2009 à Paris
2 – 1022110176 ORTE	LIBRE	MLE ALECSANDRU Violeta (17 ans) Née le 14 juin 1993 à Paris Civilement Responsables : *Inconnus* VOL AGGRAVÉ PAR DEUX CIRCONSTANCES le 18 février 2010 à Paris

3 – 0889074171 ORTE renvoi	Détenu Pour Autre Cause	M. DURAND Mamadou (17 ans) Né le 3 avril 1991 à Paris Ayant pour avocat : Me S., L. Maison d'arrêt de Compiègne, écrou n°12345Z Civilement Responsables : DIARRA S. – DURAND C. OUTRAGE A UNE PERSONNE DÉPOSITAIRE DE L'AUTORITÉ PUBLIQUE, le 25 décembre 2008 à Paris RÉBELLION, le 25 décembre 2008 à Paris
4 – 0909271158 Convocation par Officier de PJ (renvoi)	Détenu Pour Autre Cause	M. DURAND Mamadou (17 ans) Né le 3 avril 1991 à Paris Civilement Responsables : DIARRA S. – DURAND C. CONDUITE D'UN VÉHICULE SANS PERMIS, le 12 février 2009 à Paris

5 – 0912480036 ORTE demande de modification du Contrôle Judiciaire	Sous Contrôle Judiciaire depuis le 17/02/2010	M. RENAUD Xavier (15 ans) Né le 17 juin 1993 à Paris Ayant pour avocat : Me T., C. Civilement Responsables : RENAUD C. – Centre éducatif renforcé N. Complicité de VIOL et prévue par les articles 121-6 et 121-7 du Code Pénal en ce qui concerne la complicité, le 12 mars 2009 à Paris
6 – 0812290023 ORTE		M. BASRI Saïd (14 ans) Né le 14 février 1996 à Paris Ayant pour avocat : Me F., H. Civilement Responsables : DUBOIS D. – ABDALLAH A VOL AVEC VIOLENCE AYANT ENTRAÎNÉ UNE INCAPACITÉ TOTALE DE TRAVAIL N'EXCÉDANT PAS 8 JOURS, le 3 février 2010 à Créteil DÉGRADATION OU DÉTÉRIORATION D'UN BIEN APPARTENANT A AUTRUI, le 3 février 2010 à Créteil

Un exemple d'« historique pénal[1] »

Document authentique anonymisé
Historique par affaire de : X.
Date de naissance : 30 février 1996 – 15 ans

Affaire K09/0226 – N°B.O : 0912510045 – Délinquance – Requête : 29/05/2009 – En cours – Saisine : Requête pénale simple
04/04/2009 : *Infraction :* RECEL DE BIEN PROVENANT D'UN VOL
avoir à Paris le 4 avril 2009, sciemment recélé un scooter qu'il savait provenir d'un vol commis au préjudice de S.
28/08/2009 : Mesure provisoire : MISE EN EXAMEN
17/01/2010 Jugement (décision prise ce jour-là par le Juge des Enfants) : Ordonnance de Renvoi devant le Tribunal pour Enfants (ORTE)

Affaire K09/0305 – N°B.O : 0918810197 – Délinquance – Requête : 07/06/2009 – En cours – Saisine : C.O.P.J. pour jugement

1. Ce n'est pas un « casier judiciaire », c'est un document récapitulatif utile à la police, à la justice et… aux avocats ; il concerne un individu X.

06/06/2009 : *Inf.* VIOLENCE COMMISE EN RÉUNION SUIVIE D'INCAPACITÉ N'EXCÉDANT PAS 8 JOURS

avoir à Paris le 6 juin 2009, volontairement commis des violences n'ayant pas entraîné une ITT de + de 8 jours sur la personne de C.

28/08/2009 : Enq. Enquête de personnalité, confiée à W.

28/08/2009 : M.P. MISE EN EXAMEN

17/01/2010 : Jug. ORTE

Affaire K11/0075 – N°B.O : 1104217049 – Assistance Éducative – Saisine : 14/01/2011 – En cours

Saisine : Requête ministère public

06/03/2011 : Jug. Jugement de Plus Lieu à Assistance Éducative

Affaire K10/0089 – N°B.O : 1002710172 – Délinquance – Requête : 02/01/2011 – En cours – Saisine : C.O.P.J. pour mise en examen

25/12/2010 : *Inf.* EXTORSION PAR VIOLENCE, MENACE OU CONTRAINTE DE SIGNATURE, PROMESSE, SECRET, FONDS, VALEUR OU BIEN

avoir le 25 décembre 2010 à Paris, extorqué par menace, violence ou contrainte, en l'espèce, un coup de poing, la remise d'un bien, en l'espèce un lecteur MP3, un portable, une carte bancaire au préjudice de Monsieur N.

Affaire K11/0208 – N°B.O : 1110510373 – Délinquance – Requête : 15/03/2011 – En cours – Saisine : C.O.P.J. pour mise en examen

14/03/2011 : *Inf.* VOL AGGRAVE PAR TROIS CIRCONSTANCES

avoir le 14 mars 2011 à Créteil, tenté de soustraire frauduleusement au préjudice de Monsieur T., son téléphone portable, cette tentative de soustraction manifestée par le fait que

les individus aient empêché Monsieur T. de prendre la fuite et qu'ils aient tenté de s'emparer dudit téléphone, tenu en main par Monsieur T., n'ayant manqué son effet que par suite de circonstances indépendantes de la volonté de ses auteurs, en l'espèce, la résistance de la victime et l'intervention de tiers avec ces circonstances que les faits ont été commis : par plusieurs personnes agissant en qualité d'auteur ou de complice, avec des violences n'ayant pas entraîné d'incapacité, dans un véhicule ou un lieu d'accès à un moyen de transport collectif de voyageurs
15/05/2011 : Jug. ORTE
15/05/2011 : M.P. MISE EN EXAMEN

Affaire K11/0219 – N°B.O : 1113410174 – Délinquance – Requête : 14/04/2011 – En cours – Saisine : C.O.P.J. pour mise en examen
14/04/2011 : *Inf.* RECEL DE BIEN PROVENANT D'UN VOL
avoir le 14 avril 2011 à Paris 13e, sciemment recélé un scooter, sachant que ces objets provenaient d'un vol au préjudice de M. K.
15/05/2011 : Jug. ORTE
15/05/2011 : M.P. MISE EN EXAMEN

Suivent plusieurs autres affaires actuellement en cours.

RÉCAPITULATIF
Nombre total d'infractions : 9
Nombre total d'enquêtes : 1
Nombre total de mesures provisoires : 8
Nombre total de décisions : 9
Nombre total d'affaires : 9 (en cours : 9)

Un exemple de liste d'« alias »

Se disant « Bianca », 14 ans
13 alias et 23 interpellations en 12 mois
Déférement devant Mme D., juge des enfants,
le 3 août 2011

MOTIF	« ALIAS »		DATES
Vol à la tire	Maria	Paun	21 août 2010
Vol à la tire et outrages	Maria	Ristace	25 août 2010
Vol à la tire	Maria	Ristace	28 août 2010
Vol	Maria	Ristace	31 août 2010
Vol	Maria	Ristace	6 septembre 2010
Vol à l'étalage	Maria	Ristace	8 septembre 2010
Vol à la tire	Bianca	Paun	26 septembre 2010
Vol	Bianca	Paun	29 septembre 2010
Vol en réunion	Bianca	Ristace	2 novembre 2010
Vol à la tire	Bianca	Ristace	13 novembre 2010

Vol en réunion	Elisa	Paun	1er décembre 2010
Vol à la tire	Elisa	Ristace	5 janvier 2011
Vol à la tire	Bianca	Paun	13 janvier 2011
Vol	Bianca	Sciorici	19 janvier 2011
Vol à la tire	Monalisa	Ristace	6 février 2011
Vol en réunion	Elena	Sciorici	10 février 2011
Vol à l'étalage	Denisa	Paun	27 février 2011
Vol à la tire	Denisa	Ristace	20 avril 2011
Violences et outrages	Denisa	Ristace	21 avril 2011
Outrages	Denisa	Paun	23 avril 2011
Vol	Adela	Sciorici	25 juin 2011
Tentative de vol	Alina	Ristace	12 juillet 2011
Tentative de vol	Bianca	Paun	2 août 2011

Ordonnance n° 45-174 du 2 février 1945 relative à l'enfance délinquante

Dans son texte initial, l'ordonnance du 2 février 1945 a créé des juridictions spécialisées pour les mineurs à tous les stades de la procédure : le juge des enfants est chargé d'instruire, puis de juger, seul en chambre du conseil ou en renvoyant devant le tribunal pour enfants où il sera assisté de deux assesseurs. En matière criminelle, pour les mineurs de seize à dix-huit ans, ce TPE est complété d'un jury.

De plus, cette ordonnance enjoint au juge des enfants de mener des investigations sur la personnalité du mineur et sur son environnement, ce qui n'était auparavant qu'une faculté : le juge des enfants doit donc prendre obligatoirement en compte la situation du jeune afin d'individualiser au mieux sa décision. L'excuse de minorité est d'ailleurs étendue aux seize-dix-huit ans, qui n'en bénéficiaient pas avant 1945.

Le primat de l'éducatif sur le répressif est le principe, le recours à des sanctions pénales l'exception. Aucune sanction ne peut être prononcée contre un mineur de treize ans, seules des mesures éducatives lui sont applicables. Pour les jeunes de treize à seize ans, des sanctions pénales peuvent être prononcées exceptionnellement « lorsque les circonstances et la responsabilité du mineur paraîtront l'exiger ».

Des droits nouveaux sont accordés : les mesures provisoires prises par le juge des enfants sont désormais susceptibles d'appel par le mineur et sa famille, droit auparavant réservé au seul parquet.

L'assistance d'un avocat devient obligatoire.

Liste des tribunaux correctionnels de France

(Tribunaux de grande instance)

TGI d'Agen, place Armand-Fallières, 47916 Agen.
TGI d'Aix-en-Provence, 40 boulevard Carnot, 13616.
TGI d'Ajaccio, 4 boulevard Masseria, 20181 Ajaccio.
TGI d'Albertville, avenue des Chasseurs-Alpins, 73208 Albertville.
TGI d'Albi, place Lapérouse, 81000 Albi.
TGI d'Alençon, place du Maréchal-Foch 61014 Alençon.
TGI d'Alès, 3 place Henri-Barbusse, 30107 Alès.
TGI d'Amiens, 14 rue Robert-de-Luzarches, 80027 Amiens.
TGI d'Angers, rue Waldeck-Rousseau, 49043 Angers.
TGI d'Angoulême, place Francis-Louvel, 16007 Angoulême.
TGI d'Annecy, palais de justice, 51 rue Sommeiller, 74011.
TGI d'Argentan, 2 rue des Anciens-Combattants, 61202 Argentan.
TGI d'Arras, place des États-d'Artois, 62022 Arras.
TGI d'Auch, allée d'Étigny, 32008 Auch.
TGI d'Aurillac, 21 place du Square, 15012 Aurillac.
TGI d'Auxerre, place du Palais-de-Justice, 89010 Auxerre.
TGI d'Avesnes-sur-Helpe, 11 rue Maréchal-Joffre 59363.
TGI d'Avignon, 2 boulevard Limbert, 84078 Avignon.
TGI de Bar-le-Duc, 21-25 place Saint-Pierre, 55014 Bar-le-Duc.
TGI de Bastia, Rond-Point de Moro Giafferi, 20407 Bastia.
TGI de Bayonne, avenue de la Légion-Tchèque, 64100 Bayonne.
TGI de Beauvais, 20 boulevard Saint-Jean, 60021 Beauvais.
TGI de Belfort, 9 place de la République, 90020 Belfort.
TGI de Bergerac, place du Palais, 24112 Bergerac.

TGI de Besançon, 1 rue Mégevand,, 25019 Besançon.
TGI de Béthune, place Lamartine, 62407 Béthune.
TGI de Béziers, place de la Révolution, 34535 Béziers.
TGI de Blois, place de la République, 41018 Blois.
TGI de Bobigny, 173 av. Paul-Vaillant-Couturier, 93008 Bobigny.
TGI de Bonneville, quai du Parquet, 74136 Bonneville.
TGI de Bordeaux, 30 rue des Frères-Bonie, 33077 Bordeaux.
TGI de Boulogne-sur-Mer, place de la Résistance, 62322.
TGI de Bourg-en-Bresse, 4 rue du Palais, 01011.
TGI de Bourges, 8 rue des Arènes, 18023 Bourges.
TGI de Bourgoin-Jallieu, 10 rue du Tribunal, 38317.
TGI de Brest, 32 rue de Denver, 29601 Brest.
TGI de Briey, Cité judiciaire, place de l'Église, 54151 Briey.
TGI de Brive-la-Gaillarde, boulevard du Mal-Lyautey, 19312.
TGI de Caen, place Fontette, 14052 Caen.
TGI de Cahors, boulevard Léon-Gambetta, 46010 Cahors.
TGI de Cambrai, château de Selles, 59407 Cambrai.
TGI de Carcassonne, 28 boulevard Jean-Jaurès, 11012.
TGI de Carpentras, place du Général-de-Gaulle, 84208 Carpentras.
TGI de Castres, 4 rue du Palais, 81108 Castres.
TGI de Chalon/Saône, rue Émiland-Menand, 71331.
TGI de Châlons-en-Champagne, 2 quai Eugène-Perrier, 51036.
TGI de Chambéry, place du Palais-de-Justice, 73010 Chambéry.
TGI de Charleville, 9 esplanade du Palais-de-Justice, 08000.
TGI de Chartres, 3 rue Saint-Jacques, 28019 Chartres.
TGI de Châteauroux, place Lucien-Germereau, 36019.
TGI de Chaumont, rue du Palais, 52903 Chaumont.
TGI de Cherbourg, 15 rue des Tribunaux, 50107.
TGI de Clermont-Ferrand, 16 place de l'Étoile, 63033.
TGI de Colmar, place du Marché-aux-Fruits, 68027 Colmar.
TGI de Compiègne, 11 rue Henri-de-Séroux, 60321 Compiègne.
TGI de Coutances, rue du Palais-de-Justice, 50207 Coutances.
TGI de Créteil, rue Pasteur-Vallery-Radot, 94011 Créteil.
TGI de Cusset, rue du Drapeau, 03306 Cusset.
TGI de Dax, rue des Fusillés, 40107 Dax.
TGI de Dieppe, palais de justice, square Carnot, 76204 Dieppe.
TGI de Digne-les-Bains, 6 place des Récollets, 04000.
TGI de Dijon, Cité judiciaire, 13 bld Clémenceau, 21033.
TGI de Douai, 47 rue Merlin-de-Douai, 59500 Douai.

TGI de Draguignan, 11 rue Pierre-Clément, 83007.
TGI de Dunkerque, place du Palais-de-Justice, 59385 Dunkerque.
TGI d'Épinal, place Edmond-Henry, 88026 Épinal.
TGI d'Évreux, palais de justice, 30 rue Joséphine, 27022 Évreux.
TGI d'Évry, 9 rue des Mazières, 91012 Évry.
TGI de Foix, 14 rue du Rocher, 09008 Foix.
TGI de Fontainebleau, 159 rue Grande, 77305 Fontainebleau.
TGI de Gap, place Saint-Arnoux, 05007 Gap.
TGI de Grasse, 37 avenue Pierre-Semard, 06133 Grasse.
TGI de Grenoble, place Firmin-Gautier, 38019 Grenoble.
TGI de Guéret, 23 place Bonnyaud, 23011 Guéret.
TGI de la Roche/Yon, 55 boulevard Aristide-Briand, 85021.
TGI de La Rochelle, 10 rue du Palais, 17028 La Rochelle.
TGI de Laon, place Aubry, 02001 Laon.
TGI de Laval, 13 place Saint-Tugal,, 53015 Laval.
TGI du Havre, palais de justice, 133 bld de Strasbourg, 76083.
TGI du Mans, 1 avenue Pierre-Mendès-France, 72014 Le Mans.
TGI du Puy-en-Velay, place du Breuil, 43011 Le Puy-en-Velay.
TGI des Sables-d'Olonne, place du Palais-de-Justice, 85109.
TGI de Libourne, 22 rue Thiers, 33505 Libourne.
TGI de Lille, 13 avenue du Peuple-Belge, 59034 Lille.
TGI de Limoges, 17 place d'Aine, 87031 Limoges.
TGI de Lisieux, cour Matignon, 14107 Lisieux.
TGI de Lons-le-Saunier, 11 rue Pasteur, 39015 Lons-le-Saunier.
TGI de Lorient, 1 rue Maître-Esvelin, porte A, 56325 Lorient.
TGI de Lyon, 67 rue Servient, 69433 Lyon 3e.
TGI de Mâcon, 8 rue de la Préfecture, 71017 Mâcon.
TGI de Marseille, 6 rue Joseph-Autran, 13281 Marseille 6e.
TGI de Meaux, 44 avenue Salvador-Allende, 77108 Meaux.
TGI de Melun, 2 avenue du Général-Leclerc, 77010 Melun.
TGI de Mende, boulevard Henri-Bourillon, 48000 Mende.
TGI de Metz, 3 rue Haute-Pierre, 57036 Metz.
TGI de Montargis, 84 rue du Général-Leclerc, 45207.
TGI de Montauban, place du Coq, 82013 Montauban.
TGI de Montbéliard, rue Mozart, 25209 Montbéliard.
TGI de Mont-de-Marsan, 5 avenue du 8-mai-1945, 40011.
TGI de Montluçon, 114 boulevard de Courtais, 03109 Montluçon.
TGI, place Pierre-Flotte, 34040 Montpellier.
TGI de Moulins, 20 rue de Paris, 03016 Moulins.

TGI de Mulhouse, 21 avenue Robert-Schumann, 68061 Mulhouse.
TGI de Nancy, Cité judiciaire, rue du Général-Fabvier, 54035.
TGI de Nanterre, 179-191 avenue Joliot-Curie, 92020.
TGI de Nantes, 19 quai François-Mitterrand, 44921 Nantes.
TGI de Narbonne, 19 bd du Général-de-Gaulle, 11108 Narbonne.
TGI de Nevers, place du Palais, 58019 Nevers.
TGI de Nice, place du Palais, 06357 Nice.
TGI de Nîmes, boulevard des Arènes, 30000 Nîmes.
TGI de Niort, 2 rue du Palais, 79028 Niort.
TGI d'Orléans, 7 rue des Huguenots, 45044 Orléans.
TGI de Paris, 4 boulevard du Palais, 75055 Paris 1er.
TGI de Pau, palais de justice, 5 place de la Libération, 64034.
TGI de Périgueux, 19 bis cours Montaigne, 24019 Périgueux.
TGI de Perpignan, place Arago, 66921 Perpignan.
TGI de Poitiers, 10 place Alphonse-Lepetit, 86020 Poitiers.
TGI de Pontoise, 3 rue Victor-Hugo, 95302 Cergy.
TGI de Privas, cours du Palais, 07000 Privas.
TGI de Quimper, 48 A quai de l'Odet, 29327 Quimper.
TGI de Reims, place Myron-Herrick, 51095 Reims.
TGI de Rennes, 7 rue Pierre-Abélard, 35031 Rennes.
TGI de Roanne, 5 bis place Georges-Clemenceau, 42328.
TGI de Rodez, boulevard de Guizard, 12031 Rodez.
TGI de Rouen, 1 place du Maréchal-Foch, 76037 Rouen.
TGI de Saint-Brieuc, parc des Promenades, 22023 Saint-Brieuc.
TGI de Saint-Etienne, place du Palais-de-Justice, 42022.
TGI de Saint-Malo, 1 place Saint-Aaron, 35417 Saint-Malo.
TGI de Saint-Nazaire, 77 rue Albert-de-Mun, 44606.
TGI de Saint-Omer, 3 rue des Tribunaux, 62503 Saint-Omer.
TGI de Saint-Quentin, rue Victor-Basch, 02322 Saint-Quentin.
TGI de Saintes, square Maréchal-Foch, 17108 Saintes.
TGI de Sarreguemines, place du Général-Sibille, 57216.
TGI de Saverne, 7 rue du Tribunal, 67703 Saverne.
TGI de Senlis, Cité judiciaire, boulevard Pasteur, BP 112, 60309.
TGI de Sens, 1 rue du Palais-de-Justice, 89108 Sens.
TGI de Soissons, 76 rue Saint-Martin, 02209 Soissons.
TGI de Strasbourg, quai Finkmatt, 67070 Strasbourg.
TGI de Tarascon, place du Docteur-Braye, 13158 Tarascon.
TGI de Tarbes, rue du Maréchal-Foch, 65000 Tarbes.
TGI de Thionville, quai Pierre-Marchal, 57125 Thionville.

TGI de Thonon-les-Bains, 10 rue de l'Hôtel-Dieu, 74200.
TGI de Toulon, place Gabriel-Péri, 83041 Toulon.
TGI de Toulouse, 2 allée Jules-Guesde, 31068 Toulouse.
TGI de Tours, 2 place Jean-Jaurès, 37928 Tours.
TGI de Troyes, 83 rue du Général-de-Gaulle, 10026 Troyes.
TGI de Valence, place du Palais-de-Justice, 26021 Valence.
TGI de Valenciennes, 13 rue Capron, 59304 Valenciennes.
TGI de Vannes, 22 place de la République, 56019 Vannes.
TGI de Verdun, place Saint-Paul, 724, 55107 Verdun.
TGI de Versailles, 3 avenue de l'Europe, 78011 Versailles.
TGI de Vesoul, place du Palais, 70014 Vesoul.
TGI de Vienne, 16 place Charles-de-Gaulle, 38209 Vienne.
TGI de Villefranche/Saône, 350 bd Gambetta, 69665.

Bibliographie

BAILLEAU F., CARTUYVELS Y., DE FRAENE D., *La Justice pénale des mineurs en Europe.* La criminalisation des mineurs et ses évolutions, le jeu de sanctions, numéro spécial de la revue *Déviance et Société*, vol 33, n°3, éditions Médecine et Hygiène, Genève, 2009.

BARANGER T. *L'Enfant et son juge*, Paris, Hachette Littératures, 2008.

BELLON L. *L'Atelier du juge. À propos de la justice des mineurs*, Toulouse, Eres, 2011.

BERGOUGNOUX P., *L'Intérieur*, Fayard, 2012.

BRONNER Luc, *La Loi du ghetto*, Calmann Lévy, 2010.

CASTEL R., *La Discrimination négative.* Citoyens ou indigènes ?, col. « La République des idées », Le Seuil, Paris, 2007.

COUTANT I., *Délit de jeunesse. La Justice face aux quartiers*, Paris, La Découverte, 2005.

DE WEIRT X., ROUSSEAUX X., dir., *Violences juvéniles urbaines en Europe*, Presses Universitaires de Louvain, 2011.

GARAPON A., *La Raison du moindre État.* Le néolibéralisme et la justice, Odile Jacob, Paris, 2010.

LE CAISNE L., *Avoir 16 ans à Fleury. Ethnographie d'un centre de jeunes détenus*, Le Seuil, Paris, 2008.

LE GOAZIOU V., MUCCHIELLI L., *La Violence des jeunes en question*, Nîmes, Champ social, 2009.

LE MOIGNE Ph., *Le Traitement des intraitables. L'organisation sociale de la récidive chez les jeunes*, Presses de l'Université d'Ottawa, 2000.

MUCCHIELLI L., *L'Invention de la violence. Des peurs, des chiffres et des faits*, Paris, Fayard, 2011, (consulter aussi son site internet actualisé en permanence).

MILBURN Ph., *Quelle justice pour les mineurs ? Entre enfance menacée et adolescence menaçante*, Toulouse, Erès, 2009.

MOHAMMED M., *La Formation des bandes. Entre la famille, l'école et la rue*, Paris, Presses Universitaires de France, 2011.

ROSENCZVEIG J.-P. et BIDEAULT A., *Pourquoi je suis devenu juge pour enfants*, Paris, Bayard, 2008 (voir aussi son blog, sur internet).

SALAS Denis, *La Volonté de punir. Essai sur le populisme pénal*, Paris, Hachette Littératures, 2005

Remerciements

Pour écrire ce livre, j'ai beaucoup voyagé, beaucoup lu, beaucoup écouté, beaucoup vu – et aussi sollicité beaucoup de gens. Je veux donc ici exprimer ma reconnaissance :

aux éducateurs et éducatrices de la Protection judiciaire de la jeunesse que j'ai rencontrés et d'abord à Jocelyne KANNER, de l'Unité éducative du tribunal pour enfants de Paris,

aux magistrats du siège et du parquet qui m'ont accueilli, informé et éclairé, dans les tribunaux pour enfants de Paris, Bobigny, Nanterre, Evry, Créteil, Lille, Boulogne-sur-Mer, Caen, Coutances, Rennes, Tours, Bordeaux, Toulouse, Bastia, Grenoble, ainsi qu'à leurs collègues ou homologues de Lausanne, Vienne, Madrid, Londres et New York,

et d'abord à Catherine SULTAN, présidente du TPE de Créteil et présidente de l'Association française des magistrats de la jeunesse, à son prédécesseur, Thierry BARANGER, président du TPE de Paris, à Marie-Pierre HOURCADE et Sylvie VAUZELLE, vice-présidentes, qui m'ont en quelque sorte pris en stage lorsque j'étais un jeune avocat…

aux avocats de plusieurs barreaux qui m'ont guidé et aidé, à commencer par les bâtonniers CASTELAIN et CHARRIERE-BOURNAZEL, et particulièrement Mes Dominique ATTIAS, Emmanuelle HAUSER-PHÉLIZON, Delphine SCHLUMBERGER, Josine BITTON, Elisabeth MONCANY-PERVES,

aux stagiaires, étudiants ou collaborateurs qui m'ont apporté leur aide de différentes façons: Georges GUEDES, Richard PIVAUT, Myriam CORRET, Benoît et Baptiste JOXE, Eva PONS, Paloma CHAMPILOU, Annette LABAT,

à Jean Pierre ROZENCZWEIG, enfin, président du tribunal pour enfants de Bobigny, qui avait déjà tout dit, mais qui ne m'a pas découragé d'écrire quand même.

Paris, Meschers-sur-Gironde, 2011.

Table des matières

Troisième partie
Les pouvoirs publics contre le service public

Photocomposition Nord Compo
Villeneuve-d'Ascq

Pour l'éditeur, le principe est d'utiliser des papiers composés de fibres naturelles, renouvelables, recyclables et fabriquées à partir de bois issu de forêts qui adoptent un système d'aménagement durable.

En outre, l'éditeur attend de ses fournisseurs de papier qu'ils s'inscrivent dans une démarche de certification environnementale reconnue.

CET OUVRAGE
A ÉTÉ ACHEVÉ D'IMPRIMER
SUR ROTO-PAGE
PAR L'IMPRIMERIE FLOCH
À MAYENNE EN DÉCEMBRE 2011

Dépôt légal : janvier 2012.
N° d'impression : 81298.
36-57-3210-6/01
Imprimé en France